高卒程度公務員試験

畑中敦子の
初級
The BEST NEO
数的推理/資料解釈

畑中敦子 著

エクシア出版

はじめに

数的推理ってナニ?

　数的推理は、中学3年生程度の算数・数学の内容が主で、方程式を立てる問題、場合の数と確率の問題、図形の計量問題などが中心ですが、やや推理的な要素を含む問題もあります。

　数学の要素が強いので、文系の方など苦手意識を持つ方も多いですが、解法パターンを覚えて、練習問題をこなすことで、たいていの問題は解けるようになります。

　数学は苦手でも、数的推理を得意科目にすることは十分可能です。

どうやって勉強するの?

　多くの問題は、出題や解法のパターンがほぼ決まっていますので、まずは、しっかり解法パターンをマスターすることが大事です。

　そして、一通りのパターンをマスターしたら、あとは、練習問題をこなして慣れることですね。

　数的推理の勉強は、「訓練」のようなものですから、長く時間を空けると鈍ってしまします。できれば、少しずつでいいので毎日勉強することをお薦めします。

　本書を活用して勉強する場合は、4ページの活用法を参考にしてください。

　数的推理の問題は、苦手意識のある方にはあまり楽しいものではないかと思いますが、無理をせずに自分のペースでコツコツと勉強してみてください。少しずつ慣れていくことで、「得意科目」に近づいていけるはずです。

　本書を活用された皆さんが、本試験で実力を十分に発揮し、目標を叶えられますことを、スタッフ一同心よりお祈りしております。

2021年6月

畑中敦子

INDEX

はじめに ——————————————————— 1

本書の使い方 ————————————————— 3

本書を活用した勉強法 ——————————— 4

#1 整数の性質 ——————————————— 6

#2 方程式と不等式 ————————————— 29

#3 比と割合 ———————————————— 45

#4 濃度 —————————————————— 60

#5 仕事算とニュートン算 ————————— 69

#6 いろいろな文章問題 —————————— 80

#7 覆面算と魔方陣 ———————————— 92

#8 速さ① —————————————————— 100

#9 速さ② —————————————————— 112

#10 場合の数 ———————————————— 134

#11 確率 —————————————————— 154

#12 n 進法 ————————————————— 180

#13 数列 —————————————————— 190

#14 平面図形の計量 ———————————— 200

#15 立体図形の計量 ———————————— 228

#16 角度 —————————————————— 243

#17 資料解釈【実数】 ——————————— 255

#18 資料解釈【割合・構成比】 —————— 280

#19 資料解釈【指数・増加率】 —————— 307

#20 資料解釈【特殊な問題】 ——————— 328

本書の使い方

#8 速さ①

（頻出度 ★★★★☆）（重要度 ★★★★★）（コスパ ★★★☆☆）

速さの問題は、数的推理の頻出分野の1つで、色々な問題が出題されていますが、いずれも基本が何より大事です。まずは、ここで、速さ・時間・距離の関係をしっかり定着させ、#9へのステップにしましょう！

満点は★5つ！
頻出度は低くても、他につながる内容は重要度 up! ちょっとした努力で get できるならコスパは大！

ガイダンス
内容や傾向を軽く紹介！

基本事項

>>> 1. 速さの基本公式

「速さ」というのは、一定の「時間」でどれだけの「距離」を進むかを表したものです。

たとえば、「分速300m」というのは、1分間で300m進む速さであり、この速さで走り続けると、1分間で300m、2分間で600m、3分間で900m…

基本事項
必要なことはしっかり確認！

PLAY 　PLAY
問題はすべて過去問。厳選された良問ばかり！

PLAY 4 　基本公式から方程式を立てる問題　　海上保安学校など 2020

ある電気自動車はちょうど5時間充電することができ、その充電1時間当たりの走行距離は、時速40kmで走行した場合は40km、時速60kmで走行した場合は30kmである。5時間充電したこの電気自動車で、最初、時速60kmで走行し、その後、時速40kmで充電を使い切るまで走行したところ、全走行距離は170kmとなった。このとき、全走行時間はいくらか。

1. 3時間30分
2. 3時間45分
3. 4時間
4. 4時間15分
5. 4時間30分

走行距離と充電時間で連立方程式を立ててみよう。

最初に時速60kmで走行した時間を x 時間、その後に時速40kmで走行した時間を、時間」とし、まず、合計の距離について、次のように方程式を立てる

出典
表記について、5ページに補足あり！

コメント
その問題について、ちょっと一言！

アドバイス

単位を「時間」と「km」にそろえて方程式を立ててもOK！
まず、それぞれの速さを時速（km）に直すよ。

分速250m＝時速250×60＝15000（m）＝時速15km
分速150m＝時速150×60＝9000（m）＝時速9km

そうすると、ふもと→頂上の時間を t 時間として、方程式は次のようになる。

$$15(6-t)+9t=75$$

アドバイス
ちょっとした情報や注意事項、ときどき裏ワザも！

本書を活用した勉強法

本書を活用したおすすめの勉強
方法だよ。参考にしてね！

STEP 1

　まず、問題（本書では「PLAY」と表示します）と解説を読んで、解法を理解しましょう。

　もちろん、自力で解けそうなら解いてみてもいいですが、初めは解法を理解することが大切ですから、解いた後で解説と照らし合わせてみましょう。

　数的推理の解法はひとつではありませんから、解説の解法より自分に合った解法があれば、それで構いませんし、**より効率のいい解法を考えてみる**のは良い勉強になるでしょう。

STEP 2

　解説を読んで理解した場合は、今度は自力で解いてください。必ず、紙を使って手を動かして解くようにしましょう。1問ずつでもいいですし、何問かまとめてでも構いません。

　もし、間違えたり、解けなかったりした場合は、再び解説をよんで確認し、もう一度解いてみましょう。きちんと解けるようになるまで繰り返し解いてみてください。

STEP 3

　全ての問題を1周終えたら、次は2周目です。今度は初めから自力で、時間を計って解いてみましょう。目標時間は問題によって異なりますが、数的推理は概ね2～3分程度、資料解釈は概ね3～5分程度です。

　余りつまずくことなくある程度の時間で解けたら、その問題は「合格」ですが、間違えたり、かなり時間がかかった問題は「不合格」です。

　いずれにしても、かかった時間を書いておきましょう。

STEP 4

　3周目は、2周目で「不合格」とした問題をもう一度解いてみます。あとはこれの繰り返しで、「合格」になるまで解いてみましょう。

　もちろん、「合格」した問題でも、まだタイムを縮められそうであればトライしてみてください。全ての問題に納得して「合格」が出せたら、本書の役割は終わりです。

　本書を終えた後は、ご自身が受験する試験の過去問をできる限り解いて、出題傾向を把握してください。

　また、時間配分の計画をしっかり立て、模擬試験などでシミュレーションすることもお勧めします。

◆出典表記について

　過去問の出典表記のうち、「海上保安学校など」「海上保安大学校など」は、以下の各試験が該当します。

海上保安学校など	海上保安学校、入国警備官、航空保安大学校、皇宮護衛官
海上保安大学校など	海上保安大学校、気象大学校

#1 整数の性質

(頻出度 ★★★☆☆)　(重要度 ★★★★★)　(コスパ ★★★☆☆)

整数の基本的な性質は、数的推理のあらゆる分野の基本であり、特に、約数や倍数の性質は色々な問題に関わってきます。整数の文章問題の頻出度は、高卒試験では普通ですが、大卒試験ではかなり高く、頻出分野となります。

基本事項

>>> **1. 素数と素因数分解**

1 とその数でしか割れない数を**素数**といいます。

2, 3, 5, 7, 11, 13, 17…という数ですね。

そして、整数を素数の積の形で表すことを、**素因数分解**といいます。

たとえば、$6 = 2 \times 3$ とか、$20 = 2^2 \times 5$ とかです。

整数を素因数分解するときは、小さな素数から順に割って求めます。

たとえば、990 を素因数分解する場合、次のように、2 で割って 495、さらに 3 で割って 165…と計算していくと、$990 = 2 \times 3^2 \times 5 \times 11$ と求められます。

```
2 ) 990
3 ) 495
3 ) 165
5 )  55
      11
```

>>> **2. 約数と倍数**

ある数 X を割って割り切れる数を、X の**約数**といいます。

たとえば、16 の約数は、1, 2, 4, 8, 16 の 5 個があります。

また、ある数 X で割って割り切れる数を、X の**倍数**といいます。

たとえば、16 の倍数は、16, 32, 48, 64…という数で、こちらは無限にあります。

>>> **3. 公約数と公倍数**

　ある数 X と Y に共通する約数を公約数といいます。

　たとえば、16 と 24 の公約数は、1，2，4，8 の 4 個です。

　このうち最も大きい「8」を最大公約数といい、公約数（1，2，4，8）は最大公約数（8）の約数になることがわかりますね。

　また、ある数 X と Y に共通する倍数を公倍数といいます。

　たとえば、16 と 24 の公倍数は、48，96，144…という数で、やはり無限にあります。

　このうち最も小さい「48」を最小公倍数といい、公倍数（48，96，144…）は最小公倍数（48）の倍数になることもわかりますね。

　ここまで、次のようにまとめます。

> 公約数　→　最大公約数の約数
> 公倍数　→　最小公倍数の倍数

>>> **4. 最大公約数と最小公倍数の求め方**

　最大公約数は、共通する約数で順に割って求めます。

　たとえば、（60，90，120）の最大公約数は、次ページの図 1 のように、2 で割って、3 で割って、5 で割ったところで、共通する約数がなくなりましたので、ここまで割ってきた数をかけて、$2 \times 3 \times 5 = 30$ と求めます。

　さらに、最小公倍数ですが、図 1 の段階で、3 つすべてを割る数はなくなりましたが、2 と 4 だけであれば、まだ 2 で割ることができます。

　このような場合は、図 2 のように、さらに 2 で割り、割れない「3」はそのまま下におろします。

　これで、どの 2 数をとっても共通する約数はなくなりましたので、この段階で、今まで割ってきた数と、最後に残った数の全てをかけ合わせて、$2 \times 3 \times 5 \times 2 \times 1 \times 3 \times 2 = 360$ と求めます。

図1

2)	60	90	120
3)	30	45	60
5)	10	15	20
	2	3	4

最大公約数 → 2 × 3 × 5 = 30

図2

2)	60	90	120
3)	30	45	60
5)	10	15	20
2)	2	3	4
	1	3	2

最小公倍数
→ 2 × 3 × 5 × 2 × 1 × 3 × 2 = 360

5. 公倍数と余り

たとえば、「3 で割ると 1 余る数」は、3 で割り切れる数（= 3 の倍数）より 1 だけ大きい数ですから、「3 の倍数 + 1」という形で表せます。

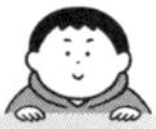

式にするなら、$3m+1$とか。mは整数だよ。

このような条件を 2 つ以上満たす数の表し方について、次の 3 つのタイプがあります。

i ）余りが一致するタイプ

たとえば、「3 で割っても 4 で割っても 1 余る数」は、3 でも 4 でも割り切れる数（= 3 と 4 の公倍数）より 1 だけ大きい数ですから、「3 と 4 の公倍数 + 1」という形で表せます。

3 と 4 の最小公倍数は 12 ですから、「12 の倍数 + 1」ですね（基本事項 3)。

このように、余りが一致する場合は、次のように表せます。

> aで割っても、bで割っても、c余る数 → aとbの公倍数 + c

ii ）不足が一致するタイプ

たとえば、「3 で割ると 1 余り、4 で割ると 2 余る数」を考えます。

3 と 4 のそれぞれで割った場合の余りは一致していませんので、このようなときは「不足」を考えます。

つまり、「3 で割ると 1 余る数」とは、あと 2 あれば 3 で割り切れるわけですから、「2 不足する数」ということもできます。

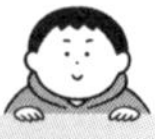

不足は、割る数と余りの差だね！

同様に、「4 で割ると 2 余る数」も、あと 2 あれば 4 で割り切れますので、このような数は、「3 で割っても 4 で割っても 2 不足する数」といいかえるこ

とができます。

そうすると、「3 と 4 の公倍数 − 2」、すなわち、「12 の倍数 − 2」となりますね。

このように、不足が一致する場合は、次のように表せます。

> a で割っても、b で割っても、c 不足する数　→　a と b の公倍数 − c

iii) 余りも不足も不一致のタイプ

たとえば、「3 で割ると 2 余り、4 で割ると 1 余る数」を考えると、余りも不足も一致していないのがわかります。

このような場合は、この条件を満たす最小の数を探します。

とりあえず、それぞれを満たす数を書き上げてみると、次のようになりますね。

> ① 3 で割ると 2 余る数　→　2, 5, 8, 11, 14, 17, 20, 23, 26, 29 ⋯
>
> ② 4 で割ると 1 余る数　→　1, 5, 9, 13, 17, 21, 25, 29 ⋯

①と②をともに満たす最小の数は「5」ですね。

そして、次は「17」ですが、これは、「5」に 3 と 4 の最小公倍数の 12 を足した数です。

次の「29」も同様ですね。つまり、①は 3 ずつ増え、②は 4 ずつ増えるので、12 増えたところで一致する数が出てくるわけです。

そうすると、このような数は、最小の「5」に 12 の倍数を足した数となりますから、「12 の倍数 ＋ 5」と表すことができ、先の 2 タイプと同様の形で表すことができるわけですね。

すなわち、余りも不足も一致しない場合は、次のように表します。

> a で割ると c 余り、b で割ると d 余る数
> 　　　→　a と b の公倍数＋条件を満たす最小の数

⋙ 6. 一の位の数

たとえば、「459 ＋ 918」の一の位の数は、9 ＋ 8 ＝ 17 の「7」です。

また、「459 × 918」の一の位の数は、9 × 8 ＝ 72 の「2」です。

このように、たし算やかけ算の場合、どんなに大きな数でも、一の位の数は、<u>それぞれの一の位の数どうしのたし算、かけ算で判断することができ</u>ます。

十より上の位は、繰り上がりがあるからそうはいかないよね。

これより、たとえば、3の累乗の一の位を調べます。

3^1 の一の位は「3」、3^2 の一の位は「9」、$3^3 = 27$ で、一の位は「7」、$3^4 = 27 \times 3$ ですから、一の位は $7 \times 3 = 21$ の「1」です。

同様に考えると、3^5 の一の位は、$1 \times 3 = 3$ で「3」、3^6 の一の位は、$3 \times 3 = 9$ で「9」というように、一の位に3をかけることで、順に探すことができます。

さらに、これを続けると、次のようになります。

		一の位			一の位
3^1	→	3	3^5	→	3
3^2	→	9	3^6	→	9
3^3	→	7	3^7	→	7
3^4	→	1	3^8	→	1

一の位の数字は、「3，9，7，1」の4数が循環するのがわかりますね。

このように、整数の累乗の一の位は、<u>いくつかの数が循環する性質</u>があります。

循環する数は、1個、2個、4個のいずれか。試してみて！

次の□の中に0〜9の数字を1つずつ入れて4桁の数字を作る。このとき、最も小さい3の倍数を作るようにする場合、□に入る数の積として正しいものはどれか。なお、2つの□に同じ数字を入れることはできない。

$$5\ \square\ 6\ \square$$

1. 0   2. 1   3. 2   4. 3   5. 4

3の倍数を見分ける方法を覚えよう！

3の倍数には、各位の和が3の倍数になるという性質があります。

すなわち、次のように、□を $a,\ b$ とすると、$5 + a + 6 + b$ が3の倍数になれば、この数は3の倍数となるわけですね。

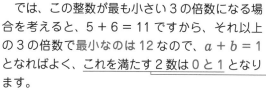

$$5\ \boxed{a}\ 6\ \boxed{b}$$

では、この整数が最も小さい3の倍数になる場合を考えると、$5 + 6 = 11$ ですから、それ以上の3の倍数で最小なのは12なので、$a + b = 1$ となればよく、これを満たす2数は0と1となります。

「5061」と「5160」だと、「5061」のほうが小さいので、$a = 0,\ b = 1$ となるよ。

よって、$a \times b = 0 \times 1 = 0$ となり、正解は肢1です。

⇨ 正解 1

アドバイス

倍数には次のような特徴があるので、見分けるときは参考にしてね。

2 の倍数	→	下 1 桁（一の位）が 2 の倍数（偶数）
3 の倍数	→	各位の和が 3 の倍数
4 の倍数	→	下 2 桁が 4 の倍数
5 の倍数	→	下 1 桁が 0 または 5
6 の倍数	→	下 1 桁が 2 の倍数で、各位の和が 3 の倍数
8 の倍数	→	下 3 桁が 8 の倍数
9 の倍数	→	各位の和が 9 の倍数

PLAY 2　公倍数の問題

海上保安学校など 2010

　　A〜Dの 4 人は、朝 7 時に近所の公園へ散歩に行く。Aは 1 日おき、Bは 2 日おき、Cは 3 日おき、Dは 4 日おきに行く。6 月 1 日に公園でこの 4 人が全員顔を合わせたとすると、次に全員が顔を合わせるのはいつか。

1. 7 月 1 日
2. 7 月 30 日
3. 7 月 31 日
4. 9 月 29 日
5. 9 月 30 日

「1 日おき」だと、次回は 2 日後、「2 日おき」だと 3 日後、ということだよね。

　　Aは 1 日おきですから、2 日に 1 回散歩に行きます。

　　そうすると、6 月 1 日に散歩に行ってから、その 2 日後、4 日後、6 日後…と、2 の倍数日後というサイクルで散歩に行くことになりますね。

　　同様に、Bは 3 の倍数日後、Cは 4 の倍数日後、Dは 5 の倍数日後というサイクルになりますので、6 月 1 日から、4 人が再び顔を合わせるのは、2，3，4，5 の公倍数である日数を経た日であるとわかります。

　　これより、2，3，4，5 の最小公倍数を求めます。

2 と 4 のみ、共通する約数の 2 で割って、次のようになりますね（基本事項 4）。

$$2\overline{)\ \underline{2\quad 3\quad 4\quad 5}}$$
$$1\quad 3\quad 2\quad 5$$

最小公倍数　→　2 × 1 × 3 × 2 × 5 ＝ 60

　よって、4 人は 60 の倍数日後、すなわち、60 日後、120 日後、180 日後…と顔を合わせることになりますので、6 月 1 日から次に顔を合わせるのは、60 日後の<u>7 月 31 日</u>となり、正解は肢 3 です。

6 月は 30 日までなので、30 日後が 7 月 1 日。さらにその 30 日後は 7 月 31 日。

 正解 3

PLAY 3　公約数と公倍数の問題

裁判所一般職（高卒）2014

　ある正の分数は $\frac{273}{60}$ を掛けても、$\frac{338}{105}$ を掛けてもその結果が整数となる。このような分数のうち、最小のものの分子と分母の差はいくらか。

1. 2　　　2. 407　　　3. 6287　　　4. 7083　　　5. 8775

整数になるには、約分して分母がなくなる（1 になる）必要があるよ。

　ある正の分数を $\frac{B}{A}$ とし、これに $\frac{273}{60}$ をかけて、次のように表します。
$\frac{273}{60}$ は分子、分母とも 3 で割れますので、約分しておきましょう。

$$\frac{B}{A} \times \frac{273}{60} = \frac{B}{A} \times \frac{91}{20}$$

　この結果が整数になるということは、A と 91、B と 20 をそれぞれ約分することで、**分母が 1 になる**ことになります。
　そうすると、A は 91 の約数となり、20 は B の約数となりますので、B は 20 の倍数とわかります。

同様に、$\frac{B}{A}$ に $\frac{338}{105}$ をかけても整数になるので、A と 338、B と 105 も約分して分母が 1 になるため、A は 338 の約数、B は 105 の倍数となり、次のようにわかります。

A → 91 と 338 の公約数 　　　 B → 20 と 105 の公倍数

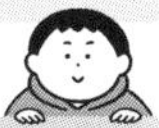

まず、91 と 338 の最大公約数から求めます。91 = 7 × 13 ですから、338 を 7 や 13 で割ってみると、338 = 13 × 26 とわかり、91 と 338 の最大公約数は、図 1 のように求められます。

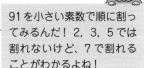

91 を小さい素数で順に割ってみるんだ！ 2, 3, 5 では割れないけど、7 で割れることがわかるよね！

また、20 と 105 の最小公倍数は図 2 のように求められますね。

図 1

13) 91　338
　　　7　 26

最大公約数 → 13

図 2

5) 20　105
　　 4　 21

最小公倍数 → 5 × 4 × 21 = 420

これより、A は 13 の約数、B は 420 の倍数とわかります（基本事項 3）。

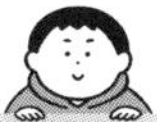

求めるのは、このような分数のうち最小のものですから、A は最大公約数の 13、B は最小公倍数の 420 で、$\frac{420}{13}$ とわかり、分子と分母の差は 407 となります。

分母は大きく、分子は小さいほうが、分数は小さくなるよね！

よって、正解は肢 2 です。

 正解 2

整数 108 と整数 X の最大公約数は 18、最小公倍数は 540 であるとき、この 2 つの整数の積の値として、最も妥当なのはどれか。

1. 1,944
2. 3,888
3. 5,832
4. 7,776
5. 9,720

本問を通して、2 数の最大公約数と最小公倍数の基本的な関係を覚えよう（16 ページアドバイス参照）。

整数 X を 18 で割った値を n とすると、108 と X の最小公倍数は次のようになります。

$$
18 \,) \, \underline{108 \quad X}
$$
$$
\quad\quad 6 \quad n
$$

最小公倍数　→　$18 \times 6 \times n$

そうすると、条件より、X は次のように求められます。

$$
18 \times 6 \times n = 540
$$
$$
\therefore n = 5
$$
$$
X = 18 \times 5 = 90
$$

よって、この 2 つの整数の積は、$108 \times 90 = 9720$ となり、正解は肢 5 です。

⇨ 正解 5

アドバイス

たとえば、2つの整数AとBの最大公約数がGで、AとBをGで割った値が m, n とすると、この2数の最小公倍数は次のようになるね。

$$\underline{G~)~A~~~B}$$
$$~~~~~m~~~n~~~~~最小公倍数 \rightarrow Gmn$$

ここで、$A \times B = Gm \times Gn = G \times Gmn$ となるので、「2数の積 = 最大公約数×最小公倍数」という関係が成り立つんだ。

つまり、本問の2数の積も、$18 \times 540 = 9720$ と求めることもできたんだね。

ただし、これは2つの整数の場合のみだから、3つ以上だともちろん使えないからね。

PLAY5　公約数と公倍数の問題　　　　　　　　特別区Ⅲ類 2010

ある整数A，Bは、最大公約数が6で、最小公倍数が4620で、AはBより78大きい。整数AとBの和はどれか。

1. 132　　　2. 210　　　3. 264　　　4. 342　　　5. 420

PLAY4と似ているけど、ちょっと難しくなるよ。選択肢から求めることもできるかな？

解法1

A，Bを最大公約数の6で割った値を、それぞれ m, n とすると、A = $6m$、B = $6n$ と表せ、最小公倍数は次のような形になります。

$$\underline{6~)~A~~~B}$$
$$~~~~~m~~~n$$
$$最小公倍数 \rightarrow 6mn$$

$6mn = 4620$ってことだね！

ここで、最小公倍数 4620 を素因数分解すると、次のようになります。

$$4620 = 2 \times 2 \times 3 \times 5 \times 7 \times 11 = \underline{6 \times 2 \times 5 \times 7 \times 11}$$

$$\uparrow$$
$$6mn$$

```
2 ) 4620
2 ) 2310
3 ) 1155
5 )  385
7 )   77
      11
```

$6mn = 6 \times 2 \times 5 \times 7 \times 11$ ですから、$mn = 2 \times 5 \times 7 \times 11$ がわかりますね。

また、条件より、A－B＝78 ですから、次のようになります。

$$6m - 6n = 6(m - n) = 78$$

両辺を 6 で割って

$$m - n = 13$$

「6 でくくる」という
変形だよ！
$$ab + ac = a(b + c)$$

m と n の差は 13 ですから、$2 \times 5 \times 7 \times 11$ を差が 13 になるような 2 数に分けると、$\underline{2 \times 11 = 22}$ と、$\underline{5 \times 7 = 35}$ とわかります。

すなわち、$m = 35$、$n = 22$ で、A，Bは次のようにわかります。

(2×5) と (7×11) とか、いくつか組み合わせているうちに見つかるよ！

$$A = 6 \times 35 = 210 \qquad B = 6 \times 22 = 132$$

よって、AとBの和は、210 ＋ 132 ＝ 342 となり正解は肢 4 です。

解法 2

AとBの差は 78 で、和は「求めるもの」ですから、選択肢にあります。
これより、選択肢から次のように確認します。

肢 1 　A－B＝78、A＋B＝132 となるA，Bは、これを連立方程式として解いてもいいですが、「和差算」という方法が便利ですので、こちらを使って解いてみます。

　　まず、差が 78、和が 132 であるA，Bを、次のように図に表します。

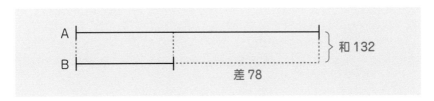

図より、AとBの和である132に、差の78を加えると2Aになり、78を引くと2Bになるのがわかります。

2A→Aが2本分、2B→Bが2本分ということだよ！

　すなわち、和の132に差78を、足して2で割ればA、引いて2で割ればBが求められるので、次のようにわかります。

和差算の公式
大きい数＝（和＋差）÷2
小さい数＝（和－差）÷2

$$A = (132 + 78) \div 2 = 105$$
$$B = (132 - 78) \div 2 = 27$$

　105，27は、いずれも6の倍数ではありませんので、題意を満たしません。

肢2　同様に、和が210、差が78のA，Bを求めます。和差算で片方を求めれば、もう片方は78を足し引きすれば求められますので、小さいほうのBを求めて、78を足してAを求めると、次のようになります。

数字は小さいほうが楽でしょ！？

$$B = (210 - 78) \div 2 = 66 \qquad A = 66 + 78 = 144$$

　144と66はいずれも6の倍数ですが、最小公倍数を計算すると次のようになり、4620にはなりません。

$$\underline{6\,)\,144\quad 66}$$
$$24\quad 11$$

最小公倍数　→　$6 \times 24 \times 11 = 1584$

よって、題意を満たしません。

肢3　同様に、和が264、差が78のA，Bを求めると、次のようになります。

$$B = (264 - 78) \div 2 = 93 \qquad A = 93 + 78 = 171$$

　171と93はいずれも6の倍数ではありませんので、題意を満たしません。

肢 4 同様に、和が 342、差が 78 の A，B を求めると、次のようになります。

$$B = (342 - 78) \div 2 = 132 \qquad A = 132 + 78 = 210$$

210 と 132 の最小公倍数を計算すると次のようになり、題意を満たします。

$$
\begin{array}{r}
6\,)\,\underline{210 \quad 132} \\
35 \quad\ 22
\end{array}
$$

最小公倍数 → 6 × 35 × 22 = 4620

肢 5 同様に、和が 420、差が 78 の A，B を求めると、次のようになります。

$$B = (420 - 78) \div 2 = 171 \qquad A = 171 + 78 = 249$$

249 と 171 はいずれも 6 の倍数ではありませんので、題意を満たしません。

$$\Rightarrow \boxed{正解 4}$$

19以下の7つの異なる正の整数A〜Gについて、次のア〜オの式が成り立つとき、$(A-B) \times (B+C)^2 \times (D+E) + (F+G)$ の値はどれか。

　ア　$A \times B = 24$
　イ　$B \times C = 6$
　ウ　$C \times D = 20$
　エ　$B \times E = 18$
　オ　$F \times G = 84$

1.　1171　　　　2.　1843　　　　3.　2019　　　　4.　2714　　　　5.　3219

> それぞれの数式を満たすA〜Gを考えよう。　19以下の異なる
> 整数ってことを忘れないように！

　A〜Gは、19以下の正の整数ですから、ア〜オのそれぞれを満たす2数の組合せは、次のような候補が考えられます。

> 　ア　（A，B）→（2と12）（3と8）（4と6）…①
> 　イ　（B，C）→（1と6）（2と3）…②
> 　ウ　（C，D）→（2と10）（4と5）…③
> 　エ　（B，E）→（1と18）（2と9）（3と6）…④
> 　オ　（F，G）→（6と14）（7と12）…⑤

　条件ア〜エには共通するものがありますので、①〜④で共通する数を探していくと、②と③に共通するのは2のみとなります。
　条件イとウに共通するのはCですから、ここで、C＝2がわかり、②より、B＝3、③より、D＝10、さらに、①，④より、A＝8、E＝6がわかります。
　また、条件より、A〜Gは異なる数ですから、G，Fは6ではないので、⑤より、（7と12）の組合せとなりますが、<u>どちらが7で、どちらが12かは不明です。</u>
　ここまでを、次のように整理します。

> 求める式の「F＋G」
> はどっちでも同じだ
> からね。

A	B	C	D	E	F	G
8	3	2	10	6	7と12	

これより、求める式の値は、次のようになります。

$$(A - B) \times (B + C)^2 \times (D + E) \times (F + G)$$
$$= (8 - 3) \times (3 + 2)^2 \times (10 + 6) \times (7 + 12)$$
$$= 5 \times 25 \times 16 + 19$$
$$= 2019$$

よって、正解は肢3です。

⇨ 正解3

　図Ⅰのように、A，B，Cに整数を一つずつ入力すると、DにはAとBの値の和を、EにはBとCの値の和を、FにはDとEの値の和を表示するプログラムがある。例えば、図Ⅱのように、Aに5、Bに7、Cに10を入力すると、Dには12、Eには17、Fには29 が表示される。

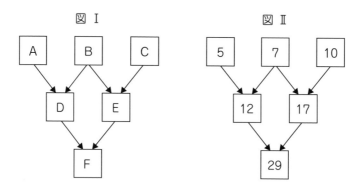

図Ⅰ　　　　　　　　　　　　　　図Ⅱ

　A，B，Cに整数を一つずつ入力したところ、次のことが分かった。このとき、Fの値はいくらか。

　　○　Fの値はBの4倍である。
　　○　Eの値からAの値を引くと、8 となる。
　　○　Eの値からDの値を引くと、2 となる。

1.　20　　　　2.　24　　　　3.　28　　　　4.　32　　　　5.　36

まず、条件を式にしてみよう！

　A〜Fに表示される数字をそのままA〜Fとして、条件を式にすると、次のようになります。

$$D = A + B \quad \cdots ①$$
$$E = B + C \quad \cdots ②$$
$$F = D + E = A + B + B + C = A + 2B + C \quad \cdots ③$$

また、入力後にわかったことを式にすると、次のようになります。

```
 Ｆ ＝ 4Ｂ    ④
 Ｅ － Ａ ＝ 8  …⑤
 Ｅ － Ｄ ＝ 2  …⑥
```

まず、⑤より、Ｅ＝Ａ＋8、⑥より、Ｅ＝Ｄ＋2となり、この2式の右辺は等しく、次のようになります。

```
      Ａ ＋ 8 ＝ Ｄ ＋ 2
 Ｄに①を代入して
      Ａ ＋ 8 ＝ Ａ ＋ Ｂ ＋ 2
     － Ｂ ＝ － 6  ∴ Ｂ ＝ 6
 ④にＢ＝6を代入して
      Ｆ ＝ 4 × 6 ＝ 24
```

よって、求めるＦは24で、正解は肢2です。ちなみに、Ａ，Ｃについては、次のように求められます。

```
 ③に、Ｂ ＝ 6、Ｆ ＝ 24を代入して
     24 ＝ Ａ ＋ 2 × 6 ＋ Ｃ
      Ａ ＋ Ｃ ＝ 12  …③′
 ⑥に、①，②を代入して
      Ｂ ＋ Ｃ － (Ａ ＋ Ｂ) ＝ 2
      Ｂ ＋ Ｃ － Ａ － Ｂ ＝ 2
      Ｃ － Ａ ＝ 2  …⑥′
 ③′＋⑥′より
      Ａ ＋ Ｃ ＋ Ｃ － Ａ ＝ 12 ＋ 2
      2Ｃ ＝ 14  ∴ Ｃ ＝ 7
 ③′にＣ＝7を代入して
      Ａ ＋ 7 ＝ 12  ∴ Ａ ＝ 5
```

前がマイナスのときは、かっこを付けて代入しよう！ かっこをはずすと符号が変わるからね。

③′、⑥′から、ＡとＣは和が12、差が2なので、和差算（17ページ）で求めてもOK！

⇨ 正解2

　4 桁の正の整数Ｎがある。この整数Ｎの百の位の数字と十の位の数字は同じであり、一の位から千の位までの各位の数字の和は 17 である。また、千の位の数字は、百の位の数字の 2 倍であり、一の位と千の位の数字を入れ替えた整数は、元の整数Ｎより 6993 小さい。元の整数Ｎの一の位の数字はどれか。

1. 1　　　2. 2　　　3. 3　　　4. 4　　　5. 5

> 整数Ｎの各位の数を求めるよ。まず、千の位の数に着目かな。

　元の整数Ｎの一の位と千の位の数字を入れ替えた整数をＭとすると、Ｍ＝Ｎ － 6993 より、Ｎ＝Ｍ＋ 6993 となります。

　そうすると、Ｎは 6993 より大きい数とわかり、さらに、条件より、千の位の数字は 2 の倍数ですから、6 か 8 となります。

百の位の数の 2 倍だからね！

　しかし、千の位の数字が 6 では、百の位の数字は 3 になり、6993 より小さくなるので、千の位の数字は 8、百の位と十の位の数字は 4 とわかります。

　残る一の位の数字は、各位の数字の和が 17 なので、17 −（8 ＋ 4 ＋ 4）＝ 1 となり、整数Ｎは 8441 とわかります。

　一応、Ｍ＝ 1448 との差を計算すると、8441 − 1448 ＝ 6993 と確認できます。

　よって、正解は肢 1 です。

⇒ 正解 1

5で割ると3余り、6で割ると4余り、9で割ると7余る正の整数のうち、3桁の整数の個数として、正しいのはどれか。

1. 7個   2. 8個   3. 9個   4. 10個   5. 11個

基本事項5の確認問題だよ。本問は不足が一致することに気づいてね。

余りは一致していませんから、不足に着目します。それぞれの不足は次のようになりますね。

5で割ると3余る → 2不足
6で割ると4余る → 2不足
9で割ると7余る → 2不足

よって、5, 6, 9のいずれで割っても2不足する整数となり、5, 6, 9の公倍数 − 2 と表せることがわかります（基本事項5 − ii）

では、まず、5, 6, 9の最小公倍数を、次のように求めます。

$$\begin{array}{r} 3\,)\underline{5\quad 6\quad 9} \\ 5\quad 2\quad 3 \end{array}$$

最小公倍数 → $3 \times 5 \times 2 \times 3 = 90$

これより、この整数を $90n - 2$（n は整数）と表します。

3桁の整数は、100以上999以下ですから、ここで、次のような不等式を立てます。

「1000未満」でもOK！

$$100 \leq 90n - 2 \leq 999$$

−2を左右に移項して

$$102 \leq 90n \leq 1001$$

すべての辺を90で割って

$$1\frac{12}{90} \leq n \leq 11\frac{11}{90}$$

これを満たす整数 n は、2 から 11 までの 10 個ですから、求める整数の個数も 10 個とわかります。

よって、正解は肢 4 です。

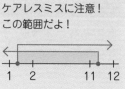
ケアレスミスに注意！この範囲だよ！

⇨ 正解 4

PLAY 10　余りの問題

特別区Ⅲ類 2020

3 で割ると 1 余り、5 で割ると 2 余る 2 桁の自然数のうち最大のものを A、6 で割ると 1 余り、11 で割ると 5 余る 3 桁の自然数のうち最小のものを B としたとき、A と B の和はどれか。

1. 146　　2. 161　　3. 197　　4. 212　　5. 227

基本事項 5 − ⅲ のタイプだね。条件を満たす最小の数を探してみよう。

まず、A から求めます。余りが不一致なのはわかりますので、不足を確認すると、3 で割ったときの不足は 2、5 で割ったときの不足は 3 ですから、余り、不足とも不一致のタイプ（基本事項 5 − ⅲ）となり、次のように、条件を満たす最小の数を調べます。

3 で割ると 1 余る数　→　1, 4, 7, 10, …
5 で割ると 2 余る数　→　2, 7, 12, …

これより、最小の数は「7」となります。3 と 5 の最小公倍数は 15 ですから、「15 の倍数 + 7」と表せ、2 桁の数で最大なのは、15 × 6 + 7 = 97 とわかりますね。

99 を 15 で割った答えから見当を付けて探せばいいね。

次に、B を求めます。こちらも余りは不一致ですから、不足を確認すると、6 で割ったときの不足は 5、11 で割ったときの不足は 6 で、一致しませんから、同様に、条件を満たす最小の数を求めます。

6 で割ると 1 余る数　→　1, 7, 13, 19, 25, 31, 37, 43, 49, 55, …
11 で割ると 5 余る数　→　5, 16, 27, 38, 49, 60, …

　これより、最小の数は「49」となります。6 と 11 の最小公倍数は 66 ですから、「66 の倍数 + 49」と表せ、3 桁の数で最小なのは、66 + 49 = 115 とわかります。

　以上より、A と B の和は、97 + 115 = 212 となり、正解は肢 4 です。

⇨ 正解 4

PLAY 11　一の位を求める問題

2^{2013} の一の位の数として正しいものはどれか。

1. 0　　　2. 2　　　3. 4　　　4. 6　　　5. 8

基本事項 6 の循環の法則を知っていれば、本問は 1 分で解けるかな。

　2 の累乗の一の位を調べると、次のようになります（基本事項 6）。

$$2^1 \rightarrow 2$$
$$2^2 \rightarrow 4$$
$$2^3 \rightarrow 8$$
$$2^4 \rightarrow 6$$
$$2^5 \rightarrow 2$$
$$2^6 \rightarrow 4$$
$$\vdots$$

　これより、(2, 4, 8, 6) の 4 数が循環しますので、2013 番目は、2013 = 4 × 503 + 1 より、1 番目の「2」となります。
　よって、正解は肢 2 です。

⇨ 正解 2

PLAY 12　一の位を求める問題

187^{187} の 1 の位の値はいくらか。

1. 1　　　2. 3　　　3. 5　　　4. 7　　　5. 9

PLAY 11 の類題だよ。ちょっと応用になるかな。

基本事項 6 で確認したように、一の位は、<u>一の位どうしのかけ算で決まります</u>ので、187 の累乗の一の位は、7 の累乗の一の位と同じです。

よって、次のように一の位を調べます。

187 × 187 の一の位は、7 × 7 = 49 の「9」だね！

$$7^1 \rightarrow 7$$
$$7^2 \rightarrow 9$$
$$7^3 \rightarrow 3$$
$$7^4 \rightarrow 1$$
$$7^5 \rightarrow 7$$
$$7^6 \rightarrow 9$$
$$\vdots$$

これより、(7, 9, 3, 1) の 4 数が循環しますので、187 番目は、187 = 4 × 46 + 3 より、3 番目の「3」となります。

よって、正解は肢 2 です。

$\Rightarrow$ 正解 2

#2 方程式と不等式

(頻出度 ★★★★☆)　(重要度 ★★★★★)　(コスパ ★★★☆☆)

与えられた条件から方程式や不等式を立てて解く問題は、大卒程度より、高卒程度の試験でよく出題されています。このタイプは、とにかく練習量をこなして、慣れることが大切です。

基本事項

>>> 展開と因数分解の公式

かっこを外すのが「展開」、その逆が「因数分解」と覚えましょう！

次の公式で、左の式 → 右の式が「展開」で、右の式 → 左の式が「因数分解」です。

①分配法則

$$a(b+c) = ab + ac$$

②乗法公式

ⅰ. $(x+a)(x+b) = x^2 + (a+b)x + ab$

ⅱ. $(x \pm y)^2 = x^2 \pm 2xy + y^2$

ⅲ. $(x+y)(x-y) = x^2 - y^2$

次ページに練習問題があるからね。

次の式を展開してください。

① $(x + 3)(x + 5)$　② $(x + 1)(x - 6)$　③ $(x - 4)(x - 9)$

④ $(x + 5)^2$　⑤ $(x - 8)^2$　⑥ $(2x + 3y)^2$

⑦ $(x + 4)(x - 4)$　⑧ $(x + 12)(x - 12)$　⑨ $(x + 7y)(x - 7y)$

次の式を因数分解してください。

⑩ $x^2 + 9x + 14$　⑪ $x^2 + 8x - 9$　⑫ $x^2 - 14x + 33$

⑬ $x^2 + 8x + 16$　⑭ $x^2 - 18x + 81$　⑮ $25x^2 + 20xy + 4y^2$

⑯ $x^2 - 100$　⑰ $x^2 - 196$　⑱ $x^2 - 36y^2$

【解答】

① $x^2 + 8x + 15$　② $x^2 - 5x - 6$　③ $x^2 - 13x + 36$

④ $x^2 + 10x + 25$　⑤ $x^2 - 16x + 64$　⑥ $4x^2 + 12xy + 9y^2$

⑦ $x^2 - 16$　⑧ $x^2 - 144$　⑨ $x^2 - 49y^2$

⑩ $(x + 2)(x + 7)$　⑪ $(x + 9)(x - 1)$　⑫ $(x - 3)(x - 11)$

⑬ $(x + 4)^2$　⑭ $(x - 9)^2$　⑮ $(5x + 2y)^2$

⑯ $(x + 10)(x - 10)$　⑰ $(x + 14)(x - 14)$　⑱ $(x + 6y)(x - 6y)$

PLAY 1　1 次方程式の文章問題　　　　刑務官 2009

　ある人が、自分の持っているお金で 1 個 120 円のオレンジを買えるだけ買い、子どもに 3 個ずつ分けたところ 5 個余った。同じお金でリンゴを買えるだけ買い、子どもに 2 個ずつ分けたところ 6 個余った。オレンジ 4 個とリンゴ 3 個の値段が同じであるとき、子どもは何人か。

　ただし、いずれの場合も、持っていたお金をちょうど使い切り、残額はなかった。

1. 7 人　　2. 8 人　　3. 9 人　　4. 10 人　　5. 11 人

子供の人数を x とおいて、オレンジの数を表してみて。

　子どもの人数を x 人とします。

　x 人にオレンジを 3 個ずつ配ると、その数は $3x$ 個ですが、さらにあと 5 個余っているので、オレンジの個数は、$3x + 5$（個）と表せます。

同様に、リンゴの個数は、$2x + 6$（個）と表せます。

また、オレンジ1個の値段は120円ですから、4個では480円です。

同じ金額でリンゴは3個買えるので、リンゴ1個の値段は160円となります。

これより、この人の持っていたお金について、次のように方程式を立てます。

$$120\,(3x + 5) = 160\,(2x + 6)$$
両辺を40で割って
$$3\,(3x + 5) = 4\,(2x + 6)$$
分配法則でかっこをはずして
$$9x + 15 = 8x + 24$$
$$\therefore x = 9$$

> 基本事項①
> $a\,(b + c) = ab + ac$
> 逆は「a でくくる」（17ページ）だね！

よって、子どもの人数は9人となり、正解は肢3です。

$\Rightarrow$ **正解3**

PLAY 2　連立方程式の文章問題　　　　出典不詳

　表は、ある遊園地の1人当たりの入園料を示したものである。この遊園地では30人以上の団体の場合、1人当たりの入園料はそれぞれの団体料金で計算される。

	大人	子ども
一般料金（円）	1,000	600
団体料金（円）	940	560

　この遊園地で、大人と子どもを合わせて43人の団体の入園料が、一般料金で計算した場合と比べて2,000円安くなった。この団体の大人と子どもの<u>人数の差</u>は何人か。

1. 13人　　　2. 14人　　　3. 15人　　　4. 16人　　　5. 17人

> 大人と子どもの人数を x, y とおいて。方程式を2本立ててみて。

　大人の人数を x 人、子どもの人数を y 人として、人数の合計より次のような方程式を立てます。

$$x + y = 43 \quad \cdots ①$$

また、団体料金は、一般料金と比べて、大人は 1 人 60 円、子どもは 1 人 40 円安くなりますので、安くなった料金の合計より、次のような方程式を立てます。

$$60x + 40y = 2000 \quad \cdots ②$$

これより、①，②を連立させて、次のように解きます。

②の両辺を 20 で割って
$$3x + 2y = 100 \quad \cdots ②´$$

①の両辺を 3 倍して
$$3x + 3y = 129 \quad \cdots ①´$$

x の係数（前に付いてる数字）をそろえるんだ！

①´－②´より

$$
\begin{array}{r}
3x + 3y = 129 \\
-)\ 3x + 2y = 100 \\
\hline
y = 29
\end{array}
$$

$y = 29$ を①に代入して
$$x = 43 - 29 = 14$$

よって、大人の人数は 14 人、子どもの人数は 29 人となり、その差は 29 － 14 = 15（人）で、正解は肢 3 です。

⇨ 正解 3

アドバイス

大人の人数を x 人、子どもの人数は 43 － x（人）と表して、次のような方程式を立てても OK！

$$60x + 40(43 - x) = 2000$$

これは、好きなほうで解けばいいかな！

　ある小学校の生徒 100 人について、問題数が 3 問のテストを行ったところ、次のことが分かった。

　　ア　3 問のうち 1 問だけ正解であった生徒の人数は、3 問のうち 2 問以上が
　　　　正解であった生徒の人数の 3 倍より 40 人少なかった。
　　イ　3 問のうち 2 問が正解で 1 問が不正解であった生徒の人数は、3 問全て
　　　　が正解であった生徒の人数の 7 倍であった。
　　ウ　3 問全てが不正解であった生徒の人数は、3 問全てが正解であった生徒
　　　　の人数の 2 倍より 4 人多かった。

　以上から判断して、3 問全てが正解であった生徒の人数として、正しいのはどれか。

1. 3 人　　　2. 4 人　　　3. 5 人　　　4. 6 人　　　5. 7 人

> 3 つの文字を使って、方程式を立ててみよう！

　3 問全てが正解であった生徒の人数を x 人、2 問が正解で 1 問が不正解であった生徒の人数を y 人、1 問だけ正解であった生徒の人数を z 人とします。全部で 100 人ですから、3 問全てが不正解であった生徒の人数は、$100 - x - y - z$（人）と表せますね。

　ここで、条件ア〜ウより、次のような方程式を立てます。

　　ア　$z = 3(x + y) - 40$　…①
　　イ　$y = 7x$　…②
　　ウ　$100 - x - y - z = 2x + 4$　…③

> アの「2 問以上正解」は「2 問正解」と「3 問正解」の和だからね。

　②を①に代入して
　　$z = 3(x + 7x) - 40 = 3 \times 8x - 40 = 24x - 40$　…①′

　③に②と①′を代入して
　　$100 - x - 7x - (24x - 40) = 2x + 4$
　　$100 - x - 7x - 24x + 40 = 2x + 4$
　　$-34x = -136$　　∴$x = 4$

> かっこの前がマイナスだから、符号が変わるよ。

　$x = 4$ を②と①′に代入して
　　$y = 7 \times 4 = 28$　　　$z = 24 \times 4 - 40 = 56$

よって、3 問全てが正解であった生徒の人数は 4 人となり、正解は肢 2 です。

⇨ 正解 2

PLAY4 2 次方程式の文章問題　　　　　　　　　警視庁 III 類 2012

正の偶数のうち、連続した 3 つの偶数の積の値が、同じ 3 つの偶数の和の値の 32 倍となったとき、連続した 3 つの偶数のうち最小の偶数の数として、正しいのはどれか。

1. 4　　　2. 6　　　3. 8　　　4. 10　　　5. 12

> 3 つの偶数のうち、どれかを x にして方程式を立ててみよう。
> 真ん中を x にした方が計算が楽かな。

連続した 3 つの偶数のうち、まん中の偶数を x とすると、最小の偶数は $x - 2$、最大の偶数は $x + 2$ と表せますので、条件より、次のような方程式を立てます。

$$(x - 2) \times x \times (x + 2) = (x - 2 + x + x + 2) \times 32$$
$$x(x - 2)(x + 2) = 3x \times 32$$
$$x(x - 2)(x + 2) = 96x$$
両辺を x で割って
$$(x - 2)(x + 2) = 96$$
乗法公式より左辺を展開して
$$x^2 - 4 = 96$$
$$x^2 = 100$$
$$\therefore x = \pm 10$$
$$x > 0 \text{ より、} x = 10$$

基本事項② - iii を使うよ。

「x^2」を含む「2 次方程式」だね！
このように、「$x^2 = a$」という
形のものは、2 乗して a になる
数を探せば OK！

これより、まん中の偶数は 10 となり、3 つの偶数は、8, 10, 12 とわかります。

よって、最小の偶数は 8 で、正解は肢 3 です。

⇨ 正解 3

　大きさの異なる二つの立方体 X と Y があり、 X の一辺の長さと Y の一辺の長さとの和が 17cm、 X の表面積と Y の表面積との和が 942cm^2 であるとき、 X の体積と Y の体積との和として、正しいのはどれか。

1.　1,343cm^3
2.　1,547cm^3
3.　1,853cm^3
4.　2,261cm^3
5.　2,771cm^3

もう1問、2次方程式の問題。因数分解の出番だよ！

　X の1辺の長さをそれぞれ x cm とすると、 Y の1辺は $17 - x$（cm）と表せます。

　また、 X の1つの面の面積は x^2 ですから、表面積は $6x^2$ となり、同様に、 Y の表面積は $6(17 - x)^2$ と表せ、その和について、次のように方程式を立てます。

立方体の面は6枚だからね。

$$6x^2 + 6(17 - x)^2 = 942$$

両辺を6で割って
$$x^2 + (17 - x)^2 = 157$$

乗法公式で展開して　————　基本事項②-ⅱを使うよ。
$$x^2 + 289 - 34x + x^2 = 157$$
$$2x^2 - 34x + 132 = 0$$

両辺を2で割って
$$x^2 - 17x + 66 = 0$$

左辺を因数分解して　————　基本事項②-ⅰを使おう！
$$(x - 6)(x - 11) = 0$$
$$x = 6,\ x = 11$$

　これより、 X の1辺は 6cm または 11cm ですが、
$6 + 11 = 17$ ですから、 X と Y の1辺の長さが
6cm と 11cm であるとわかります。
　ここから、 X と Y の体積の和を計算すると、次のようになります。

X が6cm の場合は Y が 11cm、 X が 11cm の場合は Y が6cm ってことだね。

$$6^3 + 11^3 = 216 + 1331 = 1547 \text{（cm}^3\text{）}$$

よって、正解は肢2です。

⇨ 正解2

条件や選択肢から考えると、立方体の1辺の長さは多分整数だよね。
だったら、1面の面積は整数の2乗なので、1, 4, 9, 16, 25, 36, 49, 64, 81, 100, 121, 144, …という数になるから、この中の2つを足して、$942 \div 6 = 157$になるのを探すと、$36 + 121 = 6^2 + 11^2$が見つかるし、これでもいいかもね。

あるイベントの開催に当たり、会場となる施設の利用料を会員から集めることにした。いま、1人300円ずつ集めることとすると3,700円足りず、1人500円ずつ集めることとすると1人だけ500円未満でよいことになる。この施設の利用料は、次のうちではどれか。

1. 8,800 円
2. 9,100 円
3. 9,400 円
4. 9,800 円
5. 10,300 円

不等式を解いて、整数の解を探そう！ 求めるのは利用料だけど、何を x とするかな？

　会員の人数を x 人とすると、利用料は、1人300円ずつ集めた金額よりさらに3,700円多いので、$300x + 3700$（円）と表せます。

　また、1人500円ずつ集めると、$500x$ 円ですが、条件より、利用料はこれより少ないことがわかり、次のような不等式を立てます。

$$300x + 3700 < 500x$$
両辺を100で割って
$$3x + 37 < 5x$$
$$-2x < -37$$
$$\therefore x > 18.5 \quad \cdots ①$$

このように、マイナスの数で両辺を割る（または、かける）と、不等号の向きが変わるんだ！あとは、方程式と同じように解けばOK！

　また、500円未満でよいのは1人だけですから、利用料は、1人を除く $(x-1)$ 人から500円ずつ集めた、500$(x-1)$ 円よりは多いことになり、次のような不等式を立てます。

残る1人も、0円じゃないからね！

$$300x + 3700 > 500(x - 1)$$

両辺を 100 で割って

$$3x + 37 > 5(x - 1)$$

かっこをはずして

$$3x + 37 > 5x - 5$$
$$-2x > -42$$
$$\therefore x < 21 \quad \cdots ②$$

①，②より、18.5 < x < 21 となり、これを満たす整数 x は、19 と 20 があります。

これより、それぞれの場合の利用料を計算すると、次のようになります。

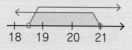
数直線で確認するのが安全！
21 は入らないから注意して！

19 人の場合　→　300 × 19 + 3700 = 9400（円）
20 人の場合　→　300 × 20 + 3700 = 9700（円）

このうち、選択肢にあるのは、肢 3 の 9,400 円で、これが正解です。

問題文、よく読んでね！

⇨ 正解 3

不等式って式を立てるときのミスが多いよね。
どっちが大きいとか問題文をしっかり理解することが大事だね。

　ある高校の吹奏楽部と合唱部に、それぞれ 200 枚の五線紙があり、両部が
それぞれの部員に配る枚数を検討したところ、次のア〜ウのことが分かった。

　ア　吹奏楽部の部員に、五線紙を 1 人当たり 5 枚ずつ配ると 18 枚以上余り、
　　　1 人当たり 6 枚ずつ配ると 5 枚以上不足する。
　イ　合唱部の部員に、五線紙を 1 人当たり 7 枚ずつ配ると 10 枚以上余り、
　　　1 人当たり 8 枚ずつ配ると 5 枚以上不足する。
　ウ　吹奏楽部の部員の人数と合唱部の部員の人数の差は 8 人である。

　以上から判断して、吹奏楽部の部員の人数と合唱部の部員の人数の合計とし
て、正しいのはどれか。

1. 61 人　　　 2. 62 人　　　 3. 63 人　　　 4. 64 人　　　 5. 65 人

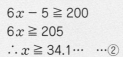
　もう 1 問、不等式の問題。割と定番のタイプだよ。

　まず、吹奏楽部の部員数を x 人として、条件アについて考えます。
　1 人当たり 5 枚ずつ配って 18 枚以上余るということは、五線紙の枚数（200
枚）は、$5x + 18$ 以上となり、これより、次のような不等式を立てます。

$$5x + 18 \leqq 200$$
$$5x \leqq 182$$
$$\therefore x \leqq 36.4 \quad \cdots ①$$

どうせ整数部分しか考えな
いんだから、小数点以下は
アバウトで OK！

　また、1 人当たり 6 枚ずつ配って 5 枚以上不
足するということは、<u>五線紙の枚数は、$6x -$
5 以下</u>となり、次のように不等式を立てます。

「5 枚足りない」で（$6x - 5$）
枚だよね。
それ以上足りないってこと
は、五線紙の枚数はそれ以
下ってこと！

$$6x - 5 \geqq 200$$
$$6x \geqq 205$$
$$\therefore x \geqq 34.1\cdots \quad \cdots ②$$

　①，②より、$34.1\cdots \leqq x \leqq 36.4$ となり、これを満たす整数 x は 35 と 36
があります。
　次に、合唱部員の人数を y 人として、条件イについて、同様に不等式を立て
ると、次のようになります。

$$7y + 10 \leqq 200$$
$$7y \leqq 190$$
$$\therefore y \leqq 27.1 \cdots \quad \cdots ③$$

$$8y - 5 \geqq 200$$
$$8y \geqq 205$$
$$\therefore y \geqq 25.6 \cdots \quad \cdots ④$$

③，④より、$25.6 \cdots \leqq y \leqq 27.1 \cdots$ となり、これを満たす整数 y は 26 と 27 があります。

条件ウより、x と y の差は 8 ですから、$x = 35$、$y = 27$ となり、合計で $35 + 27 = 62$（人）とわかります。

よって、正解は肢 2 です。

 正解 2

PLAY 8　不定方程式から整数解を求める問題　　警視庁 III 類 2009

400 円のりんご、300 円の梨、250 円の柿を買い求めた。三種類の果物の合計は 32 個で、代金は 9600 円だった。梨の購入個数はりんごより多かったが、柿よりは少なかったものとするとりんごの購入個数と柿の購入個数の差はいくつか。

1. 3 個　　2. 4 個　　3. 5 個　　4. 6 個　　5. 7 個

不定方程式というちょっと面倒な問題なんだけど、条件を満たす整数をゴリゴリ探せばいいのよ。

本問は、不定方程式から整数解を求めるという定番のパターンですから、解法を覚えてください。

まず、果物の合計は 32 ですから、りんごの個数を x、梨の個数を y とすると、柿の個数は、$32 - x - y$ と表せます。

これより、代金について次のように方程式を立てます。

$$400x + 300y + 250(32 - x - y) = 9600$$

両辺を 50 で割って

$$8x + 6y + 5(32 - x - y) = 192$$

かっこをはずして

$$8x + 6y + 160 - 5x - 5y = 192$$

$$3x + y = 32 \quad \cdots (\text{i})$$

（ i ）には、文字が 2 つ（x, y）ありますので、<u>方程式が 1 本だけでは解（文字の値）は特定できません</u>。

方程式がもう 1 本あれば、連立方程式として解は特定するよね。文字の数だけ式も必要なんだ！

すなわち、この式を満たす x と y の組合せは無数にあることになり、このような方程式を**不定方程式**といいます。

しかし、本問での x, y は整数であり、さらに後半の条件を満たす数でなくてはなりません。

このように、不定方程式から、**条件を満たす整数の解を求める**というのが、本問のパターンとなります。

では、（ i ）を満たす整数解を探しましょう。

探しやすくするために、（ i ）を次のように<u>1 文字について整理</u>します。

$x = \cdots$ または、$y = \cdots$ という形にすること。

どちらか片方で OK ですが、練習のため、次のように両方の形を確認します。

$$x = \frac{32 - y}{3} \quad \cdots (\text{ii}) \qquad y = 32 - 3x \quad \cdots (\text{iii})$$

（ ii ）のような形の場合、x が整数になるためには、分子の（$32 - y$）と分母の「3」が約分されることになり、（$32 - y$）は 3 の倍数となります。

さらに、$y > 0$ ですから、32 未満の 3 の倍数、すなわち、30, 27, 24, …という数ですね。

そうすると、（$32 - y$）が 30 になるとき、$y = 2$ であり、$x = \dfrac{30}{3} = 10$ となり、条件より、柿の数（$32 - x - y$）は、$32 - 10 - 2 = 20$ となります。

同様に、（$32 - y$）が 27 のとき…と順に探していくと、次のような組合せがわかります。

	りんご	梨	柿
①	10	2	20
②	9	5	18
③	8	8	16
④	7	11	14
⑤	6	14	12
⑥	5	17	10
⑦	4	20	8
⑧	3	23	6
⑨	2	26	4
⑩	1	29	2

りんごが1個減ったら、梨は3個増え、柿は2個減るという規則性がわかれば早いね!

　条件より、りんご＜梨＜柿で、これを満たすのは④のみですね。

　これより、りんごと柿の個数の差は、14－7＝7となり、正解は肢5です。

これを見つけるための作業だけをすればOK!　全部書きあげる必要はないからね!

　ちなみに、（ⅲ）のような形にした場合は、$x = 1$から順に代入していくと、⑩から順に見つけることができます。

　本問では、（ⅲ）のほうが簡単ですが、（ⅱ）のような分数の形になることも多いので、両方とも確認しておきましょう。

正解5

　民間企業における従業員の給与を調査するため、A～Dの4班で担当する調査対象企業の割り振りを行った。この結果、各班が担当する調査対象企業数について、次のことが分かっている。このとき、A～Dの4班が担当する調査対象企業数の合計はいくらか。

　○　B班が担当する調査対象企業数は、D班のそれの3倍であった。
　○　C班が担当する調査対象企業数に、D班のそれの5倍を加えた企業数は、125社であった。
　○　D班が担当する調査対象企業数は、A班のそれより75社少なかった。

1.　150社　　　2.　175社　　　3.　200社　　　4.　225社　　　5.　250社

> 本問は、不定方程式というより、条件を満たす数を求める推理問題に近いかな。

　A～Dが担当する調査対象企業数を、それぞれ a～d として、条件をより、次のような方程式を立てます。

$$b = 3d \quad \cdots ①$$
$$c + 5d = 125 \quad \cdots ②$$
$$d = a - 75 \quad \cdots ③$$

　文字は a～d の4つで、方程式は3本ですから、解は特定しませんね。しかし、PLAY 8のように、1文字について整理するのも面倒です。

　ただ、本問の場合、求めるのは a～d の合計で、選択肢から特定の整数になるのがわかります。つまり、それぞれの解は特定しなくても、合計は1つに決まるということですよね。このような場合は、a～d を1つの文字で表して、その合計を式にして考えます。ここでは、①～③のすべてに共通する d に着目し、「$a + b + c + d$」を次のように求めます。

$$②より、c = 125 - 5d \quad \cdots ②'$$
$$③より、a = d + 75 \quad \cdots ③'$$

$a + b + c + d$ に、①, ②′, ③′を代入して
$$(d + 75) + 3d + (125 - 5d) + d = 200$$

> 計算すると、d は消えるよね。

よって、調査対象企業数の合計は 200 社となり、正解は肢 3 です。

別解

解説で確認したように、$a \sim d$ の解は特定しなくても、その合計は 1 つに決まるわけですから、**条件を満たす解を 1 つ見つけて合計を計算する方法**もあります。

ここでも、d に着目し、仮に $d = 1$ として、これを①〜③に代入すると、次のように求めることができます。

①より、$b = 3 \times 1 = 3$
②より、$c + 5 \times 1 = 125$ $\therefore c = 120$
③より、$1 = a - 75$ $\therefore a = 76$

$a + b + c + d = 76 + 3 + 120 + 1 = 200$

➡ 正解 3

#3 比と割合

(頻出度 ★★★☆☆)　(重要度 ★★★★★)　(コスパ ★★★☆☆)

算数っぽい問題が苦手な人の中には、比や割合の概念がピンと来ないという人が結構いるようです。でも、ここはじっくり付き合って、使いこなせるようになりましょう！ いろんな問題が楽に解けるようになりますよ！

基本事項

>>> 1. 最も簡単な整数比

　たとえば、A が 25 歳で B が 35 歳のとき、2 人の年齢の比は、25 : 35 = 5 : 7 と表せます。

　このように、「比」とは、実際の数量ではなく、2 数以上の数量の関係（割合）を表したものになります。

　比は、それぞれの数値を同じ数で割ったり、かけたりしても、その割合は同じです。

　「25 : 35」は、それぞれを 5 で割って「5 : 7」となりますが、それぞれを 2 倍して「50 : 70」と表すこともできます。

　この場合、「5 : 7」はこれ以上同じ数で割れない、つまり、これ以上簡単な整数の比にすることはできないわけで、「最も簡単な整数比」と呼ばれます。

　最も簡単な整数比で表された数量の実際の値は、その比の倍数になります。

　たとえば、前述の A と B の年齢は 25 歳と 35 歳で、それぞれ 5 の倍数、7 の倍数になります。

　これは、実際の年齢を 5 で割って 5 : 7 としたのですから、当然のことですが、大事な性質ですので、確認しておきます。

>>> 2. 比を使った式の変形

　たとえば、「$3x = 2y$」という式があります。

　この両辺を 3 で割ると、「$x = \dfrac{2}{3}y$」となり、y を 1 としたとき、x は $\dfrac{2}{3}$ となるわけですから、$x : y = \dfrac{2}{3} : 1$ となり、両方を 3 倍して、「$x : y = 2 : 3$」となります。

初めの「$3x = 2y$」に、$x : y = 2 : 3$ となる数を代入すると、きちんと成り立つことがわかりますね。

$x = 2,\ y = 3$ とか、$x = 4,\ y = 6$ とかね！

まとめると、次のようになります。

$$ax = by \quad \Leftrightarrow \quad x = \frac{b}{a}y \quad \Leftrightarrow \quad x : y = b : a$$

ここで「$x : y = b : a$」という式において、次のように、内側の項を「内項」、外側の項を「外項」といいます。

$$\underset{外項}{\overset{内項}{x : y = b : a}}$$

この式を変形すると、「$ax = by$」になるわけですから、内項どうしの積（$y \times b$）と、外項どうしの積（$x \times a$）が等しくなることがわかり、「内項の積＝外項の積」となります。

比を含む方程式は、これを使って解くんだ！

>>> 3. 比の合成

2つ以上の比の式に、共通するものがあれば、これを中心に比を合成することができます。

たとえば、次のような2式を考えます。

$$a : b = 2 : 3 \quad \cdots① \qquad b : c = 2 : 5 \quad \cdots②$$

①と②に共通する「b」は、①では「3」、②では「2」ですから、それぞれにいくらかかけることで同じ数にします。

そうすると、①を2倍、②を3倍すると、ともに「6」になりますので、$a : b = 4 : 6$、$b : c = 6 : 15$ として、次のように合成します。

2と3の最小公倍数だね。一般的には、このように最小公倍数にするんだ！

$$
\begin{array}{ccccc}
a & : & b & : & c \\
2 & : & 3 & & \\
& & 2 & : & 5 \\
\hline
4 & : & 6 & : & 15
\end{array}
$$

これより、$a:b:c = 4:6:15$ となります。

ある小学校の 1 年生は、女子の人数が男子の人数のちょうど 95％である。1
年生全員を大教室に集めて授業をすることを計画したが、この大教室に備え付
けられている座席数は 79 で、男子又は女子だけなら全員が着席できるが、1
年生全員が着席するには備え付けられている座席の数では足りなかった。この
とき、この小学校の 1 年生は何人か。

1. 78 人　　　2. 104 人　　　3. 117 人　　　4. 130 人　　　5. 156 人

基本事項 1 の確認問題だよ。

男子の人数 100％に対して、女子の人数が 95％なので、男子、女子、男女
合計（全員）の人数比は、次のようになります。

	男子	:	女子	:	全員
	100	:	95	:	195
=	20	:	19	:	39

すべて 5 で割って、
簡単にできるね！

20：19：39 は、最も簡単な整数比（基本事項 1）ですから、実際の人数は、
この比を何倍かした数になり、小さいほうから順に考えると、次のような組合
せがあります。

	男子	女子	全員
①	20 人	19 人	39 人
②	40 人	38 人	78 人
③	60 人	57 人	117 人
④	80 人	76 人	156 人
:	:	:	:

①は、それぞれの比の1倍、②は2倍、③は3倍…とした数だよ！

座席数は 79 ですから、①, ②では、**全員が着席できますし**、④では**男子だけでも足りません**。

もちろん、もっと大きな人数になると、男子または女子だけでも足りませんので、**条件を満たすのは③のみとわかります。**

よって、1年生の人数は 117 人となり、正解は肢 3 です。

正解 3

PLAY 2 条件を比に表す問題 　　　　　　　　国家一般職（高卒）2020

ある商店街では、歳末セールにおいて福引を実施して、1等から5等の景品を出すことにした。景品1個当たりの金額は、2等は1等の半分、3等は2等の3分の1、4等は3等の4分の1、5等は4等の5分の1とした。また、景品の数は、1等と2等が1個ずつ、3等が3個、4等が6個、5等が20個としたところ、景品の合計金額は 14,500 円となった。このとき、1等の景品の金額はいくらか。

1. 4,800 円
2. 5,400 円
3. 6,000 円
4. 6,600 円
5. 7,200 円

1等から5等それぞれの景品の総額を比に表してみよう。

まず、景品1個当たりの金額を比に表します。最も金額が低い5等の金額を1とすると、条件より、<u>4等の金額は5</u>と表せますね。そうすると、3等の金額はさらにその4倍の20、2等の金額はその3倍の60、1等の金額はその2倍の120と表せます。

5等は4等の5分の1だから、4等は5等の5倍だよね。

　これより、1〜5等の1個当たり金額の比は、120：60：20：5：1となり、これと景品の数をかけて、それぞれの景品の総額の比を求めると、次のようになります。

	1 等	2 等	3 等	4 等	5 等
① 1個当たり金額の比	120	60	20	5	1
②景品の数	1	1	3	6	20
景品総額の比（①×②）	120	60	60	30	20

　よって、1〜5等の景品総額の比は、120：60：60：30：20 ＝ 12：6：6：3：2となり、12 ＋ 6 ＋ 6 ＋ 3 ＋ 2 ＝ 29ですから、1等の景品額は景品の合計金額の $\frac{12}{29}$ に当たるとわかります。条件より、景品の合計金額は14,500円ですから、1等の景品額は、$14500 \times \frac{12}{29} = 6000$（円）となり、正解は肢3です。

⇨ 正解 3

　都庁舎の来庁者数の調査を2回実施したところ、第一本庁舎と第二本庁舎の来庁者数の比は、1回目が9：2となり、2回目が11：2となった。2回目の調査では、1回目と比べて第一本庁舎の来庁者数は200人増加し、第二本庁舎の来庁者数は100人減少した。このとき、1回目の調査における第一本庁舎の来庁者数として、正しいのはどれか。

1.　3,375人
2.　3,475人
3.　3,575人
4.　3,675人
5.　3,775人

1回目の来庁者数を x で表して、2回目の来庁者数で方程式を立ててみよう！

　1回目の第一本庁舎と第二本庁舎の来庁者数の比が9：2なので、前者を $9x$ 人とすると、後者は $2x$ 人と表せます。

　そうすると、2回目の第一本庁舎の来場者数は、$9x + 200$（人）、第二本庁舎の来場者数は、$2x - 100$（人）と表せますので、その比について次のように方程式を立てます。

$$(9x + 200) : (2x - 100) = 11 : 2$$
内項の積 = 外項の積より
$$11(2x - 100) = 2(9x + 200)$$
かっこをはずして
$$22x - 1100 = 18x + 400$$
$$4x = 1500$$
$$\therefore x = 375$$

　1回目の第一本庁舎の来場者数は $9x$ ですから、$9 \times 375 = 3375$（人）となり、正解は肢1です。

⇨ 正解 1

アドバイス

1 回目の第一を x 人、第二を y 人として、次のような連立方程式を立てても OK！

$$x : y = 9 : 2$$
$$(x + 200) : (y - 100) = 11 : 2$$

でも、ちょっと解くのがめんどくさいかな!?

PLAY 4 割合の条件から方程式を立てる問題　　　警視庁Ⅲ類 2019

　ある高校で進路調査をしたところ、次のア〜カのことがわかった。このとき、大学進学を希望する生徒全員と就職を希望する生徒全員の人数の差として、最も妥当なのはどれか。

ア　希望進路先は、大学進学と就職のみであり、各生徒はいずれか 1 つを希望した。

イ　大学進学を希望する生徒の 40% が国公立大学を希望し、残りは私立大学を希望した。

ウ　就職を希望する生徒の 20% が公務員を希望し、残りは民間企業を希望した。

エ　私立大学に進学を希望する生徒の 60% が男子だった。

オ　公務員に就職を希望する生徒の 30% が女子だった。

カ　私立大学を希望している女子の人数と、公務員を希望している男子の人数が同じで、168 人だった。

1. 500 人　　　2. 700 人　　　3. 900 人　　　4. 1,200 人　　　5. 1,900 人

条件カで与えられた人数に向けて、方程式を立ててみよう！　

　具体的な人数が与えられているのは条件カのみですから、この人数について考えます。
　求めるのは、大学進学と就職を希望する生徒数の差ですが、それぞれの人数がわかればいいですね。
　まず、大学進学を希望する生徒について、条件イより、国公立希望が 40%、

私立希望が 60 %、さらに、条件エより、私立希望のうち、男子が 60 %、女子が 40 %となります。

これより、大学進学を希望する生徒全員の人数を x 人とし、条件カに与えられている「私立を希望する女子」の人数について、次のような方程式を立てます。

$$x \times 0.6 \times 0.4 = 168$$
$$0.24x = 168$$
両辺に 100 をかけて
$$24x = 16800 \quad \therefore x = 700$$

よって、大学進学を希望する生徒全員の人数は 700 人となります。

次に、就職を希望する生徒について、条件ウより、公務員希望が 20 %、民間企業希望が 80 %、さらに、条件オより、公務員希望のうち、女子が 30 %、男子が 70 %となります。

これより、就職を希望する生徒全員の人数を y 人とし、「公務員を希望する男子」の人数について、同様に、次のような方程式を立てます。

$$y \times 0.2 \times 0.7 = 168$$
$$0.14y = 168$$
両辺に 100 をかけて
$$14y = 16800 \quad \therefore y = 1200$$

よって、就職を希望する生徒全員の人数は 1200 人となり、大学進学を希望する生徒全員との人数の差は、1200 − 700 = 500（人）で、正解は肢 1 です。

⇨ 正解 1

次のような計算式がある。

ＡＢ × 231 ＝ 132 × ＢＡ

この式を満たすＡ，Ｂのうち、各辺の積の値（ＡＢ × 231 又は 132 × ＢＡ）が最大になるときのＡとＢの和はいくらか。

ただし、式の中のＡ，Ｂは 1 〜 9 の数字を表し、ＡＢ，ＢＡは二桁の数を表す。

1. 11　　　　2. 12　　　　3. 13　　　　4. 14　　　　5. 15

まず、ＡとＢの比を求めてみよう！

ＡＢとＢＡは 2 桁の数を表しますので、十の位を 10 倍し、一の位を加えた式で、それぞれ、10A ＋ B、10B ＋ A と表せます。

これより、次のような方程式を立てます。

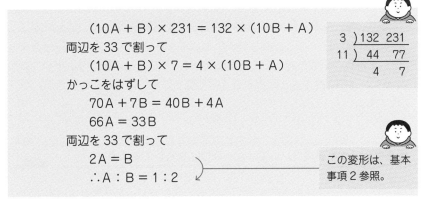

$$(10A + B) \times 231 = 132 \times (10B + A)$$
両辺を 33 で割って
$$(10A + B) \times 7 = 4 \times (10B + A)$$
かっこをはずして
$$70A + 7B = 40B + 4A$$
$$66A = 33B$$
両辺を 33 で割って
$$2A = B$$
$$\therefore A : B = 1 : 2$$

```
3 ) 132  231
11 )  44   77
      4    7
```

この変形は、基本
事項 2 参照。

これより、Ａ：Ｂ＝ 1 ：2 がわかりましたので、これを満たす 2 桁の数ＡＢとＢＡは次のような組合せが考えられます。

	ＡＢ	ＢＡ
①	12	21
②	24	42
③	36	63
④	48	84

①〜④のうち、式の値を最も大きくするのは、ＡＢとＢＡが最も大きい④と
わかります。

よって、Ａ＝4、Ｂ＝8で、その和は12となり、正解は肢2です。

 正解2

 PLAY6　比を合成する問題　　　　　　　　警視庁Ⅲ類 2018

4つの器Ａ，Ｂ，Ｃ，Ｄに84個のみかんを分ける。ＡとＢの個数の比は
3：2、ＢとＤの個数の和とＣの個数の比は6：5になり、ＢはＤの半分の個数
になった。このとき、Ａの器のみかんの個数として、最も妥当なのはどれか。

1. 6個　　　2. 12個　　　3. 18個　　　4. 24個　　　5. 30個

比を合成（基本事項3）して、Ａ〜Ｄの比を表してみよう！

Ａ〜Ｄの器のみかんの個数をそのままＡ〜Ｄとして、条件を式にします。

$A : B = 3 : 2$　…①
$(B + D) : C = 6 : 5$　…②
$B = \dfrac{1}{2} D$　…③

③の両辺を2倍して、$2B = D$　∴$B : D = 1 : 2$　…③´

②に$D = 2B$を代入して、$(B + 2B) : C = 6 : 5$
$3B : C = 6 : 5$

外項の積＝内項の積より、$15B = 6C$　∴$B : C = 6 : 15 = 2 : 5$　…②´

ここで、①，②′，③′を、共通するBを中心に合成（基本事項3）すると、次のようになります。

```
A  :  B  :  C  :  D
3  :  2
      2  :  5
      1        :  2
─────────────────────
3  :  2  :  5  :  4
```

　これより、A：B：C：D＝3：2：5：4となり、3＋2＋5＋4＝14ですから、84個を14等分して、3：2：5：4となるように分けると、それぞれの個数は次のようになります。

$$A \rightarrow 84 \times \frac{3}{14} = 18 \qquad B \rightarrow 84 \times \frac{2}{14} = 12$$

$$C \rightarrow 84 \times \frac{5}{14} = 30 \qquad D \rightarrow 84 \times \frac{4}{14} = 24$$

本番では、Aだけ
求めればOK！

　よって、Aの器のみかんは18個となり、正解は肢3です。

⇨ 正解3

　A区，B区及びC区の3つの区がある。この3つの区の人口の合計は、20年前には 1,320,000 人であった。この 20 年間に、人口は、A区が 20％、B区が 8％、C区が 32％それぞれ増加し、増加した人数は各区とも同じであったとすると、現在のA区の人口はどれか。

1.　192,000 人
2.　200,000 人
3.　264,000 人
4.　320,000 人
5.　384,000 人

本問は定番問題！ 比の合成を使うよ。

　A区，B区，C区の 20 年前の人口を，それぞれA，B，Cとします。
　そうすると、Aの 20％とBの 8％とCの 32％が等しいことから、A～Cの比が次のようにわかります。

$$0.2A = 0.08B　→　A : B = 0.08 : 0.2 = 2 : 5　\cdots①$$
$$0.08B = 0.32C　→　B : C = 0.32 : 0.08 = 4 : 1　\cdots②$$

ここで、①と②を、Bを中心に合成します。

> 0.08 : 0.2 は、100 倍
> して 8 : 20 = 2 : 5

A	:	B	:	C
2	:	5		
		4	:	1
8	:	20	:	5

　これより、A : B : C = 8 : 20 : 5 となり、8 + 20 + 5 = 33 ですから、1,320,000 人を 33 等分して、8 : 20 : 5 となるよう分けると、各区の 20 年前の人口は次のようになります。

$$A \rightarrow 1,320,000 人 \times \frac{8}{33} = 320,000 人$$

$$B \rightarrow 1,320,000 人 \times \frac{20}{33} = 800,000 人$$

$$C \rightarrow 1,320,000 人 \times \frac{5}{33} = 200,000 人$$

よって、A区の20年前の人口は320,000人で、現在は20%増加しているので、320,000人×1.2 = 384,000人となり、正解は肢5です。

⇨ 正解5

A～Dの4人が1週間に携帯電話で受信したメールの数を調べたところ、ア～エのことがわかった。このとき、Dが1週間に受信したメールの数として正しいのはどれか。

ア   Bの受信したメールの数はAの $\dfrac{1}{3}$ であった。

イ   Bの受信したメールの数はCの $\dfrac{5}{12}$ であった。

ウ   Dの受信したメールの数はCの $\dfrac{4}{3}$ であった。

エ   4人のうち受信したメールの数が30通以上の者は2人いた。

1. 16通   2. 24通   3. 28通   4. 32通   5. 36通

まず、ア～ウの条件を比に表してみよう！

4人が受信したメールの数の比は、次のようになります。

$$B = \dfrac{1}{3}A \;\rightarrow\; B:A = 1:3 \;\rightarrow\; A:B = 3:1 \;\cdots①$$

$$B = \dfrac{5}{12}C \;\rightarrow\; B:C = 5:12 \;\cdots②$$

$$D = \dfrac{4}{3}C \;\rightarrow\; D:C = 4:3 \;\rightarrow\; C:D = 3:4 \;\cdots③$$

まず、①と②を、Bを中心に合成します。

A	:	B	:	C
3	:	1		
		5	:	12
15	:	5	:	12

さらに、③を、Cを中心に合成して、次のようになります。

```
A  :  B  :  C  :  D
15 :  5  :  12
              3  :  4
─────────────────────────
15 :  5  :  12 :  16
```

これより、4人が受信したメールの数の比は、A：B：C：D＝15：5：12：16となり、実際の数はこれを何倍かした数なので、小さいほうから順にいくつかの組合せを調べると、次のようになります。

	A	B	C	D
①	15 通	5 通	12 通	16 通
②	30 通	10 通	24 通	32 通
③	45 通	15 通	36 通	48 通
:	:	:	:	:

　条件より、30通以上の者は2人なので、これを満たすのは②のみとわかります。
　よって、Dが受信したメールの数は32通で、正解は肢4です。

⇨ 正解 4

#4 濃度

頻出度 ★★★☆☆　　重要度 ★★★☆☆　　コスパ ★★★☆☆

ほとんどは食塩水の問題です。他の混合物を題材にしたのもたまにありますが、考え方は一緒です。単純な計算や方程式で解ける問題と、「てんびん算」という方法が便利な問題があります。特徴を捉えて、使い分けましょう！

基本事項

>>> 1. 濃度の計算

　食塩水の場合、食塩水に含まれる食塩の割合を濃度といい、次のような公式になります。

$$濃度 = \frac{食塩の量}{食塩水の量}$$

％で表すときは 100 をかけるよ。

　この式の両辺に「食塩水の量」をかけると、食塩の量は次のような計算で求められます。

$$食塩の量 = 食塩水の量 × 濃度$$

　たとえば、濃度5％の食塩水が300gあるとき、全体の5％が食塩ですから、食塩の量は、$300 × \dfrac{5}{100} = 15$（g）と計算できます。

>>> 2. てんびん図

　図1のような図を「てんびん図」といい、c の位置を「支点」として釣り合っている状態です。

　図の横棒を「ウデ」といい、p（a から c の長さ）や q（c から b の長さ）を、「ウデの長さ」といいます。

　また、両端にぶら下がっているのは「おもり」といい、x、y を「おもりの重さ」といいます。

図1

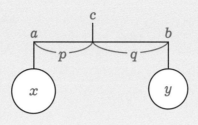

　てんびんの原理として、左右が釣り合っている状態では、「$p × x$」と「$q × y$」が等しくなり、次のようなことがいえます。

$$px = qy \quad ⇔ \quad p : q = y : x$$

　これより、たとえば、$p : q = 2 : 3$ であれば、$x : y = 3 : 2$ のようになり、ウデの長さの比と、おもりの重さの比が、逆比になることがわかります。
　そして、このてんびん図は、濃度の異なる2つの食塩水を混ぜ合わせる操作に応用することができます。
　基本的に、左の食塩水と右の食塩水を混ぜ合わせて、支点の位置の濃度になる、とイメージしてください。
　たとえば、濃度5％の食塩水Aを300gと、濃度15％の食塩水Bを200gとを混ぜ合わせて新しい食塩水Cを作ることを考えます。
　このとき、図1の a, b の位置に、それぞれ5％、15％を、x, y の位置に、それぞれ300g、200gと記入します（図2）。
　すなわち、左が食塩水Aで、右が食塩水Bで、左右のバランスを取る支点の位置が食塩水Cの濃度になります。
　そうすると、おもりの重さの比が、左：右で、300 : 200 = 3 : 2 ですから、ウデの長さの比（図2の $p : q$）は2 : 3となります。
　ウデの端から端までの長さは、<u>5％から15％の間の長さで 15 − 5 = 10</u> ですから、これを2 : 3に分けると、$p = 4$、$q = 6$ となり、支点の位置は、5 + 4 = 9（％）とわかります（図3）。

ウデは、数直線だと思ってね！

　これより、食塩水Cの濃度は9％となります。

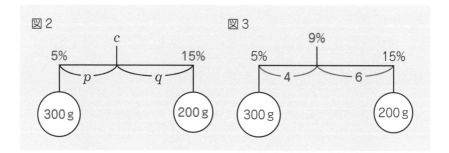

図2

c

5% ⌒ p ⌒ q 15%

(300 g) (200 g)

図3

9%

5% ⌒ 4 ⌒ 6 15%

(300 g) (200 g)

　5%の食塩水30gと12%の食塩水20gと15%の食塩水10gを混ぜてできた食塩水の濃度として、最も妥当なのはどれか。

1. 6%　　2. 7%　　3. 8%　　4. 9%　　5. 10%

まずは、基本的な濃度の計算問題からやってみよう！

　それぞれの食塩水に含まれる食塩の量を計算すると、次のようになります。

$$① 5\%の食塩水30g \rightarrow 30 \times \frac{5}{100} = 1.5 (g)$$

$$② 12\%の食塩水20g \rightarrow 20 \times \frac{12}{100} = 2.4 (g)$$

$$③ 15\%の食塩水10g \rightarrow 10 \times \frac{15}{100} = 1.5 (g)$$

　そうすると、①〜③を混ぜ合わせた食塩水の量と、そこに含まれる食塩の量の合計は、それぞれ次のようになります。

$$食塩水の量 \rightarrow 30 + 20 + 10 = 60 (g)$$
$$食塩の量 \rightarrow 1.5 + 2.4 + 1.5 = 5.4 (g)$$

　これより、濃度は次のように求められます。

$$\frac{5.4}{60} \times 100 = 9 \, (\%)$$

よって、正解は肢 4 です。

PLAY 2 濃度の条件から方程式を立てる問題　裁判所一般職（高卒）2018

濃度 3% の食塩水 400 g と濃度 5% の食塩水 x g をよく混ぜてから、水を 60 g 蒸発させたら濃度 4% の食塩水ができた。x の値として正しいものはどれか。

1. 300 　　 2. 240 　　 3. 180 　　 4. 160 　　 5. 120

濃度の問題で、方程式を立てるときは「食塩の量」について立てることが最も一般的かな。

濃度 3% の食塩水と濃度 5% の食塩水に含まれる食塩の量は、それぞれ次のように表せます。

① 3% の食塩水 400 g 　→ 　 $400 \times \dfrac{3}{100} = 12 \, (g)$

② 5% の食塩水 x g 　→ 　 $\dfrac{5}{100} x \, g$

また、最後にできあがった 4% の食塩水の量は、400 + x − 60 = 340 + x（g）ですから、この中に含まれる食塩の量は次のように表せます。

$$\frac{4}{100} \, (340 + x) \, g$$

水を蒸発させても食塩の量は変わりませんので、①と②の食塩の量を合わせると、できあがった 4% の食塩水の食塩の量に等しくなり、ここから、次のように方程式が立ちます。

$$12 + \frac{5}{100}x = \frac{4}{100}(340 + x)$$

両辺に 100 をかけて

$$1200 + 5x = 4(340 + x)$$

かっこをはずして

$$1200 + 5x = 1360 + 4x$$

$$\therefore x = 160$$

よって、x の値は 160 となり、正解は肢 4 です。

➡ 正解 4

PLAY3 てんびん図を使う問題　　　　　　海上保安学校（特別）2014

濃度 15％の食塩水Ａと濃度の分からない食塩水Ｂを２：１の割合で混ぜ合わせると濃度 19％の食塩水Ｃができた。この食塩水Ｃと食塩水Ｂを３：１の割合で混ぜ合わせてできる食塩水の濃度はいくらか。

1. 20％　　　2. 21％　　　3. 22％　　　4. 23％　　　5. 24％

２種類の食塩水を混ぜ合わせる問題は、てんびん図が便利かも！

食塩水ＡとＢの混ぜ合わせについては、食塩水の量の比（２：１）がわかっていますので、てんびん図で簡単に求められます。

食塩水Ｂの濃度を b％とおいて、てんびん図に表すと図１のようになり、$p : q = 1 : 2$ がわかります。

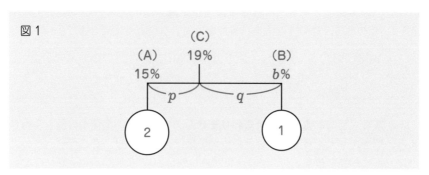

図1

$p = 19 - 15 = 4$ ですから、$q = 8$ となり、$b = 19 + 8 = 27$ より、食塩水Bの濃度は 27% となります。

　これより、食塩水CとBを 3：1 で混ぜ合わせてできる食塩水の濃度を x% として、てんびん図に表すと図 2 のようになり、$m : n = 1 : 3$ がわかります。

　図 2 の $m + n$ は、$27 - 19 = 8$ ですから、これを 1：3 に分けて、$m = 2$、$n = 6$ となり、$x = 19 + 2 = 21$ と求められます。

図 2

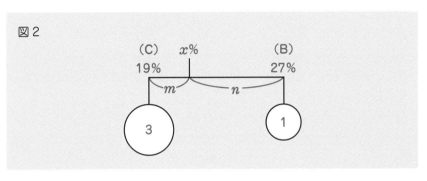

　よって、正解は肢 2 です。

➡ 正解 2

　てんびん図を使う問題　　　　　　　特別区Ⅲ類 2014

　濃度 20% の食塩水に、水を加えて濃度 12% の食塩水にした。次に、この濃度 12% の食塩水に濃度 8% の食塩水を 400 g 加えたところ、濃度 10% の食塩水になった。濃度 20% の食塩水に加えた水の量はどれか。

1. 80 g　　　2. 120 g　　　3. 160 g　　　4. 200 g　　　5. 240 g

本問も、てんびん図で解けるよ。

　20% の食塩水に水を加えて 12% の食塩水にした操作について、水の量を x g、20% の食塩水の量を y g として、てんびん図に表すと図 1 のようになります。

図1

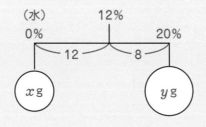

ウデの長さの比は 12：8 ＝ 3：2 ですから、$x：y ＝ 2：3$ がわかります。

次に、この 12％の食塩水に 8％の食塩水 400 g を加えて 10％の食塩水にした操作について、てんびん図に表すと図2のようになります。

12％の食塩水の量は、最初の操作より、$x ＋ y$（g）と表せますね。

図2

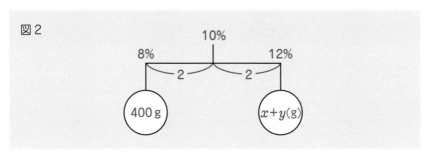

ウデの長さの比は 2：2 ＝ 1：1 ですから、$x ＋ y ＝ 400$ がわかります。

$x：y ＝ 2：3$ ですから、400 g を 2：3 に分けると、次のようになります。

$$x = 400 \times \frac{2}{5} = 160 \qquad y = 400 \times \frac{3}{5} = 240$$

2 ＋ 3 ＝ 5 だから、5 等分して、2 と 3 に分けるんだ！

これより、最初の操作で加えた水の量は 160 g とわかり、正解は肢3です。

⇨ 正解3

アドバイス

　PLAY1，2のように、最後にできた食塩水の「食塩水の量」と「食塩の量」が簡単に表せるなら、公式通りに計算や方程式で解いたほうが早いね。

　対して、PLAY3，4のように、2つの食塩水を混ぜ合わせる操作を2段階に分けてやっている場合は、方程式だとメンドーなことが多いかな!?

　こういう場合はてんびん図の出番かもね！

PLAY 5　てんびん図を使う問題　　　　　　　　　海上保安大学校など 2012

　ある濃度の食塩水から水を 20 g 蒸発させたところ、食塩水の濃度が 18％となった。さらに、得られた水溶液から水を 25 g 蒸発させると 24％になった。最初の食塩水の濃度は何％か。

1.　10％　　　2.　12％　　　3.　13％　　　4.　14％　　　5.　15％

「蒸発」は逆の操作を考えてみて。

　最初の濃度を a ％とし、ここから水を 20 g 蒸発させてできた 18％の食塩水の量を x g とします。

　この操作の逆を考えると、18％の食塩水 x g に水 20 g を戻すと、最初の a ％の食塩水に戻ることになりますので、これをてんびん図に表すと図 1 のようになります。

引き算を足し算に変えることで、てんびんを使えるようにするんだ！

図 1

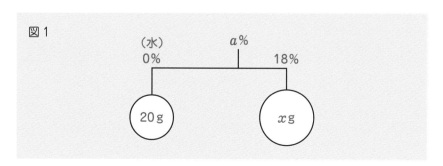

次に、この 18% の食塩水 x g からさらに水 25 g を蒸発させてできた 24% の食塩水の量を y g とします。

同様に、この 24% の食塩水 y g に水 25 g を戻すと、18% の食塩水 x g に戻りますので、これをてんびん図に表すと図 2 のようになります。

図2

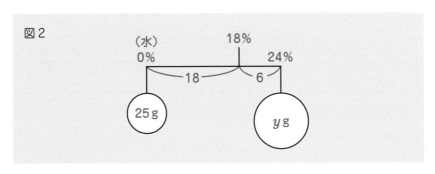

ウデの長さの比は 18 : 6 = 3 : 1 ですから、25 : y = 1 : 3 となり、y = 75 がわかります。

これより、18% の食塩水の量（x）は、25 + 75 = 100（g）となりますので、図 1 の x に 100 を代入すると図 3 のようになり、食塩水の量の比は 20 : 100 = 1 : 5 ですから、ウデの長さの比は 5 : 1 となります。

図3

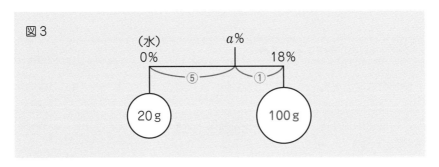

ウデの端から端までの長さは 18 - 0 = 18 ですから、これを 5 : 1 に分けて、⑤ → 15、① → 3 となり、a = 15（%）とわかります。

よって、正解は肢 5 です。

⇨ 正解 5

#5 仕事算とニュートン算

頻出度 ★★★☆☆ 　重要度 ★★★☆☆ 　コスパ ★★★★☆

○○算という問題は色々ありますが、仕事算の出題頻度はわりと高いです。弟分のニュートン算とともに、ここはいくつかのパターンを経験しておきましょう。

PLAY 1 　全体の仕事量を 1 とする問題 　　　　　　　東京都Ⅲ類 2013

　ある水槽が満水になるまで、ポンプＡで水を入れると 20 分かかり、ポンプＢで入れると 30 分かかり、ポンプＣで入れると 15 分かかる。ポンプＡ、ポンプＢ、ポンプＣの 3 台のポンプで、同時に水槽に水を入れた場合に、満水になるまでにかかる時間として、正しいのはどれか。ただし、ポンプＡ、ポンプＢ及びポンプＣの毎分の流量はそれぞれ一定である。

1. 6 分 20 秒
2. 6 分 40 秒
3. 7 分
4. 7 分 20 秒
5. 7 分 40 秒

まずは、仕事算の最も基本的なタイプの問題から始めよう！

　満水にしたときの水の量（水槽の容量）が与えられていませんので、これを仮に 1 とおきます。

　そうすると、ポンプＡで満水にするのに 20 分かかるということは、1 分当たりで $\frac{1}{20}$ だけの水を入れることができることになります。

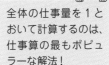
全体の仕事量を 1 とおいて計算するのは、仕事算の最もポピュラーな解法！

　同様に、ポンプＢでは $\frac{1}{30}$、ポンプＣでは $\frac{1}{15}$ だけの水を入れることができますので、3 台のポンプを合わせると、1 分間で入れることができる水の量は、次のようになります。

$$A + B + C \quad \rightarrow \quad \frac{1}{20} + \frac{1}{30} + \frac{1}{15} = \frac{3 + 2 + 4}{60} = \frac{9}{60} = \frac{3}{20}$$

よって、1分間で全体の $\frac{3}{20}$ だけの水を入れることができますので、<u>1（満水の量）だけの水を入れるのにかかる時間</u>は、次のようになります。

「全体の仕事量 ÷ 1分当たりの仕事量」で、かかる時間がわかるよね！

$$1 \div \frac{3}{20} = 1 \times \frac{20}{3} = \frac{20}{3} = 6\frac{2}{3} \ （分）$$

分数で割るときは、逆数（分子と分母を逆にした数）をかけるんだよ！

$\frac{2}{3}$ 分は、60秒 × $\frac{2}{3}$ = 40秒ですから、6分40秒となり、正解は肢2です。

⇨ 正解 2

アドバイス

　仕事算は、**全体の仕事量を1とおいて、単位当たりの仕事量**（ここでは1分当たり）を表すのが定石だけど、別に1でなくても構わない！

　本問なら、20, 30, 15の最小公倍数である60を全体の仕事量として、Aは1分で 60 ÷ 20 = 3 だけの仕事ができ、同様に、Bは2、Cは4だけの仕事ができるので、3台で 3 + 2 + 4 = 9 だけの仕事をするとして解いてもOK！

　どっちにしても、やることは一緒だけどね！

　　ある作業を A，B の 2 人で行ったところ、20 日かかった。同じ作業を A，C の 2 人で行ったところ、30 日かかった。同様に、A，B，C の 3 人で行ったところ、18 日かかった。このとき、この作業を B，C の 2 人で行うと何日かかるか。

　　ただし、A，B，C の 1 日当たりの作業量はそれぞれ常に一定であるものとする。

1. 24 日　　　2. 28 日　　　3. 32 日　　　4. 36 日　　　5. 40 日

本問も、全体の仕事量を 1 とおくよ。とりあえず、条件を式に表してみよう！

　　全体の作業量を 1 とおくと、条件より、それぞれの組合せで 1 日当たりに行う作業量は次のようになります。

$$A + B \rightarrow \frac{1}{20} \ \cdots① \qquad A + C \rightarrow \frac{1}{30} \ \cdots② \qquad A + B + C \rightarrow \frac{1}{18} \ \cdots③$$

　　これより、C，B がそれぞれ 1 人で 1 日に行う作業量は、次のようになります。

$$③-①より、C \rightarrow \frac{1}{18} - \frac{1}{20} = \frac{10-9}{180} = \frac{1}{180}$$

$$③-②より、B \rightarrow \frac{1}{18} - \frac{1}{30} = \frac{5-3}{90} = \frac{2}{90}$$

　　これより、B と C の 2 人で 1 日当たりに行う作業量は、次のようになります。

$$B + C \rightarrow \frac{2}{90} + \frac{1}{180} = \frac{4+1}{180} = \frac{5}{180} = \frac{1}{36}$$

　　よって、B と C の 2 人では 1 日で $\frac{1}{36}$ の作業を行いますので、全体（1）の作業にかかる日数は、$1 \div \frac{1}{36} = 36$（日）となり、正解は肢 4 です。

$\Rightarrow$ 正解 4

　　ある満水のプールの水を同じ性能のポンプ 6 台でくみ出すと 2 時間 30 分かかる。この満水のプールの水を午前 9 時にポンプ 1 台でくみ出し始め、途中から 3 台のポンプを追加してくみ出したところ、午後 3 時 30 分にくみ出し終わった。3 台のポンプを追加したのはいつか。

1.　午前 10 時 18 分
2.　午前 11 時 10 分
3.　午前 11 時 15 分
4.　午後 0 時 20 分
5.　午後 0 時 40 分

本問は、全体の仕事量を 1 とするより、楽な方法があるみたいよ。

　　ポンプ 1 台で、1 時間でくみ出す水量を 1 とおくと、6 台のポンプが 2 時間 30 分 = 2.5 時間でくみ出す水量は、6 × 2.5 = 15 となり、これが満水の水量、すなわち、全体の仕事量となります。

　　かかった時間は、9 時から 3 時 30 分までの 6 時間 30 分 = 6.5 時間ですから、ポンプ 1 台でくみ出していた時間を t 時間とおくと、3 台を追加して計 4 台でくみ出した時間は、6.5 − t（時間）と表せます。

　　これより、「1 時間当たりの仕事量 × 時間」の合計より、全体の仕事量について次のように方程式を立てます。

$$1 \times t + 4 \times (6.5 - t) = 15$$
かっこをはずして
$$t + 26 - 4t = 15$$
$$-3t = -11$$
$$\therefore t = \frac{11}{3} = 3\frac{2}{3}$$

　　これより、1 台でくみ出していた時間は、$3\frac{2}{3}$ 時間 = 3 時間 40 分となり、9 時から 3 時間 40 分後の午後 0 時 40 分に 3 台を追加したことがわかります。

　　よって、正解は肢 5 です。

⇒ **正解 5**

本問も、全体の仕事量を1とおいて、1台1時間当たりの仕事量を表すこともできるよ。

　でも、解説のように、1台1時間当たりを1とおいて全体を表すこともでき、本問ではこのほうが楽でしょ!?

　具体的な仕事量が与えられていないときは、何をいくらにおくかは自由！やりやすい方法を取ればOK！

PLAY 4 連立方程式を立てる問題　　　　　　　　　　海上保安大学校など 2009

　あるビルの解体工事を2台の重機A，Bを用いて行った。A及びBの1日当たりのレンタル料はそれぞれ3万円と2万円で、この解体作業をAですべて行うと15日かかり、Bですべて行うと30日かかる。ビルの解体工事にかかったレンタル料の合計は50万円であったとすると、Aをレンタルした日数はBのそれの何倍であったか。

1. $\dfrac{1}{2}$ 倍　　　2. 1倍　　　3. $\dfrac{4}{3}$ 倍　　　4. $\dfrac{3}{2}$ 倍　　　5. 2倍

> 仕事量の他に、レンタル料の情報もあるので、方程式が2本立てられるよね。
>

　A，Bそれぞれをレンタルした日数を、それぞれ a 日、b 日として、まず、レンタル料の合計について次のような方程式を立てます。

$$3a + 2b = 50 \quad \cdots ①$$

　また、<u>全体の仕事量を1とすると、1日当たりで、Aは $\dfrac{1}{15}$、Bは $\dfrac{1}{30}$ だけの仕事ができるので、Aが a</u>

> 全体を30とおいて、Aは2、Bは1としてもOK！

日で行う仕事と、Bが b 日で行う仕事の合計について、次のような方程式を立てます。

$$\frac{1}{15}a + \frac{1}{30}b = 1 \quad \cdots ②$$

これより、①，②を連立させて、次のように解きます。

②の両辺に 30 をかけて
$$2a + b = 30 \quad \cdots ②'$$

②′ × 2 − ①より
$$\begin{array}{r} 4a + 2b = 60 \\ -)\ 3a + 2b = 50 \\ \hline a \qquad = 10 \end{array}$$

$a = 10$ を、②′ に代入して
$$2 \times 10 + b = 30 \qquad \therefore b = 10$$

　よって、A，Bはともに 10 日ずつレンタルしたことになり、Aの日数はB
の日数の 1 倍とわかり、正解は肢 2 です。

⇨ 正解 2

　ある仕事をA，B，Cの3人が1人でするとそれぞれ1時間40分，1時間15分，50分の所要時間になる。この仕事を、まずAが1人で始め、途中でBに交代し、さらにその後Cに交代して完了したところ、全体で1時間10分の所要時間となった。Aが仕事をした時間がBのそれの2倍であるとき、Cが仕事をした時間は何分か。なお、交替にかかる時間は考えないものとする。

1. 13分　　　　2. 19分　　　　3. 25分　　　　4. 31分　　　　5. 37分

本問も方程式を立ててみよう。何を x とするかな？

　全体の仕事量を1とすると、1時間40分＝100分、1時間15分＝75分ですから、1分当たりで、Aは $\dfrac{1}{100}$、Bは $\dfrac{1}{75}$、Cは $\dfrac{1}{50}$ だけの仕事ができるとわかります。

　ここで、Bが仕事をした時間を x 分とすると、条件より、Aが仕事をした時間は $2x$ 分と表せ、全体で1時間10分＝70分ですから、Cが仕事をした時間は、$70 - x - 2x = 70 - 3x$（分）と表せます。

　これより、各人が行った仕事量の合計より、次のような方程式を立てます。

$$\frac{1}{100} \times 2x + \frac{1}{75} \times x + \frac{1}{50}(70 - 3x) = 1$$

両辺に300をかけて
$$6x + 4x + 6(70 - 3x) = 300$$
かっこをはずして
$$6x + 4x + 420 - 18x = 300$$
$$-8x = -120 \qquad \therefore x = 15$$

　よって、各人が仕事をした時間は、Bは15分、Aは $2 \times 15 = 30$（分）、Cは $70 - 3 \times 15 = 25$（分）となり、正解は肢3です。

⇨ 正解3

　ある朝、起きてみると屋根に雪が積もっており、雪はさらに一定の割合で積もっていった。ある時点から雪下ろしの作業を始めたとすると、4人で20分かかり、5人では12分かかるという。同じ時点から作業を始めた場合、10人では何分かかるか。

　ただし、各人の時間当たりの作業量は等しく、変化しないものとする。

1．4分　　2．$\dfrac{9}{2}$ 分　　3．5分　　4．$\dfrac{11}{2}$ 分　　5．6分

> ニュートン算は、解法パターンが決まっているので、しっかりマスターしてね！

　本問は、「ニュートン算」と呼ばれる問題で、パターンは決まっていますので、解法を覚えてください。

　ニュートン算の特徴は、仕事をしている間に、さらに仕事量が増加（または減少）することにあります。

　本問の場合、最初の積もっていた雪を下ろすだけなら普通の仕事算ですが、作業中にも雪は一定の割合で積もっていくわけですね。

　このような問題は、「初めにあった仕事量」と「追加された仕事量」を合計した分の仕事をしなければなりません。

　ここで、最初に積もっていた雪の量を a、1分間に積もっていく雪の量を b とし、1人が1分間で下ろす雪の量を1とします。

本問も、具体的な仕事量が与えられていないので、適当な基準を決めて OK！

　まず、4人で20分かかったことについて、この4人が下ろした雪の量は、最初に積もっていた a と、20分間で積もった $20b$ の合計であり、これは $4 \times 20 = 80$ に当たりますので、次のように方程式を立てます。

$$a + 20b = 80 \quad \cdots ①$$

　同様に、5人で12分かけて下ろした雪の量について、次のように方程式を立てます。

$$a + 12b = 5 \times 12 \quad \cdots ②$$

①と②を連立させて、次のように解きます。

$$
\begin{array}{l}
①-②より \\
\quad a + 20b = 80 \\
-\,)\ \underline{a + 12b = 60} \\
\qquad\quad 8b = 20 \qquad \therefore b = 2.5
\end{array}
$$

$b = 2.5$ を①に代入して
$$
a + 20 \times 2.5 = 80 \qquad \therefore a = 30
$$

ここで、10 人で作業したときにかかる時間を t 分として、①，②と同様に方程式を立てます。

$$
a + tb = 10t
$$

$a = 30$、$b = 2.5$ を代入して
$$
\begin{array}{l}
30 + 2.5t = 10t \\
7.5t = 30 \qquad \therefore t = 4
\end{array}
$$

よって、4 分かかることがわかり、正解は肢 1 です。

⇨ 正解 1

　あるコンサート会場では、開場までに行列をつくって待っている人がおり、開場後も毎分一定の人数が新たに到着して行列に加わることが予想されている。入口が 1 箇所だと行列がなくなるまでに 120 分、入口を 2 箇所設けると 40 分で行列はなくなることがわかっている。この行列を 10 分以内でなくすために必要な入口の最小の数として、最も妥当なのはどれか。ただし、各入口の処理能力はすべて同じである。

1. 6　　　2. 7　　　3. 8　　　4. 9　　　5. 10

本問も、パターン通りに解いて OK！ 最後は不等式を立てることになるかな。

　開場までの行列の人数（最初の仕事量）を a、開場後に行列に加わる人数（追加される仕事量）を、1 分当たり b、1 か所の入口で 1 分当たりに処理できる人数を 1 とします。

　まず、入口 1 か所で 120 分かけて処理した人数について、次のように方程式を立てます。

$$a + 120b = 1 \times 120 \quad \cdots ①$$

　同様に、入口 2 か所で 40 分かけて処理した人数について、次のように方程式を立てます。

$$a + 40b = 2 \times 40 \quad \cdots ②$$

①と②を連立させて、次のように解きます。

$$
\begin{array}{r}
①-②より \\
a + 120b = 120 \\
-)\ a + 40b = 80 \\
\hline
80b = 40 \quad \therefore b = 0.5
\end{array}
$$

$b = 0.5$ を、②に代入して
$$a + 40 \times 0.5 = 80 \quad \therefore a = 60$$

ここで、10 分以内に行列をなくすために必要な入口の数を x とします。

会場から 10 分までに並ぶ行列の総人数は $a + 10b$ で、x か所の入口が 10 分で処理する人数は $10x$ です。

そうすると、10 分以内になくすには、<u>後者が前者以上</u>であればいいので、次のような不等式を立てます。

処理人数が行列を上回ったら、行列はなくなるでしょ！

$$a + 10b \leqq 10x$$
$$a = 60、b = 0.5 \text{ を代入して}$$
$$60 + 10 \times 0.5 \leqq 10x$$
$$60 + 5 \leqq 10x$$
$$10x \geqq 65 \quad \therefore x \geqq 6.5$$

これを満たす整数 x は、7 以上となり、入口の最小の数は 7 か所で、正解は肢 2 です。

⇨ 正解 2

ニュートン算では、ときどき、具体的な数字が与えられていることがあるよ。
たとえば、「行列に加わる人数が 1 分間に 5 人」とかね。
こういうときは、適当に「1」とかおけないから、気をつけてね。

#6 いろいろな文章問題

頻出度 ★★★☆☆ 重要度 ★★★☆☆ コスパ ★★★★☆

○○算と呼ばれる問題は数多くあり、ここでは「年齢算」「平均算」「利益算」などを扱います。特に頻出度が高いのは「年齢算」で、大卒試験ではあまり多くありませんが、高卒試験ではわりとよく出題されており、連立方程式で解く問題が多いですね。

PLAY 1 年齢算の問題

警視庁III類 2020

現在、父，母，姉，妹の4人の年齢の合計は80歳である。姉は母が30歳のときに産まれ、その2年後に妹が産まれている。また、母は父よりも若く、その年齢差は、姉妹の年齢差に等しい。このとき、姉妹の年齢の和が父の年齢と等しくなるのは何年後か。

1. 25年後
2. 26年後
3. 27年後
4. 28年後
5. 29年後

まずは、現在の年齢を求めよう。誰かの年齢を x とおいて、家族全員の年齢を表してみて。

現在の母の年齢を x 歳とすると、姉の年齢は母より30歳年下で、$x - 30$（歳）、妹の年齢はさらに2歳年下なので、$x - 32$（歳）と表せます。

また、姉と妹の年齢差は2歳ですから、条件より、父の年齢は母より2歳年上で、$x + 2$（歳）と表せ、現在の4人の年齢の和から、次のような方程式を立てます。

$$x + (x - 30) + (x - 32) + (x + 2) = 80$$
$$4x - 60 = 80$$
$$4x = 140 \qquad \therefore x = 35$$

これより、現在、母は 35 歳、父は 30 ＋ 2 ＝ 37（歳）、姉は 35 － 30 ＝ 5（歳）、妹は 35 － 32 ＝ 3（歳）とわかります。

　ここで、姉妹の年齢の和が父の年齢と等しくなるのを t 年後とします。

　t 年後には、全員が現在より t だけ歳を取っていますので、次のように方程式を立てます。

$$37 + t = (5 + t) + (3 + t)$$
$$37 + t = 8 + 2t$$
$$-t = -29 \quad \therefore t = 29$$

　よって、29 年後とわかり、正解は肢 5 です。

⇨ **正解 5**

PLAY 2　**年齢算の問題**　　　　　　　　　　　海上保安学校など 2014

　A家には 2 人の姉妹、B家には 2 人の兄弟がいる。次のことが分かっているとき、この 4 人の現在の年齢の和はいくらか。

- ○　A家の姉妹の年齢の和はB家の弟の年齢と等しい。
- ○　A家の姉とB家の弟の年齢の和はB家の兄の年齢と等しい。
- ○　3 年後に、A家の妹とB家の弟の年齢の和がB家の兄の年齢と等しくなる。
- ○　7 年後に、A家の姉妹の年齢の和がB家の兄の年齢と等しくなる。

1. 32　　　2. 34　　　3. 36　　　4. 38　　　5. 40

　ちょっと複雑になるけど、条件の通りに式を立てて、頑張って解いてみて！

　A家の姉の年齢を A 歳、妹の年齢を a 歳、B家の兄の年齢を B 歳、弟の年齢を b 歳として、条件より次のような方程式を立てます。

$A + a = b$ ···①
$A + b = B$ ···②
$(a + 3) + (b + 3) = B + 3$ ···③
$(A + 7) + (a + 7) = B + 7$ ···④

①～④を連立させて、次のように解きます。

③を整理して、$a + b + 6 = B + 3$
$a + b = B - 3$ ···③′
④を整理して、$A + a + 14 = B + 7$
$A + a = B - 7$ ···④′
①を④′の（$A + a$）に代入して、$b = B - 7$ ···⑤
⑤を②に代入して、$A + (B - 7) = B$ ∴$A = 7$
⑤を③′に代入して、$a + (B - 7) = B - 3$ ∴$a = 4$
$A = 7$、$a = 4$を、①に代入して、$7 + 4 = b$ ∴$b = 11$
$A = 7$、$b = 11$を、②に代入して、$7 + 11 = B$ ∴$B = 18$

よって、A家の姉は7歳、妹は4歳、B家の兄は18歳、弟は11歳となり、合計40で、正解は肢5です。

 正解5

PLAY 3 平均算の問題　　　　　　　　　　　　　　　　東京消防庁Ⅱ類 2010

ある試験の受験者数の男子と女子の比率は3：2で、男子の受験者の平均点は56点、女子の受験者の平均点は61点であった。また、合格者の平均点は合格者の最低点より8点高く、不合格者の平均点との差は20点であった。合格者数が不合格者数の25%であったときの合格者の最低点として、最も妥当なものはどれか。

1. 65点　　　2. 66点　　　3. 67点　　　4. 68点　　　5. 69点

平均算の問題は、てんびん図を使えることが多いよ。

解法1

　まず、男子と女子の人数比は 3 : 2 ですから、それぞれの人数を、$3m$ 人、$2m$ 人とおきます。

　平均点は「合計点 ÷ 人数」ですから、合計点は「平均点 × 人数」で求められますので、男子全員の合計点と女子全員の合計点より、受験者全員の合計点と平均点を次のように計算します。

> 受験者全員の合計点 → $56 \times 3m + 61 \times 2m = 290m$
> 受験者全員の平均点 → $290m \div (3m + 2m) = 58$

$3m$, $2m$ とおかなくても、3 人、2 人で計算していいことがわかるね！

　次に、合格者の最低点を x 点とおくと、合格者の平均点は、$x + 8$（点）、不合格者の平均点は、これよりさらに 20 点低いので、$x + 8 - 20 = x - 12$（点）と表せます。

　また、合格者数は不合格者数の 25% ですから、人数比は、合格者 : 不合格者 = 25 : 100 = 1 : 4 なので、それぞれの人数を、y 人、$4y$ 人とおいて、受験者全員の合計点より、次のように方程式を立てます。

ここも、1 人と 4 人で OK！

$$(x + 8) \times y + (x - 12) \times 4y = 58 \times (y + 4y)$$
かっこをはずして
$$xy + 8y + 4xy - 48y = 290y$$
$$5xy = 330y$$
$$\therefore x = 66$$

初めに両辺を y で割って、y を消しても OK！

　よって、合格者の最低点は 66 点となり、正解は肢 2 です。

解法2

　本問は、#4 で使った「てんびん図」で解くこともできます。解法の手順は「解法1」と同じです。

　まず、男子と女子の平均から、受験者全員の平均点を求めます。

　図1のように、左に男子、右に女子をおき、ウデの両端に平均点、おもりに人数比を取ります。

　そうすると、支点の位置が受験者全員の平均点になります。食塩水と同じように、右と左を合わせてバランスが取れたところが支点になるというイメー

食塩水の、「濃度」の代わりに「平均点」。
おもりは「量」だから、人数がここに来るんだ！

ジですね。

　おもりの重さの比が３：２ですから、ウデの長さの比は２：３となります。ウデの端から端までの長さは、61 － 56 ＝ 5（点）ですから、これを２：３に分けて、図のように、支点の位置は 58 点とわかります。

図1

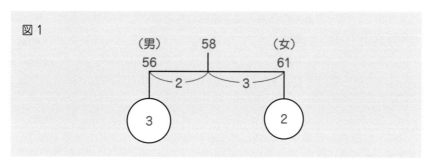

　次に、合格者と不合格者を合わせて、受験者全員の平均点が 58 点になるよう、それぞれの平均点を求めます。

　不合格者を左に、合格者を右におくと、「解法１」で確認したように、人数比は４：１ですから、これをおもりにおくと、ウデの長さの比は１：４となります。

ウデは、原則として、右が大きいほう！ 別に逆でいいけどね。

　また、平均点の差は 20 点ですから、図２のように、ウデの端から端まで 20 点となり、これを１：４に分けると、4 点と 16 点となります。

　そうすると、合格者の平均点は、58 ＋ 16 ＝ 74（点）、不合格者の平均点は、58 － 4 ＝ 54（点）とわかりますね。

1 ＋ 4 ＝ 5 だから、20 点を 5 等分して計算するんだ！

図2

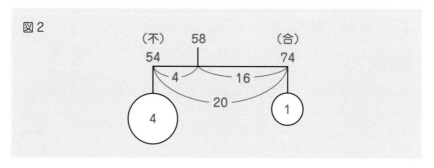

　これより、求める合格者の最低点は、74 － 8 ＝ 66（点）とわかります。

50 人の学生を対象に試験を実施した。学生の成績は、10 点，20 点，30 点，40 点のいずれかであり、20 点以上を合格とした。全体の平均点は 24.8 点であり、この点数以上の者の数は、この点数未満の者の数より 4 人少なかった。また、合格者の平均点は 28.5 点であった。このとき、20 点だった者は何人か。

1. 11 人　　　2. 13 人　　　3. 15 人　　　4. 17 人　　　5. 19 人

> もう 1 問、平均算の問題。ここは、てんびん図で解いてみよう。

　学生の点数は、10 点，20 点，30 点，40 点のいずれかで、20 点，30 点，40 点が合格ですから、**10 点のみが不合格**になります。

　これより、不合格者は全員 10 点ですから、当然、<u>不合格者の平均点は 10 点</u>です。

> ここに気付くかが、ポイントだね！

　そうすると、全体の平均点と合格者の平均点より、図のようにてんびん図に表すと、ウデの長さは、左が 24.8 − 10 = 14.8、右が 28.5 − 24.8 = 3.7 で、その比は、14.8：3.7 = 4：1 となります。

　これより、人数の比は 1：4 とわかりますね。

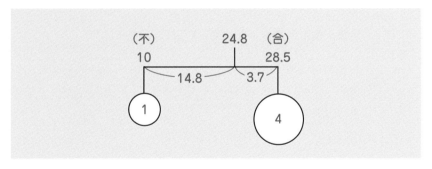

　よって、50 人を 1：4 に分けて、不合格者が 10 人、合格者は 40 人となり、10 点の者が 10 人とわかります。

　また、条件より、平均点（24.8 点）以上の者、すなわち、30 点と 40 点の者の合計は、20 点と 10 点の者の合計より、4 人少ないので、<u>和差算</u>より、（50 − 4）÷ 2 = 23（人）とわかり、20 点と 10 点の者の合計は、50 − 23 = 27（人）となります。

> #1 で確認したよ！
> 17 ページ参照。

これより、20 点の者は、27 − 10 = 17（人）となり、正解は肢 4 です。

正解 4

利益算の問題   東京消防庁 III 類 2012

ある品物に原価の 2 割の利益を見込んで定価をつけたが、売れなかったので定価より 60 円引きにして売ったところ、原価に対して 1 割の損失になった。この品物の原価として、最も妥当なのはどれか。

1. 120 円   2. 140 円   3. 160 円   4. 180 円   5. 200 円

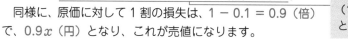
原価を x 円として、定価や売値を表すとどうなるかな？

この品物の原価を x 円とすると、その 2 割は $0.2x$ 円ですから、これを合わせた $1.2x$ 円が定価となります。

つまり、原価に対して、1 + 0.2 = 1.2（倍）ですね。

同様に、原価に対して 1 割の損失は、1 − 0.1 = 0.9（倍）で、$0.9x$（円）となり、これが売値になります。

よって、定価 − 値引 = 売値より、次のように方程式を立てます。

> 定価 ＝ 原価 ×
> （1 ＋ 利益率）
> ということ！

$$1.2x - 60 = 0.9x$$
両辺を 10 倍して
$$12x - 600 = 9x$$
$$3x = 600$$
$$\therefore x = 200$$

これより、原価は 200 円となり、正解は肢 5 です。

正解 5

梨 100 個を仕入価格の 3 割増しの販売価格をつけて売ったが、一部が閉店間際まで売れ残っていたため、販売価格の 3 割引にして残りを売り切った。最終的な利益が仕入価格の 22.2％であったとき、販売価格の 3 割引で売った個数として、正しいのはどれか。ただし、消費税及び経費は考慮しない。

1. 14 個   2. 17 個   3. 20 個   4. 23 個   5. 26 個

本問には、具体的な金額が全く示されていないよね？ ということとは、金額は一切わからないわけだから…。

1 個当たりの仕入価格を x 円とすると、3 割増しの販売価格は $1.3x$ 円と表せます。

そうすると、さらにその 3 割引にした売値は、次のようになります。

3 割増しの 3 割引だから、もとの x 円に戻ったと誤解しないようにね！販売価格の 3 割引だよ！

$$1.3x \times (1 - 0.3) = 0.91x \ (円)$$

ここで、3 割引で売った個数を y 個とすると、販売価格で売れた個数は $100 - y$（個）となります。

また、最終的な利益総額は、仕入総額 $100x$ 円の 22.2％で、22.2x 円ですから、売上総額は $122.2x$ 円となります。

1 個 x 円 × 100 個

これより、販売価格で売れた分の売上と、3 割引で売れた分の売上を合計して、売上総額について次のように方程式を立てます。

売上＝仕入＋利益

$$1.3x(100 - y) + 0.91x \times y = 122.2x$$
両辺を 100 倍して
$$130x(100 - y) + 91xy = 12220x$$
かっこをはずして
$$13000x - 130xy + 91xy = 12220x$$
$$-39xy = -780x$$
$$\therefore y = 20$$

初めに両辺を x で割って、x を消しても OK！

よって、3 割引で売った個数は 20 個となり、正解は肢 3 です。

別解

　本問では、金額について具体的な数字が一切示されていません。

　ですから、仕入価格を x 円とおいても、x が求められるわけはなく、解法の過程で消えることになります。

　つまり、仕入価格はいくらでも同じということですね。

　それであれば、x 円ではなく、適当な金額を仮定して解いてもいいわけですから、1個当たり仕入価格を仮に100円とおいてみましょう。

　そうすると、それぞれの金額は次のように表せます。

PLAY5では「60円」という具体的な条件があったよね！

1円でも、1億円でも同じってことだね！

仕事算で「1」とおいたのと同じこと！

> 販売価格 → 130 円　　3 割引の売値 → 91 円
> 仕入総額 → 100 円 × 100 = 10000 円
> 売上総額 → 10000 円 × 1.222 = 12220 円

　販売個数については、解説と同様に y を使って表して、次のように方程式を立てます。

個数は「100個」という具体的な条件があるから、適当な数字においてはダメ！

> $130 (100 - y) + 91 y = 12220$

　あとは、同様に解いて、$y = 20$ が得られます。

⇨ **正解 3**

2019 年 10 月 10 日の木曜日に生まれた子が 20 歳の誕生日になる日の曜日として、最も妥当なのはどれか。ただし、2020 年，2024 年，2028 年，2032 年，2036 年はうるう年とする。

1. 日曜日　　2. 月曜日　　3. 火曜日　　4. 水曜日　　5. 木曜日

暦算はうるう年がポイントになることが多いね。20 歳になるまでに、「2 月 29 日」を何度迎えるかな？

曜日は 7 日で 1 サイクルですから、たとえば、ある日が月曜日なら、その 7 日後、14 日後、21 日後、…と、7 の倍数日後は同じ月曜日になります。

これより、まず、ある日からちょうど 1 年後の曜日を考えます。

平年の日数は 365 日ですから、365 ÷ 7 = 52 余り 1 より、1 年後 = 52 週間 + 1 日後となり、ある日が月曜日なら、そのちょうど <u>1 年後の日は火曜日</u>となります。

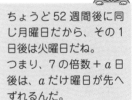

ちょうど 52 週間後に同じ月曜日だから、その 1 日後は火曜日だね。
つまり、7 の倍数 + a 日後は、a だけ曜日が先へずれるんだ。

すなわち、1 年後の同じ日付では、曜日が 1 つ先へずれますので、これを 20 年で考えると、20 だけ曜日が先へずれることになります。

しかし、これはすべて平年の場合で、問題文にもあるように、<u>この 20 年間には 5 回のうるう年</u>が含まれており、これらの年は「2 月 29 日」という平年にはない日があります。

この人が 20 歳になるのは、2039 年 10 月 10 日だからね。

すなわち、この 5 回の「2 月 29 日」の分を含めると、合計で 20 + 5 = 25 だけ曜日が先へずれることになり、25 ÷ 7 = 3 余り 4 より、4 つ先の曜日になることがわかります。

これより、2019 年 10 月 10 日木曜日から 20 年後の 2039 年 10 月 10 日は、木曜日から 4 つ先の月曜日とわかり、正解は肢 2 です。

⇨ 正解 2

　あるクラスには 44 人の生徒がいる。このクラスでは、今学期の体育の授業で行う競技を全生徒による投票で決めており、各生徒が 8 種目の中から一つだけ選んで 1 票ずつ投票する。以下のＡ，Ｂの状況において、ある種目が「実施確実」となるのに最低限必要な得票数の組合せとして最も妥当なのはどれか。

　Ａ：実施する競技が 2 種目
　Ｂ：実施する競技が 4 種目

　ただし、「実施確実」とは、他の種目の得票状況にかかわらず、Ａの状況であれば上位 2 位以内、Ｂの状況であれば上位 4 位以内になると判断できることをいう。

	Ａ	Ｂ
1.	14 票	7 票
2.	14 票	8 票
3.	15 票	8 票
4.	15 票	9 票
5.	16 票	9 票

> 投票算は極端な状態を考えるのがポイント！　本問は選択肢から
> 考えてもいいかも。

　44 人の票が、8 種目に分散されるのであれば、少ない得票数でも実施される可能性がありますが、上位の何種目かでデッドヒートとなった場合は、より多くの得票数を必要としますね。そうすると、確実に実施される得票数を考えるときは、極端に厳しい状態を考えて、それでも絶対に実施される数を求めればいいことになります。

　すなわち、Ａの場合、上位 2 位以内に入る最も厳しい状況として、2 + 1 = 3 種目で票を取り合う場面を考えればいいわけです。44 票が 3 種目に集中すると、平均は 44 ÷ 3 ≒ 14.7 ですから、これを上回る最小の整数である 15 票を取れば実施確実になります。

> 平均より多い票を取れば、他
> の 2 種目に負けることはない
> からね。
> 14 票だと、（15，15，14）で
> 落選ってこともあるけど、15
> 票とれば、絶対に 2 位以内に
> 入るでしょ！

同様に、Bの場合、4＋1＝5種目で票を取り合う場面を考えると、44÷5＝8.8より、9票取れば確実に4位以内に入り実施確実になります。

よって、正解は肢4です。

8票だと、（9, 9, 9, 9, 8）で落選の可能性があるよね。

⇨ 正解4

本問は、選択肢の数字から考えるのもアリ！
Aの場合、14票だとどうだろう…
と確認していけばいいよね。

#7 覆面算と魔方陣

頻出度 ★★☆☆☆　　重要度 ★★☆☆☆　　コスパ ★★★★☆

覆面算は計算式に、魔方陣は図表に、いずれも不明な数字を当てはめていくという意味で似た雰囲気の問題です。覆面算は慣れるしかないので、コスパは低いですが、魔方陣は基本を覚えればカンタンで、コスパはかなり高いです！

| PLAY 1 | 足し算の覆面算の問題 | 刑務官 2014 |

A～Eは1～5のそれぞれ異なる整数である。次の二つの式が成り立つとき、B×C×Eの値はいくらか。

$$
\begin{array}{r}
E\,D \\
+\ B\,D \\
\hline
C\,B
\end{array}
\qquad
\begin{array}{r}
A\,A \\
-\ E\,B \\
\hline
D\,B
\end{array}
$$

1. 8　　　2. 15　　　3. 24　　　4. 30　　　5. 60

まずは足し算から！　A～Eに入れるのは1～5に限定されているからね。

　まず、図1の①の部分について考えます。A～Eは1～5の整数ですから、①を満たす（D，B）は、（1，2）または（2，4）のいずれかとなります。
　しかし、B＝4の場合、図の②を満たすAは8となり、条件に反します。

これを、頭から離しちゃダメ！

D＝3, 4, 5のとき、B＝6, 8, 0で、条件に反するよね！

図1

$$
\begin{array}{r}
E\,\boxed{D} \\
+\ B\,\boxed{D} \\
\hline
C\,\boxed{B}
\end{array}
\qquad
\begin{array}{r}
A\,\boxed{A} \\
-\ E\,\boxed{B} \\
\hline
D\,\boxed{B}
\end{array}
$$

　　　　　　↑　　　　　　↑
　　　　　　①　　　　　　②

よって、D＝1、B＝2に決まり、②より、A＝4がわかりますので、図2のように当てはめます。

そうすると、残るCとEで、3と5のいずれかとなりますが、図2の③，④より、E＝3、C＝5がわかります。

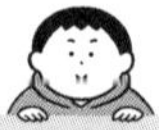

求めるのは、B×C×Eだから、もう、どっちでも一緒！

図2

	E	1			4	4
＋	2	1		−	E	2
	C	2			1	2
	↑				↑	
	③				④	

これより、B×C×Eの値は、2×5×3＝30となり、正解は肢4です。

正解 4

PLAY 2　かけ算の覆面算の問題　東京都Ⅲ類 2016

次の計算式において、空欄A～Gにそれぞれ、0～9の数字のうち、1と3とを除くいずれか1つの数字が入るとき、空欄Gに入る数字として、正しいのはどれか。ただし、アルファベットが同一の空欄には、同一の数字が入る。

		A	B	C
×			3	D
	E	A	F	3
1	G	G	1	
B	F	F	E	3

1. 4　　2. 5　　3. 6　　4. 7　　5. 8

次はかけ算だよ。計算の手順通りに考えてみて！

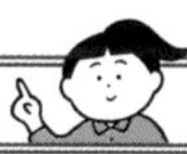

計算の手順より、図１の①は「ＡＢＣ×Ｄ」、②は「ＡＢＣ×３」の値になります。②より、Ｃ×３の一の位が１ですから、<u>Ｃ＝７</u>がわかりますので、①の「Ｃ（＝７）×Ｄ」の一の位が３ですから、<u>Ｄ＝９</u>となります。

また、図１の③のＢは、千の位からの繰り上がりがなければ１ですが、条件より、Ｂ≠１ですから、<u>繰り上がりが１あって、Ｂ＝２</u>とわかり、ここまでを図２のように記入します。

九九の３の段から探すと、３×７＝２１しかないよね。

ここも、７の段から探すと、７×９＝６３のみ！

千の位のＥ＋Ｇは、百の位からの繰り上がりを含めても２０以上にはならないからね。

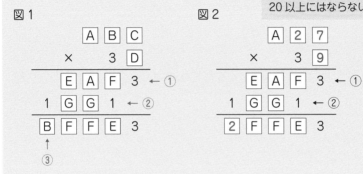

図１

```
      A B C
    ×   3 D
    ─────────
      E A F 3  ← ①
    1 G G 1    ← ②
    ─────────
    B F F E 3
    ↑
    ③
```

図２

```
      A 2 7
    ×   3 9
    ─────────
      E A F 3  ← ①
    1 G G 1    ← ②
    ─────────
    2 F F E 3
```

図２より、②の計算を確認すると、一番右の位は７×３＝２１より、２繰り上がりますから、次の位は２×３＝６に、２を足して、Ｇ＝８がわかります。

そうすると、②の計算は「Ａ２７×３＝１８８１」とわかり、１８８１÷３＝６２７より、Ａ＝６がわかります。

これより、計算式は「６２７×３９」と判明しましたので、これを計算して、図３のようになり、Ｇは８ですから、正解は肢５です。

図３

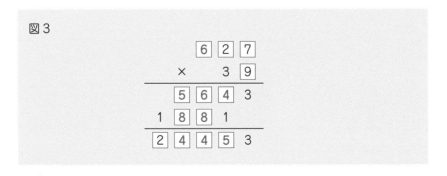

```
      6 2 7
    ×   3 9
    ─────────
    5 6 4 3
  1 8 8 1
    ─────────
  2 4 4 5 3
```

⇨ 正解５

　次の図のような1〜16までの数字を1つずつ使った魔方陣があり、縦、横、対角線に並ぶ数字それぞれの合計は等しいが、A，B，●の部分は数字が隠されていて見えない。このとき、AとBに入る数字の和として、正しいのはどれか。

●	A	3	13
5	●	●	●
●	7	6	●
●	14	B	1

1. 12　　　2. 14　　　3. 17　　　4. 20　　　5. 23

> 本問は魔方陣の基本！　本番では解説の後にある「別解」で解いた方が早いけど、正攻法もちゃんと理解してね！

　条件より、たて、よこ、対角線のいずれの列も4つの数字の和が等しいので、1列当たりの数字の和を求めます。
　たとえば、たてに4列に分けて考えると、4列すべての数字の和は、1〜16の総和になります。そうすると、これを4列で均等に分ければいいので、1列当たりの数字の和を次のように求めます。

これの求め方は、#13
基本事項1-ⅱ「等差
数列の和の公式」参照！

$$1列当たりの和 = 1 から 16 の和 \div 4 = (1 + 16) \times 16 \times \frac{1}{2} \times \frac{1}{4} = 34$$

　さらに、1〜16の中で、図中にない数字を次のように書き上げておきます。

　　　2　　4　　8　　9　　10　　11　　12　　15　　16

　ここで、図1のように、●をC〜Ⅰとし、まず、Aについて考えます。
　図の①列について、A＋D＋7＋14＝34ですから、A＋D＝13となり、上記の数字の中で、和が13になる2数は2と11または4と9があります。

これより、Aは2，4，9，11のいずれかとなります。

さらに、②列について、同様にC＋A＝18となり、（A，C）の組合せは、（2，16）、（4，14）、（9，9）、（11，7）のいずれかです。

しかし、AとCは異なる数字ですし、7と14はすでに図中に使われていますから、<u>A＝2，C＝16に決まり、D＝11</u>となり、図2のように記入します。

図1

```
      ①
      ↓
┌────┬────┬────┬────┐
│ C  │ A  │ 3  │ 13 │ ← ②
├────┼────┼────┼────┤
│ 5  │ D  │ E  │ F  │
├────┼────┼────┼────┤
│ G  │ 7  │ 6  │ H  │
├────┼────┼────┼────┤
│ I  │ 14 │ B  │ 1  │
└────┴────┴────┴────┘
```

図2

```
              ③
              ↓
┌────┬────┬────┬────┐
│ 16 │ 2  │ 3  │ 13 │
├────┼────┼────┼────┤
│ 5  │ 11 │ E  │ F  │ ← ④
├────┼────┼────┼────┤
│ G  │ 7  │ 6  │ H  │
├────┼────┼────┼────┤
│ I  │ 14 │ B  │ 1  │
└────┴────┴────┴────┘
```

次に、Bについて同様に考えます。

図2の③列について、E＋B＝25で、残る数字では10と15があります。

しかし、E＝15では、④列について、F＝3となり、条件に反します。

よって、<u>E＝10，B＝15</u>となり、図3のように記入します。

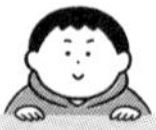

ここまでで、残る数字は、4，8，9，12で、あとは、各列の和が34になるよう計算しながら当てはめると、図4のように完成します。

図3

```
┌────┬────┬────┬────┐
│ 16 │ 2  │ 3  │ 13 │
├────┼────┼────┼────┤
│ 5  │ 11 │ 10 │ F  │
├────┼────┼────┼────┤
│ G  │ 7  │ 6  │ H  │
├────┼────┼────┼────┤
│ I  │ 14 │ 15 │ 1  │
└────┴────┴────┴────┘
```

図4

```
┌────┬────┬────┬────┐
│ 16 │ 2  │ 3  │ 13 │
├────┼────┼────┼────┤
│ 5  │ 11 │ 10 │ 8  │
├────┼────┼────┼────┤
│ 9  │ 7  │ 6  │ 12 │
├────┼────┼────┼────┤
│ 4  │ 14 │ 15 │ 1  │
└────┴────┴────┴────┘
```

以上より、AとBの和は、2＋15＝17となり、正解は肢3です。

　完成した魔方陣を見ると、たとえば、次図の矢印で結ばれた 2 数のような、中心から点対称な位置にある 2 数の和が、いずれも「17」になっているのがわかります。

　「17」というのは、1 〜 16 のうち、最小の「1」と最大の「16」を足したものですね。

　本問のような魔方陣の場合は、ほとんどの場合、このような規則性に従っています。

　ですから、これを知っていれば、 A と B も対称な位置にありますので、和は 17 とすぐにわかりますね。

> 正方形のマスにたて、よこ、対角線の和がすべて等しくなるよう数字を入れたもの。

16	2	3	13
5	11	10	8
9	7	6	12
4	14	15	1

　この規則性には必ずしも従っているとは限りませんが、過去に出題された問題は、ほぼすべて従っています。

　ですから、この規則性に従っているという前提で数字を埋めてみて、数字が重複することなく、各列の和が 34 になるようであれば OK ということになります。

　ちなみに、3 × 3 の魔方陣では、必ずこの規則性に従っていますので、そのつもりで数字を埋めてください。

> 3 × 3 のマスに、1 〜 9 を入れるなら、対称な 2 数の和は 10 になるよ！

⇨ 正解 3

> このタイプは、「別解」の解法から試すのが、ゼッタイおすすめ！

　下の図のような三角形において、各辺の和が 23 になるように、1 から 9 までの数字を 1 回ずつ使い、○の中に数字を入れる。アに三角形の 3 つの頂点の数字のうち一番小さい数字が入り、イに 2 が入るとき、ウに入る数字はどれか。

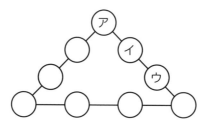

1. 3　　　2. 4　　　3. 5　　　4. 6　　　5. 8

> PLAY 3 でマスターした基本は、こういう変形タイプにも応用できるからね。

　本問は、普通の魔方陣ではありませんので、PLAY 3 の「別解」のような規則性はありません。
　まず、ア～ウを含むすべての○を、図 1 のように A ～ I とします。

図 1

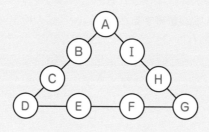

　条件より、各列の和は 23 ですから、次のように式に表します。

$$A + B + C + D = 23 \quad \cdots ①$$
$$D + E + F + G = 23 \quad \cdots ②$$
$$G + H + I + A = 23 \quad \cdots ③$$

①＋②＋③より、
$$2A + B + C + 2D + E + F + 2G + H + I = 69 \quad \cdots ④$$

④については、A，D，Gは2つずつ、あとは1つずつを足し合わせたものとわかり、A～Iの和は、1～9の和で45です。

頂点は2列にまたがっているからね。

これより、次のようになります。

等差数列の和の公式より、$(1 + 9) \times 9 \div 2 = 45$

$$（A + D + G）+ （A \sim I の和）= 69$$
$$（A + D + G）+ 45 = 69$$
$$A + D + G = 69 - 45 = 24$$

　ここで、1～9のうち、3つの数の和が24になる組合せを探すと、(7, 8, 9) のみとわかり、これが、A，D，Gのいずれかとなります。

　そうすると、条件より、アに当たるAには7が入り、DとGには8と9のいずれかが入りますので、これを②に代入すると、E + F = 6 がわかります。

　残る数字の中で、和が6になる2数は、(1, 5) と (2, 4) ですが、条件より、2はIに入りますので、EとFには1と5のいずれかが入ります。

　また、③について、A = 7、I = 2 を代入すると、G + H = 14 となり、Gは8または9ですから、(G, H) = (8, 6) または (9, 5) となりますが、5はEまたはFですから、G = 8、H = 6 に決まり、求めるウに当たる数字は6とわかります。

　これより、D = 9 となり、残るBとCには3と4のいずれかが入り、図2のようになります。

図2

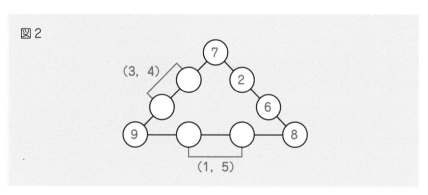

よって、正解は肢4です。

⇨ 正解4

#8 速さ①

頻出度 ★★★★☆　　重要度 ★★★★★　　コスパ ★★★☆☆

速さの問題は、数的推理の頻出分野の1つで、色々な問題が出題されていますが、いずれも基本が何より大事です。まずは、ここで、速さ・時間・距離の関係をしっかり定着させ、#9へのステップにしましょう！

基本事項

>>> 1. 速さの基本公式

「速さ」というのは、一定の「時間」でどれだけの「距離」を進むかを表したものです。

たとえば、「分速300m」というのは、1分間で300m進む速さであり、この速さで走り続けると、1分間で300m、2分間で600m、3分間で900m…と進む距離が延びていきます。

すなわち、「速さ」に「時間」をかけると、進んだ「距離」となり、次のような公式になります。

$$距離 = 速さ \times 時間$$

ここで、この公式を変形すると、「距離」を、「速さ」で割ると「時間」に、「時間」で割ると「速さ」になることがわかり、次のような公式になります。

$$時間 = 距離 \div 速さ \qquad 速さ = 距離 \div 時間$$

>>> **2. 基本公式と比の関係**

「速さ」と「時間」と「距離」の間には、前述の基本公式の関係があり、ここから次のようなことがいえます。

ⅰ）「速さ」が同じ → 「時間」と「距離」は比例する

たとえば、「分速300m」という一定の速さ（同じ速さ）で走るときは、1分で300m、2分で600m…と距離が延びていきます。

つまり、時間を2倍にすると距離も2倍に、時間を10倍にすると距離も10倍に、というように、<u>時間に比例して距離は延びていきます</u>。

そうすると、同じ速さで、かかった時間の比が1：2だと、進んだ距離の比も1：2というように、時間と距離は同じ比になるわけです。

> 比例とは、片方がn倍になると、もう片方もn倍になるという関係！

ⅱ）「時間」が同じ → 「速さ」と「距離」は比例する

たとえば、「5分間」という一定の時間（同じ時間）を走るとき、分速200mで走ると200×5＝1000（m）進みますが、分速400mで走ると400×5＝2000（m）進みます。

すなわち、速さを2倍にすると距離も2倍に、速さを10倍にすると、距離も10倍に、というように、速さに比例して距離は延びていきます。

そうすると、たとえば、AとBの速さの比が1：2のとき、2人が同じ時間で進む距離の比も1：2というように、速さと距離は同じ比になるわけです。

ⅲ）「距離」が同じ → 「速さ」と「時間」は反比例する

たとえば、「2000m」という一定の距離（同じ距離）を走るとき、分速200mで走ると2000÷200＝10（分）かかりますが、分速400mで走ると2000÷400＝5（分）で済みます。

すなわち、速さを2倍にすると時間は半分に、速さを10倍にすると、時間は $\frac{1}{10}$ に、というように、<u>時間は速さに反比例</u>することになります。

そうすると、たとえば、AとBの速さの比が1：2のとき、2人が同じ距離を進むのにかかる時間の比は2：1というように、速さと時間は逆比になるわけです。

> 反比例とは、片方がn倍になると、もう片方は $\frac{1}{n}$ になるという関係！

　ある人がA地点から出発してB地点まで行くときに、全行程の3分の1ずつをそれぞれ時速24km、12km、4kmで移動した。全行程の平均の速さはいくらか。

1. 時速6km
2. 時速8km
3. 時速9km
4. 時速10km
5. 時速14km

基本公式をを使って解く定番の問題！「速さの平均」を求めるわけではないからね。

　「速さ」は「距離÷時間」で求められます。本問のように、途中で速さが変化しても、すべての道のりにどれだけの時間がかかったか、ということがわかれば、「平均の速さ」も求められます。

「24，12，4の平均」じゃないので注意！

　すなわち、次のような計算になりますね。

　平均の速さ＝全行程÷時間の合計

問題には、距離について具体的な数字がないので、たとえば「1」と仮定してもOK！
24，12，4の最小公倍数である「24」と仮定すると、計算が楽かも。

　ここで、図のように、全行程を $\dfrac{1}{3}$ ずつに分けて、それぞれの距離を L km とします。

　各行程にかかった時間は、①が $\dfrac{L}{24}$ 時間、②が $\dfrac{L}{12}$ 時間、③が $\dfrac{L}{4}$ 時間ですから、それぞれの合計は次のようになります。

$$\frac{L}{24} + \frac{L}{12} + \frac{L}{4} = \frac{L + 2L + 6L}{24} = \frac{9L}{24} = \frac{3L}{8} \text{ (時間)}$$

全行程は 3L km なので、平均の速さは次のように求められます。

$$3L \div \frac{3L}{8} = 3L \times \frac{8}{3L} = 8 \text{ (km/時)}$$

よって、正解は肢 2 です。

$\Rightarrow$ 正解 2

PLAY 2　基本公式から方程式を立てる問題　　国家一般職（高卒）2012

　Aは、自宅から駅までの 1 km の道のりを 15 分かけて徒歩で通勤している。ある日、途中で忘れ物に気付いたため、走って家に戻り、忘れ物を探してからすぐに自転車で駅に向かったところ、いつもの通勤時間と同じ 15 分で駅に到着することができた。Aの走る速さ及び自転車の速さは、歩く速さのそれぞれ 2 倍及び 2.5 倍とすると、Aが忘れ物に気付いたのは自宅から何 m のところか。

　ただし、走って家に戻った後、すぐに自転車で出発したものとし、忘れ物を探す時間は考えないものとする。

1. 200 m　　　2. 300 m　　　3. 400 m　　　4. 500 m　　　5. 600 m

> 求める距離を x として方程式を立ててみよう！ 単位にも気をつけて！

　Aは普段、15 分 $= \frac{1}{4}$ 時間で 1 km の道のりを歩きますから、1 時間では 4 倍の 4 km を歩くことになります。

　よって、条件より、次のようにわかります。

#8　速さ①　103

歩く速さ → 時速 4km
走る速さ → 時速 4km × 2 ＝ 時速 8km
自転車の速さ → 時速 4km × 2.5 ＝ 時速 10km

ここで、Aが忘れ物に気付いたのが、自宅から $x$km のところとすると、Aの行動は次の図のようになります。

速さの単位に合わせて、「km」にするけど、最後に「m」に戻すよ！

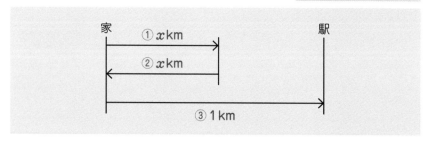

図の①は徒歩、②は走って、③は自転車で、それぞれにかかった時間の合計が 15 分 ＝ $\frac{1}{4}$ 時間になることから、次のように方程式を立てます。

$$\frac{x}{4} + \frac{x}{8} + \frac{1}{10} = \frac{1}{4}$$

両辺に 40 をかけて

$$10x + 5x + 4 = 10$$
$$15x = 6$$
$$\therefore x = \frac{2}{5}$$

よって、家から $\frac{2}{5}$ km ＝ 400m のところとなり、正解は肢 3 です。

正解 3

　　Aさんが山岳部の合宿で宿舎から丘の頂上に登った。宿舎から丘の頂上までの道のりは 75 km である。宿舎から丘のふもとまでは自転車で毎分 250 m の速さで移動し、ふもとから頂上までは毎秒 2.5 m の速さで走って登ったら、全部で 0.25 日かかった。このとき、Aさんがふもとから頂上まで登るのに何時間かかったか。ただし、1 日は 24 時間とし、自転車から降りて走り始めるまでの時間は考えないものとする。

1．1.5 時間
2．2 時間
3．2.5 時間
4．3 時間
5．3.5 時間

山を登る速さと自転車の速さの単位が異なるので、まずは、これを何とかしなきゃね！

　　まず、山を登る速さの単位を、自転車と同じ分速に直すと、毎秒 2.5 m ＝毎分 2.5 × 60 ＝ 150（m）となります。
　　また、0.25 日＝ 6 時間＝ 360 分ですから、ふもとから頂上までにかかった時間を t 分とすると、宿舎からふもとまでの時間は 360 − t（分）と表せます。
　　これより、それぞれの距離の合計が 75 km ＝ 75000 m となることから、次のように方程式を立てます。

$$
\begin{array}{ll}
\text{（宿舎→ふもと）（ふもと→頂上）} \\
250\,(360 - t) \quad + \quad 150t \quad = \quad 75000
\end{array}
$$

両辺を 50 で割って
$$5\,(360 - t) + 3t = 1500$$
かっこをはずして
$$1800 - 5t + 3t = 1500$$
$$-2t = -300$$
$$\therefore t = 150$$

150 分＝ 2.5 時間ですから、正解は肢 3 です。

⇨ 正解 3

単位を「時間」と「km」にそろえて方程式を立ててもOK！

まず、それぞれの速さを時速（km）に直すよ。

> 分速250m = 時速250 × 60 = 15000 (m) = 時速15km
>
> 分速150m = 時速150 × 60 = 9000 (m) = 時速9km

そうすると、ふもと→頂上の時間を t 時間として、方程式は次のようになる。

> $15(6 - t) + 9t = 75$
>
> $90 - 15t + 9t = 75$
>
> $-6t = -15$ ∴ $t = 2.5$

速さの単位を変えるのは面倒だけど、方程式はこのほうが簡単だね。

本問のように単位がバラバラな時は、そろえるのが楽なこと、なるべく簡単な数字になることを考えて、そろえるようにしよう！

登山に2時間半ってことは、その前に自転車で3時間半か…登る前にクタクタだよね～

　ある電気自動車はちょうど 5 時間充電することができ、その充電 1 時間当たりの走行距離は、時速 40km で走行した場合は 40km、時速 60km で走行した場合は 30km である。5 時間充電したこの電気自動車で、最初、時速 60km で走行し、その後、時速 40km で充電を使い切るまで走行したところ、全走行距離は 170km となった。このとき、全走行時間はいくらか。

1.　3 時間 30 分
2.　3 時間 45 分
3.　4 時間
4.　4 時間 15 分
5.　4 時間 30 分

走行距離と充電時間で連立方程式を立ててみよう。

　最初に時速 60km で走行した時間を x 時間、その後に時速 40km で走行した時間を y 時間とし、まず、全走行距離について、次のように方程式を立てます。

$$60x + 40y = 170 \quad \cdots ①$$

　次に、充電時間について考えます。
　まず、時速 40km で走行した場合、1 時間の充電で 40km 走れるということは、<u>1 時間の充電で 1 時間走れる</u>ことになります。そうすると、この速さで y 時間走るには、y 時間の充電が必要になりますね。

1 時間で 40km 進んだからね。

　また、時速 60km で走行した場合、1 時間の充電で 30km しか走れないので、60km 走るのに 2 時間の充電が必要になり、2 時間の充電で 1 時間走れるとわかります。そうすると、この速さで x 時間走るには、$2x$ 時間の充電が必要ですね。
　これより、全走行距離を走るために 5 時間充電したことについて、次のように方程式を立てます。

$$2x + y = 5 \quad \cdots ②$$

①と②を連立させて、次のように解きます。

①の両辺を 10 で割って
$6x + 4y = 17$　…①′

②の両辺を 3 倍して
$6x + 3y = 15$　…②′

①′ − ②′ より
$$\begin{array}{r} 6x + 4y = 17 \\ -\underline{)\ 6x + 3y = 15} \\ y = 2 \end{array}$$

$y = 2$ を②に代入して
$2x + 2 = 5$
$2x = 3$　　$\therefore x = 1.5$

よって、時速 60 km で 1.5 時間 ＝ 1 時間 30 分、時速 40 km で 2 時間で、全走行時間は 3 時間 30 分となり、正解は肢 1 です。

⇨ 正解 1

PLAY 5　基本公式と比の関係から考える問題　　特別区III類 2020

1 周 5.0 km のランニングコースがある。A，B の 2 人が同じスタート地点から、A は時計回りに、B は反時計周りに、同時にスタートし、その 12 分後に 2 人は初めてすれ違った。A が 2 周して出発した地点に戻るのと、B が 3 周して出発した地点に戻るのが同時であったとすると、A が 1 周するのに要した時間はどれか。ただし、A と B の走る速さは、それぞれ一定とする。

1.　24 分　　　2.　30 分　　　3.　36 分　　　4.　40 分　　　5.　60 分

基本公式と比の関係を使って解くよ。基本事項 2 は確認したかな。

A と B は同時にスタートして、A が 2 周、B が 3 周したところで、同時に出発点に戻ったわけですから、同じ時間で 2 人が走った距離の比は、A：B ＝ 2：3 で、これは 2 人の速さの比でもあります（基本事項 2 − ii）。

また、2人が初めてすれ違うまでの12分間で、2人合わせて1周＝5.0kmを走ったわけですが、この間でAとBが走った距離の比も2：3ですから、Aは2.0km、Bは3.0kmとわかります。

すなわち、Aは2.0kmに12分かかるので、1周＝5.0kmにかかる時間は、$12 \times \dfrac{5}{2} = 30$（分）とわかります（基本事項2－ⅰ）。

よって、正解は肢2です。

こういうことだよね。

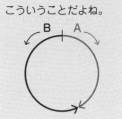

⇨ 正解2

PLAY 6　基本公式と比の関係から考える問題　　特別区Ⅲ類 2014

A〜Cの3人が同じ地点から出発する。Bは、Aより5分遅れで出発し、出発して10分後にAを追い越した。Cは、Bより10分遅れで出発し、出発して20分後にBを追い越した。CがAを追い越したのは、Cが出発してから何分後か。ただし、A〜Cの進む速さは、それぞれ一定とする。

1. 8分後
2. 12分後
3. 16分後
4. 20分後
5. 24分後

比を使って解く問題の定番！ 追いつくまでに走った距離は同じだからね。

まず、BがAを追い越したところまでを考えます。

Aが出発して、その5分後にBが出発して、その10分後にBがAを追い越したわけですが、その地点まで2人は進んだ距離は同じです。

その距離にかかった時間は、Aは5＋10＝15（分）、Bは10分ですから、ここから2人の速さの比が、次のようにわかります。

同じ距離にかかる時間の比　→　A：B＝15：10＝3：2
　　　速さの比　→　A：B＝2：3　…①

　同様に、CがBを追い越したところまでについて、同じ距離に、Bは10＋20＝30（分）、Cは20分ですから、2人の速さの比は次のようになります。

　　　同じ距離にかかる時間の比　→　B：C＝30：20＝3：2
　　　速さの比　→　B：C＝2：3　…②

　ここで、①と②を合成して、3人の速さの比は次のようになります。

#3 基本事項3

　　　速さの比 →　　A：B：C
　　　　　　　　　　2：3
　　　　　　　　　　　　2：3
　　　　　　　　　　―――――――――
　　　　　　　　　　4：6：9

　これより、AとCの速さの比は4：9ですから、同じ距離にかかる時間の比は9：4となります。
　Cは、Aよりも、5＋10＝15（分）遅れて出発していますから、Cが出発して t 分後にAを追い越すとすると、そこまでの距離にかかった時間の比から、次のように方程式が立ちます。

　　　$(t + 15) : t = 9 : 4$
　　　内項の積＝外項の積より
　　　　$9t = 4(t + 15)$
　　　かっこをはずして
　　　　$9t = 4t + 60$
　　　　$5t = 60$　　　∴ $t = 12$

「4」と「9」の差である「5」が15分にあたるので、「1」＝3分、「4」＝12分と考えてもOK！

　よって、12分後となり、正解は肢2です。

⇨ 正解 2

1周が 4.8km のランニングコースで、Aは2周、Bは3周走ることにした。Aが走り始めた6分後に、同じスタート地点からBが同じ方向へ走り始めた。Bはスタートしてから9分後にAを追い越し、その後、同時に走り終えた。このとき、Aがこのコースを1周するのに要した時間は何分か。ただし、両者はそれぞれ一定の速度で走っていたものとする。

1. 24分　　　2. 27分　　　3. 30分　　　4. 33分　　　5. 36分

もう1問、比を使って解こう！　少し慣れてきたかな？　

Aが走り始めた6分後にBが走り始めて、その9分後に追い越したわけですから、そこまでの距離に、Aは 6 + 9 = 15（分）、Bは9分かかっていますので、次のようになります。

同じ距離にかかる時間の比　→　A：B = 15 : 9 = 5 : 3

これより、1周にかかる時間の比も、A：B = 5 : 3 ですから、Aが2周、Bが3周するのにかかる時間の比は、次のようになります。

Aが2周する時間：Bが3周する時間 = (5 × 2) : (3 × 3) = 10 : 9

ここで、Aが1周するのにかかった時間を t 分とすると、2周には $2t$ 分かかったことになります。

また、Bは、Aより6分遅くスタートして同時に走り終えたので、Aより6分少ない $2t - 6$（分）かかっており、ここから次のような方程式が立ちます。

$$2t : (2t - 6) = 10 : 9$$
内項の積＝外項の積より
$$10(2t - 6) = 18t$$
かっこをはずして
$$20t - 60 = 18t$$
$$2t = 60 \qquad \therefore t = 30$$

ここも、「10」と「9」の差である「1」が6分にあたるので、「10」= 60分とわかるよね！

よって、Aは1周に30分とわかり、正解は肢3です。

➡ 正解3

#9 速さ②

(頻出度 ★★★★★) (重要度 ★★★★★) (コスパ ★★★☆☆)

速さの問題には、旅人算、通過算などの特殊算がよく出題されます。中学受験などの経験がなければ、公式を知らない方も多いでしょう。まずは、公式をしっかり理解して、練習問題をこなしましょう。

基本事項

>>> 1. 旅人算の公式

ある距離を隔てた 2 人が出会う場面と追いかける場面について、その距離、時間、速さの和または差の関係を考えます。

ⅰ）出会い算の公式

たとえば、図 1 のように、2000 m 離れた 2 地点に A と B がいて、同時にスタートして互いに相手のほうへ向かって進みます。

A の速さが分速 300 m、B の速さが分速 200 m とすると、2 人は 1 分間にそれぞれ 300 m と 200 m を進みますので、2 人の間の距離は 1 分間で 500 m 縮まります。

そうすると、2 人の間の距離が 0 になるまでにかかる時間は、2000 ÷ 500 ＝ 4（分）となり、4 分後に A と B が出会うことがわかりますね。

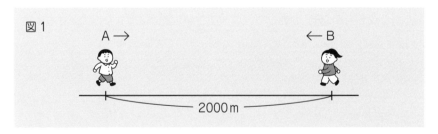

図 1

500 m（＝ 300 m ＋ 200 m）というのは、2 人が「1 分間で進む距離」の和、すなわち速さの和に当たりますので、ここから次のような関係がわかり、これが出会い算の公式です。

> 出会うまでの時間＝２人の間の距離÷速さの和

さらに、距離について変形すると、次のようになります。

> ２人の間の距離＝出会うまでの時間×速さの和　…①

ⅱ）追いかけ算の公式

　同様に、図２のように、2000ｍ離れた２地点にいるＡとＢが、同時にスタートして、今度は同じ方向（矢印の方向）に向かって進みます。

　ＡとＢの速さも同様に、分速300ｍ、分速200ｍとすると、Ａのほうが速いので、いつかはＢに追いつくことになります。

　Ａは、１分間で300ｍだけＢのほうへ近づいていきますが、Ｂも同じ方向へ200ｍだけＡから離れていきますので、その差である100ｍしか２人の間の距離は縮まりません。

　そうすると、２人の間の距離が０になるまでにかかる時間は、2000÷100＝20（分）となり、20分後にＡがＢに追いつくことがわかりますね。

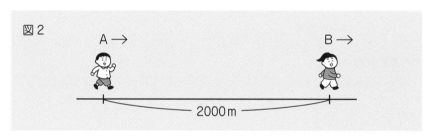

図２

100ｍ（＝300ｍ－200ｍ）というのは、２人が「１分間で進む距離」の差、すなわち速さの差に当たりますので、ここから次のような関係がわかり、これが追いかけ算の公式です。

> 追いつくまでの時間＝２人の間の距離÷速さの差

同様に、距離について変形すると、次のようになります。

> ２人の間の距離＝追いつくまでの時間×速さの差　…②

iii）速さの差と和の関係

　出会い算の公式①と追いかけ算の公式②の関係に注目します。①と②の左辺が同じで等しければ、右辺も等しくなり、次のような関係が成り立ちます。

> 　　　出会うまでの時間×速さの和＝追いつくまでの時間×速さの差
> 　　　　　　　　　　　　　　　↓
> 　　　出会うまでの時間：追いつくまでの時間＝速さの差：速さの和

　たとえば、前述の例のように、同じ2000mを離れたAとBが、出会うのに4分、追いつくのに20分かかっており、その比は、4：20＝1：5です。
　これは、2人の速さの差：和＝100：500＝1：5と同じですよね。
　同じ距離を隔てた2人が、出会う場面と追いかける場面がある場合は、この関係が有効に使えることがよくあります。

>>> 2. 通過算の公式

　旅人算と公式の原理は同じですが、今度は列車などの「長さがあるもの」について、長さの和、時間、速さの和または差の関係を考えます。

ⅰ）トンネルなどの通過

　たとえば、長さ50mの列車が、長さ100mのトンネルを通過するときの列車の移動距離を考えます。
　列車の最前部がトンネルの入口に入ってから、最後部が出口を出るまでに列車が進んだ距離は、図1の最前部の移動距離でわかるように、100＋50＝150（m）となります。

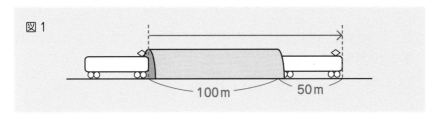

図1

　このように、トンネルや鉄橋、駅のホームなどの固定されたものを列車などが通過する場合、最前部が入ってから最後部が出るまでの移動距離は、両者の長さの和になります。

ⅱ）すれ違いの公式

　にとえば、長さ 70 m、速さが秒速 30 m の特急列車Ａと、長さ 30 m、速さ が秒速 20 m の普通列車Ｂが、互いの反対方向から走ってきて、すれ違う時間 を考えます。

　すれ違う時間というのは、図２の上図のように、互いの最前部がすれ違い始 めてから、下図のように最後部がすれ違い終わるまでの時間ということです。

　ここで、すれ違うのに t 秒かかったとすると、この間にＡが走った距離（図 のＡの最前部の移動距離）は、秒速 30 m × t 秒 = 30tm、Ｂが走った距離は 20tm と表せ、その和 50tm は、両者の長さの和の 70 + 30 = 100（m）で あることが、図からわかります。

図２

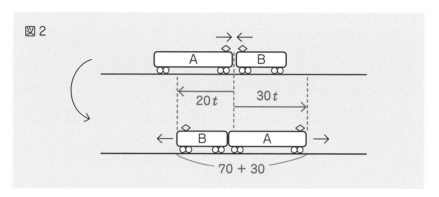

　よって、50t = 100 より、t = 2 となり、すれ違う時間は、2 秒と求められ ます。

　そして、ここでも「50」というのは両者の速さの和を示しており、次のよう な関係がわかり、これがすれ違いの公式です。

> すれ違う時間 = 両者の長さの和 ÷ 速さの和

旅人算と同様に、距離について変形すると、次のようになります。

> 両者の長さの和 = すれ違う時間 × 速さの和　…①

ⅲ）追い越しの公式

　前述の列車ＡとＢが、今度は同じ方向に走って、ＡがＢを追い越す時間を考 えます。

　追い越す時間というのは、図３のように、Ａの最前部がＢの最後部を追い越

し始め（上図）てから、Ａの最後部がＢの最前部を追い越し終わる（下図）までの時間のことです。

同様に、追い越すのに t 秒かかったとすると、この間にＡが走った距離は $30t$ m、Ｂが走った距離（図の最後部の移動距離）は $20t$ m で、その差 $10t$ m が、両者の長さの和の 100 m であることがわかります。

図3

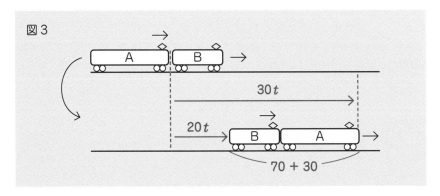

よって、$10t = 100$ より、$t = 10$ となり、追い越す時間は、10 秒と求められます。

そして、同様に、「10」というのは両者の速さの差を示しており、次のような関係がわかり、これが追い越しの公式です。

> 追い越す時間＝両者の長さの和÷速さの差

また、距離について変形すると、次のようになります。

> 両者の長さの和＝追い越す時間×速さの差 …②

iv）速さの差と和の関係

同じ列車どうしのすれ違いと追い越しの場合は、両者の長さの和は同じですから、旅人算と同様に、①と②から、次の関係が成り立ちます。

> すれ違う時間×速さの和＝追い越す時間×速さの差
> ↓
> すれ違う時間：追い越す時間＝速さの差：速さの和

前述の例でも、2 秒：10 秒＝1：5 で、速さの差：和に等しくなるのが確認

できますね。

>>> 3. 流水算の公式

　一定の速さで流れる川を、船が進むときの上りや下りの速さを考えます。

　たとえば、川の流れの速さ（「流速」といいます）が分速50mで、船の自身の速さ（「静水時の速さ」といいます）は分速300mの場合、この船が川を下るとき、1分間で船自身の速さで300m進み、さらに川の流れで50m流されていますので、合計350m進むことになります。

　また、この船が川を上るときは、船自身の速さで300m進んでも、川の流れで50mだけ逆方向へ戻されていますので、その差の250mしか進んでいないことになります。

　よって、下りの速さは分速350m、上りの速さは分速250mとなるわけです。これより、次のような公式が導けます。

> 下りの速さ＝静水時の速さ＋流速　…①
> 上りの速さ＝静水時の速さ－流速　…②

　さらに、①と②を足して2で割ると、静水時の速さが導け、①から②を引いて2で割ると流速が導けます。

> 静水時の速さ＝（下りの速さ＋上りの速さ）÷2
> 流　速　　　＝（下りの速さ－上りの速さ）÷2

　前述の例では、静水時の速さ＝（350＋250）÷2＝300（m/分）、流速＝（350－250）÷2＝50（m/分）と確認できますね。

>>> 4. 時計算の基本

　アナログ時計の長針と短針の進む角度を考えます。

　長針は、1時間で1回転（＝360°）しますので、1分間では360°÷60＝6°進みます。

　また、短針は、12時間で1回転しますので、1時間で360°÷12＝30°、1分間では30°÷60＝0.5°進みます。

　そうすると、たとえば、12時00分から12時x分までのx分間で、長針と短針が進んだ角度は、それぞれ次図のようになり、長針は$6x$°、短針は$0.5x$°と表すことができます。

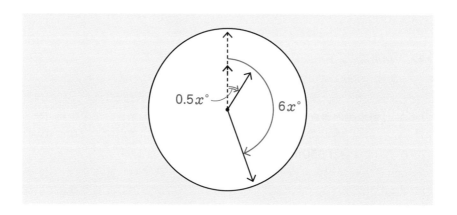

　妹の歩く速さは分速 60 m、姉が自転車で進む速さは分速 300 m である。妹が出発してから 12 分後に姉が同じ道を自転車で妹を追いかけるとき、姉が出発してから妹に追いつくまでにかかる時間と出発地点から妹に追いついた地点までの距離の組合せとして適当なものはどれか。

	時間	距離
1.	2.5 分	750 m
2.	3 分	600 m
3.	3 分	900 m
4.	5 分	900 m
5.	5 分	1500 m

姉が妹を追いかけるよ！ 追いかけ算の公式を使って解こう！

　妹が出発して 12 分間で歩いた距離は、60 × 12 = 720（m）ですから、姉が出発した時点で 2 人の間の距離はこれだけあったことになります。

　これより、720 m 離れた 2 人が、ここから同時に出発して、姉が妹を追いかける追いかけ算となり、追いつくまでの時間を t 分とすると、公式より次のような方程式が立ちます（基本事項 1 − ii）。

$$720 = t(300 - 60)$$
$$720 = 240t \quad \therefore t = 3$$

よって、かかった時間は 3 分で、姉が出発してから 3 分間で走った距離は、300 × 3 = 900（m）ですから、正解は肢 3 です。

 正解 3

PLAY 2　旅人算の問題

特別区 III 類 2011

線路に並行する道路を 1 台のバスが時速 30 km で走っている。電車は、上り下りともに等間隔、等速度で運行している。このバスが上り電車に 3 分毎に抜かれ、下り電車とは 1 分 30 秒毎にすれ違った場合、電車の速さはどれか。

1. 時速 90 km
2. 時速 95 km
3. 時速 100 km
4. 時速 105 km
5. 時速 110 km

本問は、電車の長さは関係ないので、通過算じゃなく旅人算の問題！「速さの差と和の関係」も使えるよ！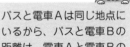

まず、このバスが、上り電車に 3 分毎に抜かれることについて考えます。

いま、このバスが、上り電車 A に抜かれた瞬間を、図 1 のように表します。

電車の間隔を L とすると、この時点で、このバスから L だけ後方に次の上り電車 B がおり、この 3 分後に、バスは電車 B に追い越されることになります。

> バスと電車 A は同じ地点にいるから、バスと電車 B の距離は、電車 A と電車 B の距離と同じだよね！

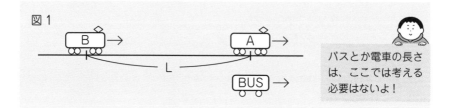

図1

バスとか電車の長さは、ここでは考える必要はないよ!

つまり、図1の時点でLだけ離れたバスと電車Bの、この瞬間から始まる追いかけ算と考えられます。

ここで、バスの速さは時速30kmですから、電車の速さを時速$v$kmとすると、追いつくのにかかった時間は3分$= \dfrac{3}{60} = \dfrac{1}{20}$ 時間で、追いかけ算の公式（基本事項1－ⅱ）より、次のように方程式が立ちます。

速さの単位に合わせよう!

$$L = \frac{1}{20}(v - 30) \quad \cdots ①$$

次に、このバスが、下り電車と1分30秒毎にすれ違うことについて、同様に、下り電車Cとすれ違った瞬間を、図2のように表します。

この瞬間から、このバスと次の下り電車Dが1分30秒後に出会う、出会い算と考えられますね。

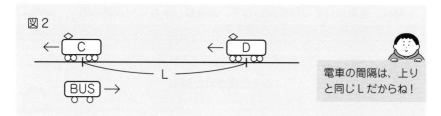

図2

電車の間隔は、上りと同じLだからね!

下り電車の速さは、上り電車と同じですから、時速$v$kmとして、出会うのにかかった時間は、1.5分$= \dfrac{1.5}{60} = \dfrac{1}{40}$ 時間で、出会い算の公式（基本事項1－ⅰ）より、次のように方程式が立ちます。

$$L = \frac{1}{40}(v + 30) \quad \cdots ②$$

①と②を連立させて、次のように解きます。

①と②の左辺は同じLなので、右辺をつなげて
$$\frac{1}{20}(v-30) = \frac{1}{40}(v+30)$$
両辺に40をかけて
$$2(v-30) = v+30$$
かっこをはずして
$$2v-60 = v+30$$
$$\therefore v = 90$$
$v=90$を①に代入して
$$L = \frac{1}{20} \times (90-30) = \frac{1}{20} \times 60 = 3 \text{ (km)}$$

よって、電車の速さは時速90kmとなり、正解は肢1です。

| 別解 |

解説のように、Lだけ隔てたバスと電車が、出会うのに1.5分、追いつくのに3分として考えると、速さの差と和の関係（基本事項1-ⅲ）より、次のようになります。

$$1.5 : 3 = (v-30) : (v+30)$$
内項の積＝外項の積より
$$3(v-30) = 1.5(v+30)$$
両辺を1.5で割って
$$2(v-30) = v+30$$
かっこをはずして
$$2v-60 = v+30$$
$$\therefore v = 90$$

⇨ 正解 1

A列車は、長さ 80m の鉄橋を最前部が渡り始めてから最後部が渡り終える までに 10 秒を要し、時速 72km、長さ 125m の B列車とお互いの最前部がす れ違い始めてからお互いの最後部がすれ違い終わるまでに 5 秒を要した。A列 車の速度は毎秒何 m か。

1. 11m　　　2. 12m　　　3. 13m　　　4. 14m　　　5. 15m

通過算は、公式通りに式を立てることが多いよ！

A列車の速度を、毎秒 vm、長さをLmとします。

まず、長さ 80m の鉄橋を渡るのに 10 秒を要したことから、次のような方 程式が立ちます（基本事項 2 － ⅰ）。

$$L + 80 = 10v \quad \cdots ①$$

次に、B列車とのすれ違いについて、B列車の速度を秒速に直します。

時速 72km → 時速 72000m → 秒速 72000 ÷ 60 ÷ 60 = 20（m）

B列車の長さは 125m ですから、すれ違うのに 5 秒を要したことから、次 のような方程式が立ちます（基本事項 2 － ⅱ）。

$$L + 125 = 5(v + 20)$$
かっこをはずして
$$L + 125 = 5v + 100$$
$$L + 25 = 5v \quad \cdots ②$$

①と②を連立させて、次のように解きます。

①－②より
$$\begin{array}{r} L + 80 = 10v \\ -)\ L + 25 = \ \ 5v \\ \hline 55 = \ \ 5v \end{array} \quad \therefore v = 11$$

$v = 11$ を①に代入して、$L + 80 = 110$　　$\therefore L = 30$

よって、A列車の速さは秒速 11 m、長さは 30 m となり正解は肢 1 です。

⇨ 正解 1

PLAY 4 | 通過算の問題

東京消防庁 II 類 2008

特急列車は毎時 90 km、普通列車は毎時 72 km で一定の速さで走行している。特急列車と普通列車が同一方向に走行している場合、特急列車が普通列車を追い越し始めてから追い越し終わるまでに 27 秒かかる。特急列車と普通列車が反対方向に走行し、すれ違う場合、すれ違い始めてからすれ違い終わるまでにかかる時間として正しいのはどれか。

1. 2.5 秒　　　2. 3 秒　　　3. 3.5 秒　　　4. 4 秒　　　5. 4.5 秒

本問は、通過算の公式と「速さの差と和の関係」の両方で解ける問題。単位の変換も忘れずにね。

追い越しにかかる時間が「秒」で与えられていますので、列車の速さを秒速に直します。

特急列車　毎時 90 km → 毎時 90000 m → 毎秒 90000 ÷ 60 ÷ 60 = 25 (m)
普通列車　毎時 72 km → 毎時 72000 m → 毎秒 72000 ÷ 60 ÷ 60 = 20 (m)

ここで、両者の長さの和を L とすると、追い越しにかかった時間が 27 秒であることから、次のように求められます（基本事項 2 − iii）。

$$L = 27 \times (25 - 20)$$
$$= 135 \ (m)$$

これより、すれ違いにかかる時間を t 秒とすると、次のように方程式が立ちます（基本事項 2 − ii）。

$$135 = t (25 + 20)$$
$$45t = 135 \quad \therefore t = 3$$

よって、3 秒とわかり、正解は肢 2 です。

別解

解説と同様に、すれ違いにかかる時間を t 秒とすると、速さの差と和の関係 （基本事項2−iv）より、次のような方程式が立ちます。

$$t : 27 = (90 - 72) : (90 + 72)$$
$$t : 27 = 18 : 162$$
$$t : 27 = 1 : 9$$

内項の積＝外項の積より

$$9t = 27 \quad \therefore t = 3$$

速さの「差：和」だけなら、時速のままでもOK！

➡ 正解 2

PLAY 5 通過算の問題

国家一般職（高卒）2014

　長さ240mの列車Aと長さ120mの列車Bがトンネルの両側から同時に入った。列車Aの最前部がトンネルに入ってから最後部がトンネルに入るまでに10秒かかった。両列車がトンネル内ですれ違い始めてからすれ違い終わるまでに9秒かかり、その後、列車Aは15秒後に、列車Bは45秒後に、それぞれ最前部がトンネルの出口に到達した。このとき、トンネルの長さは何mか。ただし、両列車の速さはそれぞれ一定であるものとする。

1. 1,280 m
2. 1,360 m
3. 1,440 m
4. 1,520 m
5. 1,600 m

列車が進んだ距離を間違えないよう、図を描いてみるといいかな。

　長さ240mの列車Aが、最前部がトンネルに入ってから最後部がトンネルに入るまでに進んだ距離は、図1の上図から下図のように表され、列車の長さである240mとわかります。

図1

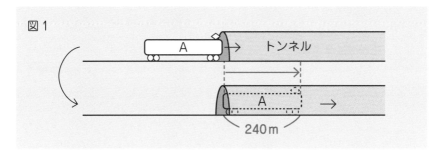

　これより、列車Aは、240m進むのに10秒かかったので、速さは、240 ÷ 10 = 24（m/秒）となります。

　また、長さ120mの列車Bとすれ違うのに9秒かかったので、列車Bの速さを秒速 v m とすると、通過算のすれ違いの公式（基本事項2－ⅱ）より、次のような方程式が立ちます。

$$240 + 120 = 9(24 + v)$$
かっこをはずして
$$360 = 216 + 9v$$
$$9v = 144 \quad \therefore v = 16$$

　よって、列車Bの速さは秒速16mとなります。

　ここで、両者がすれ違い終わってから、それぞれの最前部がトンネルの出口に到達するまでに進んだ距離を、図2のように表します。

図2

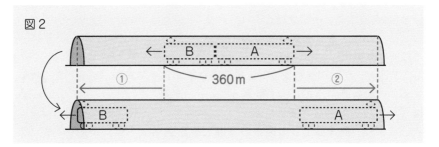

　図2の①は、列車Bが45秒で進んだ距離、②は列車Aが15秒で進んだ距離ですから、それぞれ次のようになります。

　　　① 16m/秒 × 45秒 = 720m
　　　② 24m/秒 × 15秒 = 360m

トンネルの長さは、図2のように、①＋360m ＋②ですから、720＋360＋360＝1440（m） となり、正解は肢3です。

AとBの長さの和だよ！

⇨ 正解3

流水算の問題　　　　　　　　　　　　海上保安学校など 2019

　ある川において、ある人がモーターボートに乗って、上流側のA地点と下流側のB地点の間を往復している。モーターボートがA地点からB地点まで川の流れに乗って移動するのにかかった時間が12秒、B地点からA地点まで川の流れに逆らって移動するのにかかった時間が84秒であったとき、モーターボートのエンジンを切って川の流れの速さのみでA地点からB地点まで移動するのにかかる時間はいくらか。

　ただし、川の流れの速さ及び流れのない水面でモーターボートが移動する速さはそれぞれ一定であるものとする。

1. 28秒　　　2. 36秒　　　3. 44秒　　　4. 48秒　　　5. 56秒

流水算の基本問題だよ。公式を使って解こう！

　AB間にかかった時間は、下りに12秒、上りに84秒ですから、その比は 12：84 ＝ 1：7 ですね。ここから、下りの速さ：上りの速さ＝7：1 とわかります。

距離が同じだから、速さの比は時間の比の逆比になるよね。

　これより、下りの速さを7、上りの速さを1とすると、流水算の公式（基本事項3）より、流速は（7－1）÷2＝3 と表せます。

　これより、流速は上りの速さの3倍とわかり、同じ距離にかかる時間は、上りの $\frac{1}{3}$ となりますね。

静水時の速さは（7＋1）÷2＝4 となるよ。

　よって、流速のみでAB間の移動にかかる時間は、$84 \times \frac{1}{3} = 28$（秒）となり、正解は肢1です。

⇨ 正解1

静止面上で速さが一定の水上バスが、ある川のA地点とそこから63km下流のB地点との間を往復している。この水上バスはA地点からB地点まで川を下るのに3時間を要し、B地点からA地点まで川を上るのに7時間を要する。今、水上バスのエンジンをA地点で止めたとき、A地点を出てB地点へ着くのに必要な時間はどれか。

1. 9時間
2. 9時間30分
3. 10時間
4. 10時間30分
5. 11時間

> PLAY 6 と似た問題だけど、本問は、それぞれの速さを求められるからね。

63km を進むのに、下りは3時間、上りは7時間かかることから、それぞれの速さは次のようになります。

> 下りの速さ → 63 ÷ 3 ＝ 21（km/時）
> 上りの速さ → 63 ÷ 7 ＝ 9（km/時）

ここで、流速は次のように求められます（基本事項3）。

> 流速 → （21 － 9）÷ 2 ＝ 6（km/時）

これより、エンジンを止めて、流速で進むときにかかる時間は、次のようになります。

> 流速での時間 → 63 ÷ 6 ＝ 10.5（時間）

よって、10時間30分となり、正解は肢4です。

⇨ 正解 4

　A，Bの2人は、横に並んで図のような長さ90mの動く歩道に乗って移動したところ、途中で、動く歩道の乗り口に落し物をしたことに気づいた。Aはそのまま動く歩道の降り口に向かって走り、そこから脇の通路をさらに走って乗り口まで戻った。同時にBは動く歩道を逆向きに走って乗り口に戻ったところ、2人は同時に乗り口に到着した。2人の走る速度は同じで、動く歩道の速度の3倍であるとき、2人が落し物に気づいて同時に走り出したのは、乗り口から何mの地点か。

　なお、Aが動く歩道と脇の通路間を移動する時間は考えないものとする。

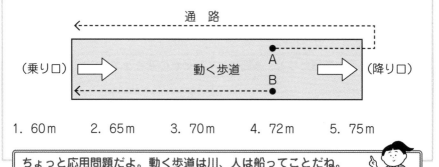

1. 60 m　　　2. 65 m　　　3. 70 m　　　4. 72 m　　　5. 75 m

ちょっと応用問題だよ。動く歩道は川、人は船ってことだね。

　動く歩道は「川」、AとBを「船」として考えると、動く歩道の速さは「流速」、2人の走る速さは「静水時の速さ」に当たります。

　条件より、流速と静水時の速さの比は1：3ですから、それぞれをv、$3v$とおくと、流水算の公式より、下りと上りの速さは次のようになります。

$$下りの速さ　→　3v + v = 4v$$
$$上りの速さ　→　3v - v = 2v$$

　ここで、2人が忘れ物に気付いたのを、乗り口からxmの地点とすると、図のように表せます。

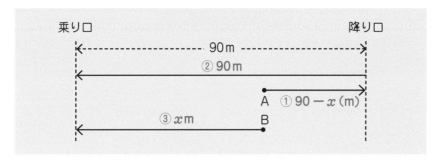

　Aは、①を下りの速さで、②を静水時の速さで進み、Bは、③を上りの速さ
で進んで、かかった時間は同じですから、ここから、次のような方程式が立ち
ます。

$$\frac{90-x}{4v} + \frac{90}{3v} = \frac{x}{2v}$$

両辺に $12v$ をかけて
$$3(90-x) + 4 \times 90 = 6x$$
かっこをはずして
$$270 - 3x + 360 = 6x$$
$$-9x = -630$$
$$\therefore x = 70$$

　よって、70mの地点とわかり、正解は肢3です。

⇨ 正解3

3時から4時までの間で、時計の長針と短針の角度が180°になるのは3時何分か。

1.　3時48$\frac{2}{11}$分

2.　3時48$\frac{7}{11}$分

3.　3時48$\frac{10}{11}$分

4.　3時49$\frac{1}{11}$分

5.　3時49$\frac{9}{11}$分

> アナログの時計は、短針と長針の追いかけっこのようなものだよね！

3時00分の長針と短針の角度は、図1のように、90°となります。

ここからx分後の3時x分に、長針と短針の角度が図2のように180°になるとすると、このx分間で長針と短針が進んだ角度は、それぞれ図に示すように、長針は$6x°$、短針は$0.5x°$となります。

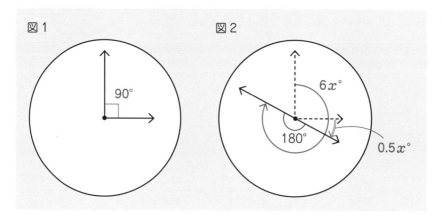

図1

図2

90°

$6x°$

180°

$0.5x°$

図2より、長針の進んだ角度は、90°と短針が進んだ角度と180°を合わせたものとわかりますので、ここで、次のような方程式が立ちます。

$$6x = 90 + 0.5x + 180$$
$$5.5x = 270$$
両辺を2倍して
$$11x = 540$$
$$\therefore x = \frac{540}{11} = 49\frac{1}{11}$$

よって、3時 $49\frac{1}{11}$ 分となり、正解は肢4です。

$\Rightarrow$ 正解 4

下図のように、時計の針が今ちょうど 10 時 15 分を指しているアナログ式の時計がある。この時計において、45 分後の 11 時までの間に長針と短針とのなす角度が 135 度になる時刻として、正しいのはどれか。

1. 10 時 29 分
2. 10 時 30 分
3. 10 時 31 分
4. 10 時 32 分
5. 10 時 33 分

もう1問、時計算の練習だよ。本問も、図を描いて考えてみて！

まず、10時15分の時点での長針と短針のなす角度を確認します。

図1のように、12時の線からアとイに分けると、イは90°となります。また、アの角度は、<u>10時30分でちょうど45°になります</u>が、10時15分の時点では45°より大きいので、ア＋イは、135°を上回っています。

9時と12時のちょうど真ん中で、90度の半分だよね。

この後は、長針と短針のなす角度はさらに広がっていきますので、135°になるのは、180°を過ぎて再び小さくなってからとわかり、<u>図2のような状態と推測できます</u>。

10時30分前後というのは、選択肢からもわかるよね。

図1

図2

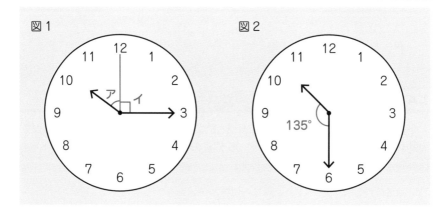

ここで、図2の状態を10時 x 分として、10時00分から長針と短針が進んだ角度を調べると、図3のようになります。

図3

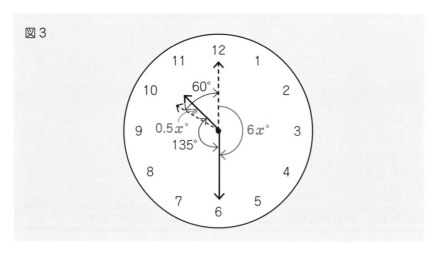

10時00分の長針と短針のなす角度は60°ですから、図3より、長針が進んだ $6x°$ と135°と60°を合わせた角度から、短針が進んだ $0.5x°$ を引くと、360°になり、ここから、次のような方程式が立ちます。

$$6x + 135 + 60 - 0.5x = 360$$
$$5.5x = 165$$
$$\therefore x = 30$$

10時30分に図1のアが45°になることから、気付いた人も多いかな!?

よって、10時30分となり、正解は肢2です。

⇨ 正解2

#10 場合の数

(頻出度 ★★★★☆) (重要度 ★★★★☆) (コスパ ★★★☆☆)

本章と #11 の「確率」は、数的推理の最頻出分野の 1 つです。まずは、「場合の数」の数え方をしっかり定着させて、次の「確率」の学習へつなげましょう。パターンはそれほど多くないので、確実に得意分野になるはずです。

基本事項

>>> 1. 和の法則と積の法則

　たとえば、数学の問題が 3 問、英語の問題が 3 問あるとき、「数学または英語の問題を 1 問選ぶ方法」は、数学を選ぶ方法が 3 通り、英語を選ぶ方法が 3 通りありますから、合わせて 3 ＋ 3 ＝ 6（通り）です。

　すなわち、それぞれの場合の数を足し算すればいいわけですね。これが和の法則です。

　しかし、もし、数学と英語の問題の中に同じ問題があった場合、そのまま足すと同じ問題を重複して数えることになり、正しく計算されません。

　ですから、和の法則が使えるのは、重複する可能性のない場合に限られます。一般的に、このことを「同時に起こりえないこと」、難しい言葉では「排反事象」といいます。

数学と英語に同じ問題があるとき、「その問題を選ぶ」ということは、「数学の問題を選ぶ」ということと「英語の問題を選ぶ」ということが同時に起こったことになるよね。

　では、次に、「数学と英語から 1 問ずつ選ぶ方法」を数えます。

　この場合、数学を選ぶ方法が 3 通りあり、それぞれの場合について、英語を選ぶ方法も 3 通りありますので、3 × 3 ＝ 9（通り）あることになります。

　図にすると、次のようになりますね。

数学 No.1 — 英語 No.1　　数学 No.2 — 英語 No.1　　数学 No.3 — 英語 No.1
　　　　　　英語 No.2　　　　　　　　英語 No.2　　　　　　　　英語 No.2
　　　　　　英語 No.3　　　　　　　　英語 No.3　　　　　　　　英語 No.3

すなわち、「数学を選び、かつ英語を選ぶ方法」は、それぞれの場合の数をかけ算すればいいわけです。これが積の法則です。

以上をまとめると、次のようになります。

Aが起こる方法が a 通り、Bが起こる方法が b 通りあるとき、
　和の法則　Aが起こる、またはBが起こる方法　→　$a + b$（通り）
　　　　　　　　　　　※ただし、AとBは同時に起こりえないこと
　積の法則　Aが起こり、かつBが起こる方法　→　$a \times b$（通り）

>>> **2. 順列の公式**

たとえば、A，B，Cの3文字を1列に並べる方法を考えます。

最初の1文字目は、3文字から1文字を選ぶ方法で3通り、2文字目は、1文字目以外の2文字から1文字を選ぶ方法で2通り、3文字目は残る1通りに決まります。

図にすると、次のようになりますね。

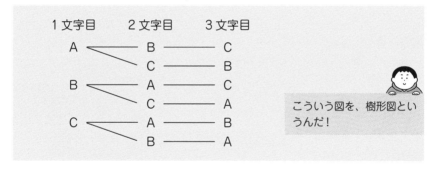

こういう図を、樹形図というんだ！

すなわち、並べ方は、$3 \times 2 \times 1 = 6$（通り）
あるとわかり、このような計算を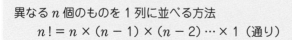「3！」と表します。

「！」は、「階乗」と読むよ！

すなわち、次のような公式となります。

異なる n 個のものを1列に並べる方法
$$n! = n \times (n-1) \times (n-2) \cdots \times 1 \text{（通り）}$$

n から始めて1個ずつ減らしながら、1までかけるんだ！

次に、たとえば、A～Eの5文字から3文字を並べる方法を考えます。

この場合も、1文字目は5通り、2文字目は4通りとかけ算すればいいので

すが、5文字すべてではなく、3文字まででいいので、5 × 4 × 3 ＝ 60（通り）
となり、このような計算を「₅P₃」と表します。

すなわち、次のような公式になります。

異なる n 個から r 個を並べる方法
$$_nP_r = n \times (n-1) \times (n-2) \times \cdots \text{（通り）}$$
r 個

>>> 3. 組合せの公式

ここでは、たとえば、A～Eの5文字から3文字を選ぶ方法を考えます。

「並べる」のではなく「選ぶ」だけですから、順番は考慮しません。

とりあえず、1文字目を選ぶ方法は5通りありますね。次いで2文字目は4
通り、3文字目は3通りと選ぶと、5 × 4 × 3 ＝ 60（通り）で、順列の計算
と同じになります。

しかし、この数え方だと、（A，B，C）という
並べ方と、（B，A，C）という並べ方はそれぞれ
別の方法として数えられていますが、いずれも同
じ3文字を選んでいますので、重複して数えてい
ることになります。

1文字目から順に選ぶと、
こうなるよね。

この他に、（A，C，B）、（B，C，A）、（C，A，
B）、（C，B，A）も、同じ3文字ですから、全
部で6通りが重複しており、これは他の組合せに
ついても同じです。

（ABC）の並べ方が6
通りあるように、たとえ
ば、（BDE）だって6
通りあるでしょ!?

すなわち、3文字の場合、その並べ方である3！
＝ 6通りだけ重複しますので、これで割って、$\dfrac{_5P_3}{3!} = \dfrac{60}{6} = 10$（通り）と

計算することになり、このような計算を「₅C₃」と表します。

すなわち、次のような公式になります。

異なる n 個から r 個を選ぶ方法
$$_nC_r = \frac{_nP_r}{r!} \text{（通り）}$$

>>> **4. 最短経路**

たとえば、図1で、AからBまでの最短経路を考えます。

図の1区間を「1本」と数えると、AからBまでは、右に3本、上に2本進めば、どのような順序でも最短経路でたどり着けます。

たとえば、（右→上→右→上→右）とか、（上→右→右→右→上）などの方法がありますね。

図1

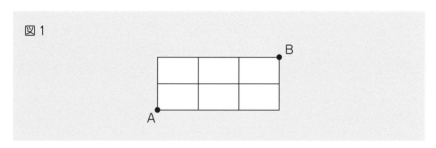

では、その方法の数え方として、各頂点に経路数を記入して調べる方法をご紹介します。

まず、図2のように、C〜Iとします。方向は右と上にしか進めませんので、Aからスタートして、C，D，Eへ行く方法は、まっすぐ右へ行く1通りだけ、F，Gへ行く方法も、まっすぐ上へ行く1通りだけです。

よって、これらの点には、図3のように、「1」と記入します。

次に、Hへ行く方法ですが、図2のCまたはFから行くことができます。

C、Fに行く方法はそれぞれ1通りですから、このいずれかからHへ行く方法は、合わせて2通りあることになり、図3のように、「2」と記入します。すなわち、CとFに記入した数字を足したものですね。

同様に、Iへ行く方法は、DまたはHから行くことができ、Dへ行く方法は1通りですが、Hへ行く方法は2通りありますので、このいずれかから行く方法は合わせて3通りとなります。よって、DとHを合わせた「3」を記入します。

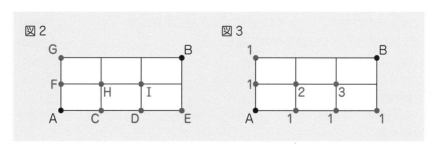

このように、下と左の頂点に記入された数字を足したものを順に記入すると、それぞれの頂点へ行く方法が何通りあるかを知ることができ、図４のように、Ｂに行く最短経路数は10通りとわかります。

図４

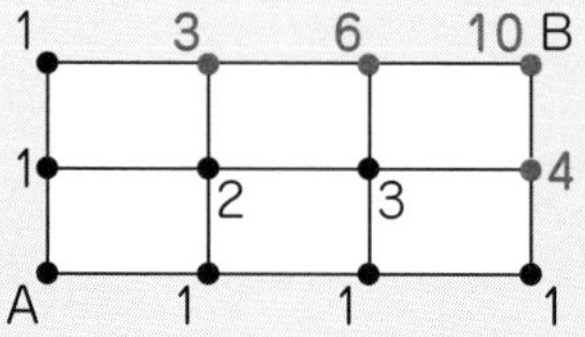

PLAY 1　**場合の数を数える問題**　刑務官 2010

赤，白，紫，黄，桃の５色のチューリップから選んで花束をつくることにした。各花束に使用するチューリップの色には次の条件がある。花束の色の組み合わせは最大で何種類つくることができるか。

○　白を使用する場合には、他の１色と組み合わせる。
○　紫を使用する場合には、他の２色と組み合わせる。
○　黄を使用する場合には、他の色は使わない。

1．６種類　2．７種類　3．８種類　4．９種類　5．10種類

条件を満たす組合せを数えよう。重複や数えもれのないようにね！

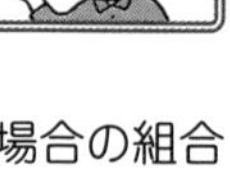

白，紫，黄を使用する場合は条件がありますので、これらを使う場合の組合せから確認します。

最も条件が厳しいのは、黄を使用する場合で、他の色は使用しませんので、黄のみの１通りです。

次に、白を使用する場合について、他の１色と組み合わせるわけですが、黄と紫は使用できませんので、赤または桃の２通りです。

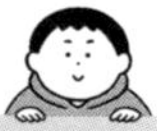

黄や紫を使う場合の条件と矛盾するからね。

また、紫を使用する場合も、黄と白は使用できませんので、条件より、赤と桃の２色と組み合わせることになり、１通りです。

ここまでを、表1のように整理します。

表1

	黄	白	紫	赤	桃
①	○	×	×	×	×
②	×	○	×	○	×
③	×	○	×	×	○
④	×	×	○	○	○

表を書きながら、
順に考えていけば
いいね。

あとは、黄，白，紫を使用しない組合せですが、赤と桃の2色の組合せと、
それぞれ1色のみの計3通りがあり、表2のようになります。

表2

	黄	白	紫	赤	桃
①	○	×	×	×	×
②	×	○	×	○	×
③	×	○	×	×	○
④	×	×	○	○	○
⑤	×	×	×	○	○
⑥	×	×	×	○	×
⑦	×	×	×	×	○

よって、全部で7通りとなり、正解は肢2です。

 正解2

書店で買物をし、一万円紙幣 2 枚、五千円紙幣 4 枚、千円紙幣 6 枚、五百円硬貨 8 枚のうち、いずれかを組み合わせて、ちょうど 22,000 円を支払うとき、紙幣及び硬貨の組み合わせは全部で何通りあるか。

1. 15 通り　　2. 16 通り　　3. 17 通り　　4. 18 通り　　5. 19 通り

まずは、最も高額な一万円紙幣を何枚使うかを決めて、残りを考えるといいかな。

一万円紙幣から順に、何枚を使うか樹形図を描きながら数えます。

まず、一万円紙幣を 2 枚使う場合、あと 2,000 円ですから、五千円紙幣は使わず、千円紙幣と五百円硬貨の組合せを考えると、図 1 の 3 通りがあります。

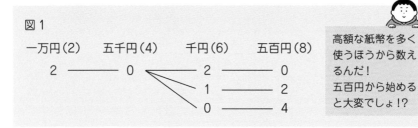

図1

高額な紙幣を多く使うほうから数えるんだ！
五百円から始めると大変でしょ!?

次に、一万円紙幣を 1 枚使う場合、あと 12,000 円ですから、五千円紙幣は 2 枚まで使えます。それぞれについて、残り金額の千円紙幣と五百円硬貨の組合せを考えると、図 2 のようになり、7 通りとなります。

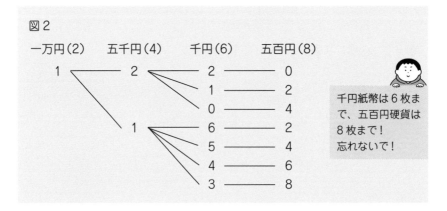

図2

千円紙幣は 6 枚まで、五百円硬貨は 8 枚まで！
忘れないで！

最後に、一万円紙幣を 0 枚の場合、五千円紙幣は 4 枚まで使えますので、同様に数えると、図 3 のように 7 通りとなります。

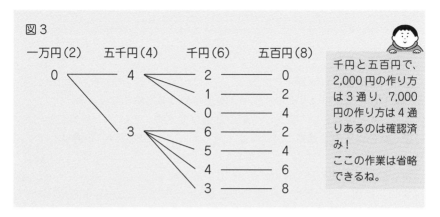

図3

| 一万円(2) | 五千円(4) | 千円(6) | 五百円(8) |

千円と五百円で、2,000 円の作り方は 3 通り、7,000 円の作り方は 4 通りあるのは確認済み！
ここの作業は省略できるね。

以上より、3 + 7 + 7 = 17（通り）となり、正解は肢 3 です。

 正解 3

PLAY 3 樹形図を描いて数える問題 警視庁 III 類 2020

横 1 列に並んだ 7 つのマス目がある。この各マス目を、赤，青，緑のいずれかの色を使って塗り、隣り合うマス目が同じ色にならないように塗り分けたい。このとき、7 つのマス目の色が左から 4 マス目を中心に左右対称になるような塗り分け方の場合の数として、最も妥当なのはどれか。ただし、赤，青，緑の色はすべて使用するものとする。

1. 15 通り　　2. 18 通り　　3. 21 通り　　4. 24 通り　　5. 27 通り

左右対称ってことは、左が決まれば右も決まるってことだよね。

図1のように、7つのマスを①～⑦とします。

図1

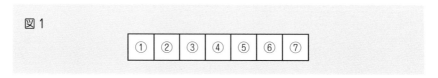

　左右対称に塗り分けるのですから、①，②，③に塗る色が決まれば、⑦，⑥，⑤も同じ色に決まりますので、①～④を塗り分ける方法を考えます。

　まず、①に塗る色は、赤、青、緑の3通りですね。そして、②に塗る色は①に塗った色以外の2通りで、③に塗る色も②に塗った色以外の2通りとなります。

　さらに、④に塗る色ですが、①～③に赤、青、緑をすべて使用した場合は、③以外の2通りですが、①～③に2色しか使っていない場合は、残る1色に決まります。たとえば、①に赤を塗った場合は、図2のようになりますね。

> 条件より、3色すべて使うことになっているからね。ここは注意が必要！

図2

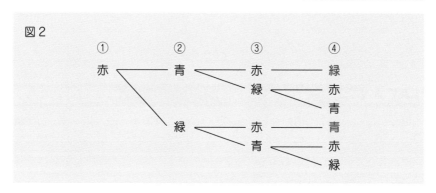

　図2より、①に赤を塗った場合で6通りの塗り分け方があるとわかり、①に青，緑を塗った場合も、同様に6通りずつあることになりますので、全部で6×3＝18（通り）となり、正解は肢2です。

⇨ 正解2

図のような、同じ大きさの正方形を五つ組み合わせた図形がある。五つの全ての正方形に、それぞれ赤か青の2色のうちどちらかを塗る場合、何通りの塗り方があるか。

ただし、回転させると同一になる塗り方は1通りと数える。

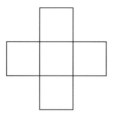

1. 6通り　　2. 10通り　　3. 12通り　　4. 14通り　　5. 20通り

回転させると同じになる塗り方を、重複して数えないようにね！

次のように、5つの正方形のうち、まん中をA、その他をBとします。

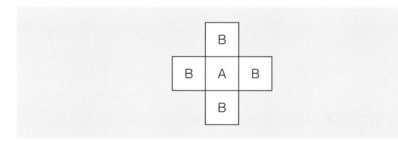

5つの正方形に赤か青を塗るので、塗る色の数の分け方は（0, 5）（1, 4）（2, 3）のいずれかとなり、ここで場合分けをします。

（ⅰ）（0, 5）の場合

5つすべてにどちらか片方の色を塗るので、「すべて赤」「すべて青」の2通りです。

（ⅱ）（1, 4）の場合

まず、1つだけ赤を塗り、残りの4つに青を塗る場合、赤を塗る1つは、図1のように、AかBの2通りです。

図1

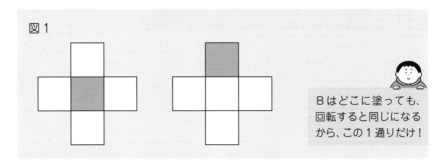

B はどこに塗っても、回転すると同じになるから、この1通りだけ！

また、1つだけ青、残りの4つに赤を塗る場合も、同様に2通りですから、計4通りとなります。

（iii）（2，3）の場合

同様に、2つだけ赤を塗り、残りの3つに青を塗る場合、赤を塗る2つは、図2のように3通りです。

図2

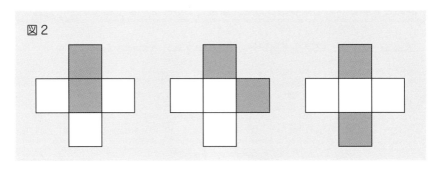

また、2つだけ青、残りの3つに赤を塗る場合も、同様に3通りですから、計6通りとなります。

以上より、全部で2＋4＋6＝12（通り）となり、正解は肢3です。

⇨ 正解3

　A，B，C，D，E，F，Gの7人が横1列に並ぶとき、AとBが隣り合う並び方の総数として、最も妥当なのはどれか。

1. 240 通り
2. 480 通り
3. 720 通り
4. 1,200 通り
5. 1,440 通り

階乗の計算と積の法則を使って解くよ。基本事項1，2は確認してくれたかな？

　AとBは隣り合うので、とりあえず、この2人を1組と考えることにします。
　すなわち、次の6個を横1列に並べることにします。

1組と5人を合わせて「6個」としておくよ！

　　　（AB），C，D，E，F，G

この段階では、6個の並べ方は次のようになります。

　　　6！＝6×5×4×3×2×1＝720（通り）

　さらに、AとBについて、2人の並び方を考えると、（A，B）と（B，A）の2通りがありますので、6個を並べ、さらに、AとBの並べ方を考える方法は、積の法則（基本事項1）より、次のようになります。

ひとまとめにされているけど、実際は2人だからね！

　　　720×2＝1440（通り）

　よって、正解は肢5です。

　　　　　　　　　　　　　　　　　　　　　　⇨ 正解5

　　ある陸上部において、駅伝チームを一つつくることを考えた。10 区間ある駅伝コースを走る場合の各区間の走者の組合せの数は、9 区間ある場合の各区間の走者の組合せの数の 4 倍である。この陸上部の部員は全部で何人いるか。

　　なお、部員はどの区間でも走ることができるが、1 回の駅伝で二つ以上の区間を走ることはできない。

1. 10 人　　　 2. 11 人　　　 3. 12 人　　　 4. 13 人　　　 5. 14 人

本問は、P の公式の出番かな！

　　部員の数を n 人とすると、10 区間の走者の組合せは、1 区→2 区→…→10 区と順に選ぶ方法ですから ${}_nP_{10}$ 通り、9 区間の場合は ${}_nP_9$ 通りで、それぞれ次のような計算になります。

問題に「組合せ」と書かれているけど、1 区は誰、2 区は誰…と決めるので、実際は「順列」の計算だよ。

$${}_nP_{10} = n \times (n-1) \times (n-2) \times \cdots \times (n-8) \times (n-9) \quad \cdots①$$
$${}_nP_9 = n \times (n-1) \times (n-2) \times \cdots \times (n-8) \qquad\qquad \cdots②$$

①と②を比較すると、① ＝ ② × $(n-9)$ とわかります。
条件より① ＝ ② × 4 ですから、次のようになります。

$$② \times (n-9) = ② \times 4$$
両辺を②で割って
$$n - 9 = 4$$
$$\therefore n = 13$$

よって、部員は 13 人となり、正解は肢 4 です。

⇨ 正解 4

赤玉が３個、青玉が２個、白玉が１個ある。これら６個の玉を図のような
A〜Fの箱に１個ずつ入れていくとき、入れ方は全部で何通りあるか。

A	B	C	D	E	F

1. 36 通り
2. 48 通り
3. 60 通り
4. 72 通り
5. 120 通り

本問は、Cの公式の出番だね！

　まず、A〜Fの６箱から３箱を選んで赤玉を入れ
ると、その方法は、$_6C_3$ 通りです。

　次に残る３箱から２箱を選んで青玉を入れると、
その方法は $_3C_2$ 通りです。

白を入れる１箱を選ん
でもOK！
$_3C_2 = {}_3C_1 = 3$ 通り

　最後に残った１箱には白玉を入れますので、赤玉
を入れる箱を選び、さらに青玉を入れる箱を選ぶ方
法は、積の法則より次のようになります。

$$_6C_3 \times {}_3C_2 = \frac{6 \times 5 \times 4}{3 \times 2 \times 1} \times \frac{3 \times 2}{2 \times 1} = 20 \times 3 = 60 \,（通り）$$

　よって、正解は肢３です。

⇨ 正解3

次の図のように、平面上で 3 本の平行線と 5 本の平行線が交わっているとき、図中にある平行四辺形の個数として、最も妥当なのはどれか。

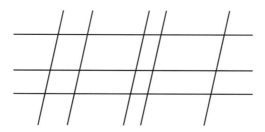

1. 28 個　　2. 30 個　　3. 36 個　　4. 42 個　　5. 48 個

図形の問題だけど、組合せの公式で簡単に解ける定番問題だよ！

図のように、3 本の平行線を①〜③、5 本の平行線を A 〜 E とします。

平行四辺形は、①〜③のうちの 2 本と、A 〜 E のうちの 2 本の組合せで構成されています。

たとえば、図の色の付いた平行四辺形は、①と③、B と D の組合せで構成されていますね。

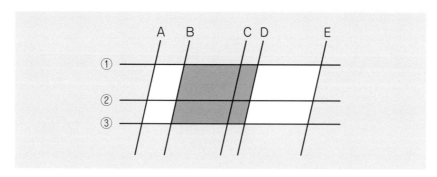

そうすると、平行線の組合せの分だけ平行四辺形があることになりますので、①〜③から 2 本選び、さらに、A 〜 E から 2 本選ぶ方法を、積の法則から計算して、次のようになります。

$$_3C_2 \times {_5}C_2 = 3 \times \frac{5 \times 4}{2 \times 1} = 3 \times 10 = 30 \ (個)$$

よって、正解は肢2です。

 正解2

余事象の場合の数から求める問題　　　海上保安学校など 2011

　1～9の番号が付けられた右の図のような縦3列，横3列のマス目がある。3個の白玉を、それぞれ別々のマス目の中に入れるとき、その3個が縦，横，斜めのいずれにも一直線に並んでいないような入れ方は、図の例示も含め何通りあるか。

1 ◯	2	3
4 ◯	5 ◯	6
7	8	9

1. 34 通り
2. 48 通り
3. 62 通り
4. 76 通り
5. 104 通り

「そうじゃないほう」＝余事象（#11 基本事項 3）を考えることは、場合の数の問題にもときどきあるよ。

　一直線に並んでいない入れ方より、一直線に並んでいる入れ方のほうが考えやすいので、3個の玉の入れ方の全ての方法から、一直線に並んでいる入れ方を引いて求めます。

　まず9個のマス目から3個を選んで白玉を入れる方法は、次の通りです。

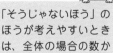

「そうじゃないほう」のほうが考えやすいときは、全体の場合の数からそっちを引いたほうが楽チン。

$$_9C_3 = \frac{9 \times 8 \times 7}{3 \times 2 \times 1} = 84（通り）$$

このうち、一直線に並んでいる入れ方は、次の通りです。

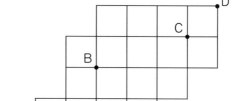

たてに３個並ぶ方法 　→ 　３通り

よこに３個並ぶ方法 　→ 　３通り 　計８通り

対角線に３個並ぶ方法 　→ 　２通り

たて、よことも
３列あるからね！

よって、求める方法は、84 − 8 = 76（通り）で、正解は肢 4 です。

正解 4

PLAY 10   最短経路を数える問題

次の図において、Ａ点から、Ｂ点、Ｃ点を必ず通って、Ｄ点に行く最短経路
は何通りあるかについて、最も妥当なのはどれか。

1. 20 通り
2. 40 通り
3. 48 通り
4. 50 通り
5. 60 通り

このタイプは解法を知っているかどうかが重要！ 基本事項４の
数え方に従って作業しよう。

各頂点に経路数を記入していきましょう（基本事項４）。

Ａ→Ｂ→Ｃ→Ｄですから、考えるのは次図のグレーの範囲だけですね。

Ａの上と右の頂点に「１」と記入し、あとは左の数と下の数を足していきま
す。

左または下のうち片方しかないときは、その片方の数をそのまま写して、Ｄ
まで記入すると、次のようになります。

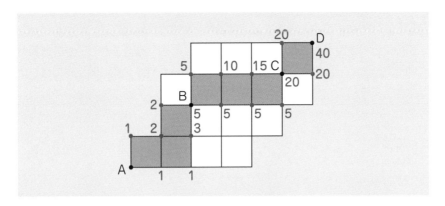

これより、40通りとわかり、正解は肢2です。

正解2

アドバイス

A→Bが5通り
B→Cが4通り
C→Dが2通り

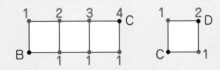

これを、積の法則でかけ算して、5 × 4 × 2 = 40（通り）でもOK！

　図のような道路がある町において、道路を進む際、進むことのできる道路の方向が東方向、北方向及び北東方向の 3 方向に限られるとき、図の A 地点から B 地点を経由して C 地点へ行く道順は何通りあるか。

1. 65 通り
2. 78 通り
3. 84 通り
4. 91 通り
5. 98 通り

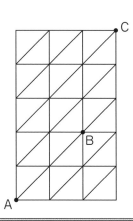

> ちょっと複雑になるけど、基本的な考え方は一般的な問題と同じ。ケアレスミスのないようにね！

　本問も、A → B → C ですから、図のグレーの範囲で、各頂点に経路数を記入していきます。

　A の右（東）と上（北）の各頂点に「1」と記入し、そこから先は、左（西）と、下（南）と、もうひとつ、左下（南西）から来る方法がありますので、この 3 つの数字を足していきます。

　まず、図の P には、下、左、そして、A から来る方法がありますので、全部で「3」、その上の Q も同様に、3 ＋ 1 ＋ 1 で「5」と記入します。R も同様ですね。

　そうすると、B へは、5 ＋ 5 ＋ 3 で「13」の方法があり、B の右と上に「13」を写します。

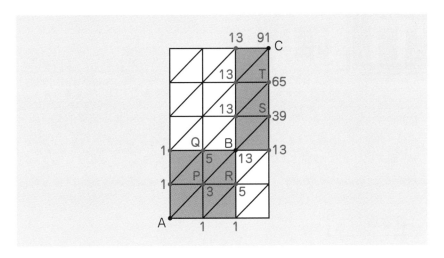

さらに、図の S は、13 + 13 + 13 で「39」、同様に、T は「65」、C は「91」と記入され、求める方法は 91 通りとわかり、正解は肢 4 です。

⇨ 正解 4

この町に住んでいる人は、どうやって家に帰るんだろう…？

#11 確率

(頻出度 ★★★★★) (重要度 ★★★★★) (コスパ ★★★★☆)

数的推理の最頻出分野です。ほとんどの問題は定義通りに計算するか、加法定理、乗法定理を使う問題ですが、独立試行や期待値など特殊な問題もたまに出題があります。ここは、数多くの問題を解いて、計算に慣れるようにしましょう。

基本事項

>>> 1. 確率の定義

たとえば、サイコロを 1 回振って 3 の倍数の目が出る確率を考えます。

まず、サイコロを 1 回振ったときの目の出方は 1 〜 6 の 6 通りで、その 6 通りはいずれも同じ確率で現れます。この「同じ確率で現れる」ことを「同様に確からしい」といいます。

このように、同様に確からしい 6 通りの中で、3 の倍数の目の出方は、「3」と「6」の 2 通りですから、求める確率は、6 通りのうちの 2 通りが起こる確率で、$\frac{2}{6} = \frac{1}{3}$ となります。

すなわち、「確率」とは、次のような定義になります。

> ある事柄が起こりうる方法が全部で N 通りあり、これらが同様に確からしいとき、そのうち、A という事柄が起こる方法が a 通りあるとすると、A が起こる確率は $\frac{a}{N}$ である。

>>> 2. 加法定理と乗法定理

たとえば、赤玉 1 個、青玉 2 個、白玉 4 個の計 7 個の玉が入った袋から玉を 1 個取り出すとき、赤玉を取り出す確率は $\frac{1}{7}$、青玉を取り出す確率は $\frac{2}{7}$、白玉を取り出す確率は $\frac{4}{7}$ ですね（158 ページアドバイス参照）。

場合の数の「和の法則」「積の法則」の確率バージョンだよ！

ここで、「赤玉または白玉を取り出す確率」を考えると、赤玉と白玉で計5個ですから、$\frac{5}{7}$ となりますが、それぞれの確率を足し算して、$\frac{1}{7} + \frac{4}{7} = \frac{5}{7}$ と求めることもできます。これが確率の加法定理です。

　この場合も、場合の数の「和の法則」と同様に、「同時に起こりえないこと」に限られます。玉を1個だけ取り出すとき、「赤玉を取り出す」と「白玉を取り出す」が同時に起こる可能性はありませんよね。

　では、次に、同じ袋から玉を1個取り出し、それを袋に戻して、続けてもう1個取り出すとき、「2回とも青玉を取り出す確率」を考えます。

　玉の取り出し方は、1回目が7通り、2回目も7通りですから、7 × 7 = 49（通り）で、これらは同様に確からしいです。

　そのうち青玉は2個ですから、その取り出し方は、1回目が2通り、2回目も2通りで、2 × 2 = 4（通り）となります。

　よって、求める確率は、$\frac{4}{49}$ となりますが、この場合も、1回目に青玉を取り出す確率 $\frac{2}{7}$ と、2回目に青玉を取り出す確率 $\frac{2}{7}$ をかけ算して、$\frac{2}{7} \times \frac{2}{7} = \frac{4}{49}$ と求めることもできます。これが確率の乗法定理です。

　以上をまとめると、次のようになります。

> 　Aが起こる確率が a、Bが起こる確率が b であるとき、
> 　　加法定理　Aが起こる、またはBが起こる確率　→　$a + b$
> 　　　　　　　　　　　※ただし、AとBは同時に起こりえないこと
> 　　乗法定理　Aが起こり、かつBが起こる確率　→　$a \times b$

>>> 3. 余事象の確率

　ある事柄が「起こる」に対して、「起こらない」ことを余事象といいます。

　たとえば、前述の例で「青玉を取り出す」の余事象は、「青玉を取り出さない」つまり「赤玉または白玉を取り出す」ことになります。

　青玉を取り出す確率は $\frac{2}{7}$、赤玉または白玉を取り出す確率は $\frac{5}{7}$ で、合わせると $\frac{2}{7} + \frac{5}{7} = 1$ となるように、ある事柄の確率とその余事象の確率は足すと「1」になります。

「1」って、つまり「100%」のことね！

　すなわち、「1」から余事象の確率を引くことでも、その事柄の確率は求めら

れますので、**余事象のほうが簡単に計算できるときは、「1 − 余事象の確率」で求めたほうが早い**わけです。

>>> 4. 反復試行の公式

たとえば、「じゃんけんを 3 回して 2 回だけ勝つ確率」を考えます。

1 回のじゃんけんで、「勝つ確率」は $\frac{1}{3}$ 、負ける確率とあいこの確率もそれぞれ $\frac{1}{3}$ ですから、「勝たない確率」は $\frac{2}{3}$ です。

3 回のうち 2 回だけ勝つ方法は、3 回から 2 回を選ぶ方法で $_3C_2 = 3$ （通り）ありますが、「勝つ」を○、「勝たない」を×とすると、それぞれの確率は次のようになります。

	1回目	2回目	3回目		
①	○	○	×	→	$\frac{1}{3} \times \frac{1}{3} \times \frac{2}{3} = \frac{2}{27}$
②	○	×	○	→	$\frac{1}{3} \times \frac{2}{3} \times \frac{1}{3} = \frac{2}{27}$
③	×	○	○	→	$\frac{2}{3} \times \frac{1}{3} \times \frac{1}{3} = \frac{2}{27}$

求めるのは、①または②または③のいずれかが起こる確率であり、①～③は同時に起こりえませんから、加法定理より、$\frac{2}{27} + \frac{2}{27} + \frac{2}{27} = \frac{6}{27} = \frac{2}{9}$ となります。

しかし、①～③の 3 通りはいずれも同じ確率であり、勝つ確率 2 回と、勝たない確率 1 回をかけ合わせたものです。

ということは、3 通りの中の 1 通りの確率を 3 倍して、$\frac{1}{3} \times \frac{1}{3} \times \frac{2}{3} \times 3$ のように計算することもできますね。

ここで、この計算にある、勝つ確率 2 回の「$\frac{1}{3} \times \frac{1}{3}$」は、$\left(\frac{1}{3}\right)^2$ と表せます。

また、勝たない確率「$\frac{2}{3}$」は、「1 − 勝つ確率」で、その回数は、3 回から「勝つ」ほうの 2 回を引いたものです。

「2 回以上」じゃなく、「2 回だけ」ね。

156

さらに、最後にかけた「3」は、${}_3C_2 = 3$ 通りですが、これを前に移動すると次のように表せます。

> 確率 $\dfrac{1}{3}$ で起こる「勝つ」ということが、3 回のうち 2 回起こる確率
>
> $\rightarrow$ ${}_3C_2 \times \left(\dfrac{1}{3}\right)^2 \times \left(1 - \dfrac{1}{3}\right)^{3-2}$

> 反復試行というのは、じゃんけんなどのように、常に一定の確率で起こることを何度か繰り返すってこと。

　これより、一般的に次のような公式が導け、これを<u>反復試行の公式</u>といいます。

> 確率 a で起こるAということが、n 回のうち r 回起こる確率
>
> ${}_nC_r \times a^r \times (1 - a)^{n-r}$

>>> 5. 期待値

　たとえば、じゃんけんを 1 回して、勝ったら 1000 円、あいこなら 400 円、負けても 100 円がもらえるとします。

　このとき、1 回のじゃんけんでもらえる金額の平均値を「期待値」といい、「それぞれの金額 × その金額がもらえる確率」の和で求めます。

　すなわち、次のような計算になります。

$$
\begin{aligned}
& 1000 \times \frac{1}{3} + 400 \times \frac{1}{3} + 100 \times \frac{1}{3} \\
=& \frac{1}{3}(1000 + 400 + 100) \\
=& \frac{1}{3} \times 1500 \\
=& 500 \text{（円）}
\end{aligned}
$$

　これより、期待値は 500 円となります。

　このじゃんけんを 1 回だけでなく、何度も繰り返して行うと、1 回につき平均で 500 円もらえることがわかるでしょう。

　このように、期待値とは、ある事柄を行ったとき、その結果として期待される平均の値をいい、「得られる値 × 確率」の和で求められます。

たとえば、赤玉1個、青玉2個、白玉4個の計7個の玉が入った袋から玉を1個取り出すのって、場合の数を勉強したときは、同じ色の玉は基本的に区別しなかったでしょ!?

　だったら、玉の取り出し方は「7通り」じゃなくて、赤、青、白の「3通り」かな?

　でも、そうすると、赤を取り出す確率は、3通りの中の1通りだから $\frac{1}{3}$?

　なんかおかしいよね?

　つまり、赤、青、白は個数がちがうから、それぞれの色を取り出す確率がちがうんだ。

　そう! 同様に確からしくないんだね。

　だから、「確率」を計算するときは、同じ色の玉でもとりあえず区別して「7通り」にする! そうすると、どの玉も取り出す確率は同様に確からしくなるでしょ。そして、青を取り出す方法は「2通り」、これも2個の青玉を同じように区別してやるんだ!

　確率は、「基本事項1」にあるように $\frac{a}{N}$ で求めるけど、「全部」のN通りも、「Aという事柄」の a 通りも、同じ条件で数えればOKってこと!

ある学校では、A，B，Cの三つのクラスからそれぞれ2人，3人，5人の合計10人が、地域行事に参加し、行事終了後に3人が感想文を書くこととなった。この3人を決めるため、10本中3本が当たりであるくじを10人が同時に引くこととした。このとき、当たりくじを引いた3人のうち、ちょうど2人だけが同じクラスとなる確率はいくらか。

1. $\dfrac{13}{24}$ 2. $\dfrac{23}{40}$ 3. $\dfrac{5}{8}$ 4. $\dfrac{79}{120}$ 5. $\dfrac{2}{3}$

> まず、10人から3人を選ぶ方法が全部で何通りあるか調べよう。

10人から3人を選ぶ方法は、次のようになります。

$$_{10}C_3 = \frac{10 \times 9 \times 8}{3 \times 2 \times 1} = 120 \text{（通り）}$$

この120通りは、同様に確からしいですね。

そして、このうち、ちょうど2人だけが同じクラスになる方法を数えます。

まず、Aクラスが2人の場合、Aクラスは2人しかいませんので、この2人と、BまたはCクラスの8人のうちの1人を組み合わせる方法ですから、8通りとなります。

次に、Bクラスが2人の場合、Bクラス3人のうちの2人と、AまたはCクラスの7人のうちの1人を組み合わせる方法で、次のようになります。

$_3C_2 = _3C_1 = 3$通りだったよね！

$$_3C_2 \times 7 = 3 \times 7 = 21 \text{（通り）}$$

そして、Cクラスが2人の場合、Cクラス5人のうち2人と、AまたはBクラスの5人のうち1人を組み合わせる方法で、次のようになります。

$$_5C_2 \times 5 = \frac{5 \times 4}{2 \times 1} \times 5 = 10 \times 5 = 50 \text{（通り）}$$

これより、ちょうど2人だけが同じクラスとなる方法は、8 + 21 + 50 = 79（通り）となります。

よって、求める確率は、$\dfrac{79}{120}$ となり、正解は肢 4 です。

 正解 4

PLAY 2 場合の数から確率を求める問題　　　東京都Ⅲ類 2013

　1〜9 の数字を書いたカードが 1 枚ずつある。これらの 9 枚のカードから同時に 2 枚を取り出し、数字の大きい順に左から右に並べて 2 桁の整数をつくるとき、その整数が奇数となる確率として、正しいのはどれか。

1. $\dfrac{4}{9}$　　　2. $\dfrac{1}{2}$　　　3. $\dfrac{5}{9}$　　　4. $\dfrac{11}{18}$　　　5. $\dfrac{2}{3}$

> 本問も、まずは全部で何通りあるか調べよう。奇数は、一の位が奇数になる数だよね。

　カードを 2 枚選んだ時点で、それを大きいほうから並べてできる整数は 1 つに決まりますから、カードの選び方の分だけ整数を作ることができ、その方法は次のようになります。

$$_9C_2 = \dfrac{9 \times 8}{2 \times 1} = 36 \text{（通り）}$$

　この 36 通りは、同様に確からしいですね。
　整数が奇数になるのは、一の位が奇数であればいいので、2 枚のうち小さいほうが奇数になる方法を数えます。
　1〜9 のうち、奇数は 1，3，5．7，9 の 5 つですが、小さいほうが 9 になることはないので、その他の 4 つについて数えると、次のようになります。

　　　一の位が「1」→　21　31　41　51　61　71　81　91
　　　一の位が「3」→　43　53　63　73　83　93
　　　一の位が「5」→　65　75　85　95
　　　一の位が「7」→　87　97

2 つずつ減っていくのがわかるよね！

これより、全部で 20 通りとなります。

よって、求める確率は、$\frac{20}{36} = \frac{5}{9}$ となり、正解は肢 3 です。

⇨ 正解 3

PLAY 3 場合の数から確率を求める問題 　　　　　　　警視庁 III 類 2019

　1 〜 4 の異なる自然数が各面に一つずつ書かれた正四面体のサイコロを 3 回振ったとき、底面に書かれている数の和が素数になる確率として、最も妥当なのはどれか。

1. $\dfrac{7}{64}$　　　2. $\dfrac{13}{64}$　　　3. $\dfrac{1}{4}$　　　4. $\dfrac{19}{64}$　　　5. $\dfrac{11}{32}$

本問も、何通りあるかを数えて確率を計算するよ。少し慣れてきたかな。

　正四面体のサイコロを 3 回振ったときの底面の数の組合せは、次のようになります。

> 1 回目　　2 回目　　3 回目
> 　4　×　　4　×　　4　＝　64（通り）

　この 64 通りは同様に確からしいですね。
　底面の和は、最小で 3、最大で 12 ですから、この間の素数は、3，5，7，11 の 4 つで、それぞれ何通りあるかを数えます。

（1）底面の和が 3 の場合
　（1 回目，2 回目，3 回目）＝（1，1，1）の 1 通りですね。

（2）底面の和が 5 の場合
　和が 5 になる組合せは、（1，1，3）（1，2，2）の 2 通りです。

その順番を考えると、（1，1，3）の場合、「3」が何回目に現れるかで3通り、（1，2，2）も場合も、「1」が何回目に現れるかで3通りあり、合わせて6通りの方法があります。

（1回目，2回目，3回目）
= (3, 1, 1)
   (1, 3, 1)
   (1, 1, 3)
の3通りだね。
全体の64通りには、これらが別々にカウントされているからね。

（3）底面の和が7になる場合

和が7になる組合せは、（1，2，4）（1，3，3）（2，2，3）の3通りです。

（1，2，4）の場合、1～3回目にこれらを並べる方法は、3！＝6（通り）あり、（1，3，3）の場合は、「1」が何回目かで3通り、（2，2，3）も同様に3通りあり、合わせて12通りの方法があります。

（4）底面の和が11になる場合

和が11になる組合せは、（3，4，4）のみで、「3」が何回目かで3通りの方法があります。

以上より、底面の和が素数になる方法は、1 ＋ 6 ＋ 12 ＋ 3 ＝ 22（通り）となります。

よって、求める確率は、$\dfrac{22}{64} = \dfrac{11}{32}$ となり、正解は肢5です。

$\Rightarrow$ 正解5

4個の白球と3個の赤球の合計7個の球が入った袋があり、AとBの2人が交互に袋から球を1つずつ取り出して、最初に白球を取り出した方を勝ちとするゲームを行う。はじめにAが球を取り出した場合、Bが勝つ確率として正しいのはどれか。ただし、取り出した球は元の袋に戻さないものとする。

1. $\dfrac{6}{35}$ 2. $\dfrac{2}{7}$ 3. $\dfrac{11}{35}$ 4. $\dfrac{3}{7}$ 5. $\dfrac{4}{7}$

> まず、乗法定理に従って確率をかけ算し、最後に加法定理に従ってたし算するという典型的なパターンだよ。

Bが勝つためには、Aが赤球を取り出して、Bに順番が回ってこなければなりません。

まず、最初にAが、7個の球から赤球を取り出し、次にBが、残る6個から白球を取り出して勝つ確率は次の通りです。

乗法定理（基本事項2）で、かけ算だ！

$$\underset{\text{A赤}}{\dfrac{3}{7}} \times \underset{\text{B白}}{\dfrac{4}{6}} = \dfrac{2}{7} \quad \cdots ①$$

また、最初にAが赤球を取り出し、次にBも赤球を取り出しても、赤球はまだ1個ありますから、この赤球をAが取り出せば、次にBが白球を取り出して勝つことができます。

このような確率は次の通りです。

$$\underset{\text{A赤}}{\dfrac{3}{7}} \times \underset{\text{B赤}}{\dfrac{2}{6}} \times \underset{\text{A赤}}{\dfrac{1}{5}} \times \underset{\text{B白}}{\dfrac{4}{4}} = \dfrac{1}{35} \quad \cdots ②$$

Bが勝つ方法は①，②の2通りだけで、このうちのいずれかが起こる確率は、次のようになります。

加法定理（基本事項2）で、たし算だ！
①，②は、同時に起こりえないことも確認してね！

$$\dfrac{2}{7} + \dfrac{1}{35} = \dfrac{10+1}{35} = \dfrac{11}{35}$$

よって、正解は肢3です。

正解 3

　A，B，Cの3人がいる。このうちAとBの2人がじゃんけんを行い、1回ごとのじゃんけんの結果に従って、次のように1個の風船をやりとりしていくこととした。

　○　Aが勝った場合：Aが風船を持っていれば、Bに渡す。
　○　Bが勝った場合：Bが風船を持っていれば、Cに渡す。
　○　引き分けの場合：Cが風船を持っていれば、Aに渡す。

　はじめに風船を持っているのがAであるとき、じゃんけん及び風船のやりとりを2回終えた時点の状況に関する記述として最も妥当なのはどれか。
　ただし、じゃんけんの勝ち、負け、引き分けはそれぞれ等しい確率で生ずるものとする。

1.　Aが風船を持っている確率は、Bよりも大きい。
2.　Cが風船を持っていることはない。
3.　Bが風船を持っている確率は $\frac{1}{3}$ である。
4.　AかBのどちらかが風船を持っている確率は $\frac{2}{3}$ である。
5.　Cが風船を持っている確率は $\frac{1}{9}$ である。

　まずは、条件から、やり取りの方法を確認しよう。

　初めにAが風船を持っていますので、条件より、Aが勝てばBに渡し、それ以外の場合は移動しませんので、1回目のじゃんけんのあと、風船を持っているのはAまたはBです。
　Bが持っている場合、Bが勝てばCに渡し、それ以外の場合は移動しませんから、2回のじゃんけんで風船のやりとりは、次の4通りがあります。

```
A ————— B ————— C    …①
                └─── B    …②
        A ————— B    …③
                └─── A    …④
```

では、①〜④それぞれの確率を計算します。じゃんけんで勝つ確率は $\dfrac{1}{3}$、
それ以外（負けまたは引き分け）の確率は $\dfrac{2}{3}$ ですから、それぞれ次のように
なります。

① A○　　　B○

$$\dfrac{1}{3} \times \dfrac{1}{3} = \dfrac{1}{9}$$

② A○　　　B×△

$$\dfrac{1}{3} \times \dfrac{2}{3} = \dfrac{2}{9}$$

③ A×△　　A○

$$\dfrac{2}{3} \times \dfrac{1}{3} = \dfrac{2}{9}$$

④ A×△　　A×△

$$\dfrac{2}{3} \times \dfrac{2}{3} = \dfrac{4}{9}$$

ここで、2回終えた時点の状況を、次のように確認します。

Aが風船を持っている確率 → ④のみで $\dfrac{4}{9}$

Bが風船を持っている確率 → ②または③で $\dfrac{2}{9} + \dfrac{2}{9} = \dfrac{4}{9}$

Cが風船を持っている確率 → ①のみで $\dfrac{1}{9}$

これより、選択肢を検討すると、正解は肢5となります。

⇨ 正解5

　A〜Fの６人で図のようなトーナメント戦を行う。A〜Fは、①〜⑥の互いに異なる数字が書かれた６枚のカードをA〜Fの順番に１枚ずつ引き、対戦の組合せを決めた。このとき、AとBが２回戦で対戦する確率はいくらか。

　ただし、全ての対戦における勝敗の確率は $\dfrac{1}{2}$ であるものとし、また、⑤, ⑥のカードを引いた者は２回戦から対戦するものとする。

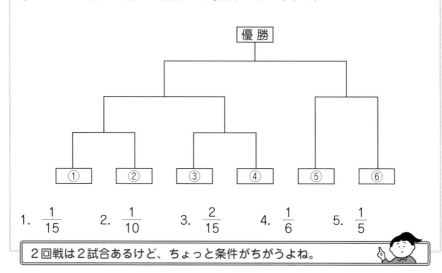

1. $\dfrac{1}{15}$　　2. $\dfrac{1}{10}$　　3. $\dfrac{2}{15}$　　4. $\dfrac{1}{6}$　　5. $\dfrac{1}{5}$

> ２回戦は２試合あるけど、ちょっと条件がちがうよね。

　２回戦は、トーナメント図の左ブロック（①〜④）と右ブロック（⑤, ⑥）で１試合ずつあり、このどちらかでAとBが対戦する確率を考えます。

　計算が簡単なのは右ブロックのほうですから、ここから先に検討しましょう。

（1）AとBが右ブロックの２回戦で対戦する場合

　AとBが⑤と⑥のカードを引けば、いきなり２回戦での対戦になります。

　①〜⑥から２枚のカードを選ぶ組合せは、$_6C_2$ $= \dfrac{6 \times 5}{2 \times 1} = 15$（通り）で、これらは同様に確からしいですね。（⑤, ⑥）はその中の１通りですから、AとBがこの組合せを引いて対戦する確率は $\dfrac{1}{15}$ となります。

> カードを引く順番を考える必要はないよ。A〜Fは同じ条件だから、２人が引くカードの組合せだけ考えればOK！

(2) AとBが左ブロックの2回戦で対戦する場合

AとBの一方が①または②、一方が③または④のカードを引くことになり、このようなカードの組合せは、2 × 2 ＝ 4（通り）あります。カードの組合せは全部で15通りですから、AとBがこの4通りのいずれかの組合せになる確率は $\frac{4}{15}$ です。

さらに、この場合は、2人とも1回戦から出場しますので、それぞれが1回戦に勝って2回戦に進むことになり、このような確率は次のようになります。

$$\frac{4}{15} \times \frac{1}{2} \times \frac{1}{2} = \frac{1}{15}$$

（1）と（2）は同時に起こりえませんから、このうちのいずれかは起こる確率は、次のようになります。

$$\frac{1}{15} + \frac{1}{15} = \frac{2}{15}$$

よって、正解は肢3です。

➡ 正解 3

PLAY 7　加法定理と乗法定理を使う問題　　　　東京消防庁 II 類 2008

Aさんは雨の日には20％、晴れの日には70％の確率で買い物に行く。また、前日が晴れだとその翌日は20％の確率で雨になり、前日が雨だとその翌日は30％の確率で雨になるという。金曜日が50％の確率で雨だとすると、Aさんが土曜日に買い物に行かない確率として正しいのはどれか。ただし、天気は晴れと雨しかないものとする。

1. 40.5%　　　2. 41.5%　　　3. 42.5%　　　4. 43.5%　　　5. 44.5%

確率を％で表示した問題もときどきあるよ。特に分数に直す必要もないので、小数で計算しよう。

金曜日が雨の確率が 50％なので、晴れの確率も 50％です。

それぞれの場合について、条件より、土曜日が雨の確率を計算すると、次のようになります。

金曜雨　　土曜雨
0.5　×　0.3　＝　0.15　…①
金曜晴　　土曜雨
0.5　×　0.2　＝　0.1　…②
①＋②より、0.15 ＋ 0.1 ＝ 0.25（＝ 25％）

土曜日は、雨の確率が 25％ですから、晴れの確率は 75％ですね。

ここで、土曜日に買い物に行かない確率を計算します。

Aさんは、雨の日は 20％の確率で買い物に行くので、行かない確率は 80％、同様に、晴れの日で行かない確率は 30％ですから、次のようになります。

土曜日が雨で、買い物に行かない確率　→　0.25 × 0.8 ＝ 0.2　…③
土曜日が晴れで、買い物に行かない確率　→　0.75 × 0.3 ＝ 0.225　…④
③＋④より、0.2 ＋ 0.225 ＝ 0.425（＝ 42.5％）

よって、42.5％となり、正解は肢 3 です。

⇨ 正解 3

雨と晴れしかないからね！

袋の中に赤，青，緑，黄の４色の玉が各色２個ずつ合計８個入っている。この袋の中から同時に４個の玉を取り出すとき、少なくとも１種類は色がそろう確率として、最も妥当なのはどれか。

1. $\dfrac{8}{35}$　　　2. $\dfrac{3}{7}$　　　3. $\dfrac{4}{7}$　　　4. $\dfrac{24}{35}$　　　5. $\dfrac{27}{35}$

求める確率より、余事象の確率のほうが簡単なこともあるからね。

「少なくとも１種類は色がそろう」とは、４個のうち同じ色が２個、または、２色が２個ずつとなる場合で、それぞれ場合分けして求めることになります。

しかし、余事象（基本事項 3）であれば、「１種類もそろわない」＝「４色が１個ずつ」で、こちらのほうが計算は楽ですから、この確率を１から引いて求めます。

まず、８個から４個を選ぶ方法は、次のようになります。

$$ {}_8C_4 = \frac{8 \times 7 \times 6 \times 5}{4 \times 3 \times 2 \times 1} = 70 \text{（通り）} $$

このうち、４色の玉各２個から１個ずつを組み合わせる方法は、次のようになります。

$$ 2 \times 2 \times 2 \times 2 = 16 \text{（通り）} $$

これより、余事象の確率は、$\dfrac{16}{70} = \dfrac{8}{35}$ となり、求める確率は次のようになります。

$$ 1 - \frac{8}{35} = \frac{27}{35} $$

よって、正解は肢 5 です。

⇨ **正解 5**

正六面体のサイコロ１個を振り、１か２の目が出たらＡの勝ち、３か４の目が出たらＢの勝ち、５か６の目が出たらＣの勝ちというルールのゲームを行う。このゲームは、Ａ，Ｂ，Ｃのうち誰かが２勝したら終了する。サイコロを振る回数が多くとも３回でゲームが終了する確率はいくらか。

1. $\dfrac{4}{9}$ 2. $\dfrac{5}{9}$ 3. $\dfrac{2}{3}$ 4. $\dfrac{7}{9}$ 5. $\dfrac{8}{9}$

本問の余事象は、どういう状態かな？

「３回のうち誰かが２勝する」を直接求めると、２回目で勝者が決まる場合と３回目で勝者が決まる場合に分けて考えることになり、やや面倒です。

しかし、余事象は、「全員が１勝ずつ」することになり、こちらのほうが計算は楽ですから、この確率を１から引いて求めます。

３回やって、誰も２勝しないって、こういうことだよね！

１回サイコロを振ったとき、Ａ，Ｂ，Ｃの勝つ確率は、条件より、いずれも $\dfrac{1}{3}$ です。

まず、１回目は誰でもいいので、誰かが勝つ確率は１です。

２回目は１回目の勝者以外の人が勝つことになり、その確率は $\dfrac{2}{3}$ です。

そして、３回目は、１，２回目の勝者以外の、残る１人が勝つことになり、確率は $\dfrac{1}{3}$ です。

これより、求める確率は次のようになります。

$$1 - 1 \times \frac{2}{3} \times \frac{1}{3} = 1 - \frac{2}{9} = \frac{7}{9}$$

よって、正解は肢４です。

⇨ 正解 **4**

　図のように、A駅からC駅に行くには、X路線を使うルートと、Y路線を使ってB駅まで行き、その後、Z路線を使うルートの2通りがある。各路線は、独立にそれぞれ一定の確率で終日運休することが分かっており、X路線は $\frac{1}{6}$ の確率、Y路線は $\frac{1}{7}$ の確率、Z路線は $\frac{1}{8}$ の確率で終日運休する。

　このとき、ある日においてA駅からC駅に行くことができる確率はいくらか。

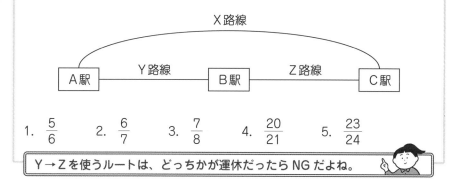

X路線

| A駅 | Y路線 | B駅 | Z路線 | C駅 |

1. $\frac{5}{6}$　　2. $\frac{6}{7}$　　3. $\frac{7}{8}$　　4. $\frac{20}{21}$　　5. $\frac{23}{24}$

Y→Zを使うルートは、どっちかが運休だったらNGだよね。

　X路線を使うルートを①、Y路線とZ路線を使うルートを②とします。

　A駅からC駅に行くことができる確率を考えると、<u>少なくとも一方のルートで行ける確率</u>を求めるわけですが、余事象は「どちらのルートでも行けない」で、この確率のほうが計算は楽です。

　これより、ここは余事象を使って、次のような計算で求めることにします。

次の3通りの場合があるよ。
・①のみ使える
・②のみ使える
・両方使える

> AからCへ行ける確率
> ＝1－（①で行けない確率×②で行けない確率）

　まず、①で行けない確率は、X路線が運休している確率＝ $\frac{1}{6}$ ですね。

　また、②で行けない場合ですが、ここは、Y路線とZ路線のいずれかが運休であれば、C駅へたどり着くことはできません。

そうすると、Ｙ路線とＺ路線の<u>少なくとも一方が運休</u>
<u>している</u>確率を求めるわけですが、ここも、余事象を考
えると、「Ｙ路線、Ｚ路線ともに運行している」ですから、
これを使って次のように求めることにします。

ここも３通り。
・Ｙ路線のみ運休
・Ｚ路線のみ運休
・両方運休

②で行けない確率
$= 1 - （Ｙ路線が運行している確率 × Ｚ路線が運行している確率）$
$= 1 - \dfrac{6}{7} \times \dfrac{7}{8}$
$= 1 - \dfrac{3}{4}$
$= \dfrac{1}{4}$

運行している確率は、

Ｙ路線 → $1 - \dfrac{1}{7} = \dfrac{6}{7}$

Ｚ路線 → $1 - \dfrac{1}{8} = \dfrac{7}{8}$

となるよ。

これより、求める確率は次のようになります。

$ＡからＣへ行ける確率 = 1 - \dfrac{1}{6} \times \dfrac{1}{4}$
$= 1 - \dfrac{1}{24}$
$= \dfrac{23}{24}$

よって、正解は肢５です。

⇨ 正解5

赤球5個、青球3個、黄球4個が入っている袋の中から、1個の球を取り出し、色を確認してから袋の中へ戻す。これを3回行ったとき、2個の球だけが同じ色となる確率はいくらか。

1. $\dfrac{1}{2}$ 2. $\dfrac{2}{3}$ 3. $\dfrac{2}{5}$ 4. $\dfrac{2}{7}$ 5. $\dfrac{2}{9}$

> 反復試行の公式は丸暗記は危険！ 基本事項4でしっかり理解してね！

どの色の玉を2個だけ取り出すかで、場合分けをします。

ⅰ）赤球を2個取り出す確率

球は合計12個で、赤球は5個ですから、1回の操作で赤球を取り出す確率は $\dfrac{5}{12}$ 、その他の色を取り出す確率は $\dfrac{7}{12}$ です。

3回の操作はそれぞれ同じ確率で起こりますから、3回のうち2回赤球を取り出す確率は、反復試行の公式（基本事項4）より、次のようになります。

$$ {}_3C_2 \times \left(\frac{5}{12} \right)^2 \times \frac{7}{12} = 3 \times \frac{175}{12^3} \quad \cdots① $$

> 分母の 12^3 は、あとで約分される可能性が高いので、このままにしておこう。

ⅱ）青球を2個取り出す確率

同様に、青球は3個ですから、1回の操作で青球を取り出す確率は $\dfrac{3}{12}$ 、その他の色を取り出す確率は $\dfrac{9}{12}$ です。

よって、3回のうち2回青球を取り出す確率は、次のようになります。

$$ {}_3C_2 \times \left(\frac{3}{12} \right)^2 \times \frac{9}{12} = 3 \times \frac{81}{12^3} \quad \cdots② $$

> このあと、足し算するので、分母は①と同じにしておこう！

iii）黄球を2個取り出す確率

同様に、黄球は4個ですから、1回の操作で黄球を取り出す確率は $\dfrac{4}{12}$、その他の色を取り出す確率は $\dfrac{8}{12}$ です。

よって、3回のうち2回黄球を取り出す確率は、次のようになります。

$$_3C_2 \times \left(\dfrac{4}{12}\right)^2 \times \dfrac{8}{12} = 3 \times \dfrac{128}{12^3} \quad \cdots ③$$

求めるのは、①〜③のいずれかが起こる確率で、これらは同時に起こりえませんから、加法定理より、次のようになります。

足し算するときのお約束！

①＋②＋③より

$$3 \times \dfrac{175}{12^3} + 3 \times \dfrac{81}{12^3} + 3 \times \dfrac{128}{12^3}$$

$$= 3 \times \dfrac{175 + 81 + 128}{12^3}$$

$$= 3 \times \dfrac{384}{12^3}$$

$$= 3 \times \dfrac{2}{9}$$

$$= \dfrac{2}{3}$$

よって、正解は肢2です。

⇨ 正解 2

　　ある高校のテニス部員AとBがテニスの試合をし、先に3勝したものが部の

代表に選ばれることになっている。テニスの試合でAがBに勝つ確率を $\frac{1}{4}$ と

するとき、Aが部の代表に選ばれる確率として、正しいのはどれか。ただし、

引き分けはないものとする。

1. $\dfrac{51}{512}$　　2. $\dfrac{53}{512}$　　3. $\dfrac{55}{512}$　　4. $\dfrac{57}{512}$　　5. $\dfrac{59}{512}$

もう1問、反復試行の問題だよ。慣れると簡単でしょ！

　　Aが先に3勝する方法は、ストレートの3勝、3勝1敗、3勝2敗の3通

りがありますので、ここで場合分けをします。

i）ストレートで3勝する確率

　　AがBに勝つ確率は $\frac{1}{4}$ ですから、次のようになります。

$$\frac{1}{4} \times \frac{1}{4} \times \frac{1}{4} = \frac{1}{4^3} \quad \cdots ①$$

ii）3勝1敗で勝つ確率

　　Aは、<u>1～3試合目で2勝1敗、さらに4試合目</u>
<u>で勝って、3勝1敗となります。</u>

　　AがBに勝つ確率は $\frac{1}{4}$、負ける確率は $\frac{3}{4}$ ですから、

1～3試合目のうち2試合勝つ確率は、独立試行の公

式より次のようになります。

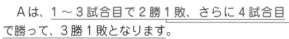

「1～4試合目で1敗」
じゃないからね！
×○○○
○×○○
○○×○
○○○× ← NG！

$${}_3C_2 \times \left(\frac{1}{4}\right)^2 \times \frac{3}{4} = 3 \times \frac{3}{4^3} = \frac{9}{4^3}$$

　　さらに、4試合目で勝つ確率をかけて、次のようになります。

$$\frac{9}{4^3} \times \frac{1}{4} = \frac{9}{4^4} \quad \cdots ②$$

iii）3勝2敗で勝つ確率

同様に、1～4試合目で2勝2敗、さらに5試合目で勝つ確率は、次のようになります。

$$_4C_2 \times \left(\frac{1}{4}\right)^2 \times \left(\frac{3}{4}\right)^2 \times \frac{1}{4} = 6 \times \frac{9}{4^4} \times \frac{1}{4} = \frac{54}{4^5} \quad \cdots ③$$

①～③は同時に起こりえませんから、これらを合計して、求める確率は次のようになります。

①＋②＋③より

$$\frac{1}{4^3} + \frac{9}{4^4} + \frac{54}{4^5}$$
$$= \frac{16 + 36 + 54}{4^5}$$
$$= \frac{106}{1024}$$
$$= \frac{53}{512}$$

よって、正解は肢2です。

⇨ **正解2**

　1～6の目があるサイコロ1個を振って、出た目の数により得点が与えられる、というゲームがある。4以下の目が出た場合は得点は与えられず、5以上の目が出た場合は15点が与えられる。1ゲームでサイコロを4回振ることができる。合計得点については、4回とも5以上の目が出た場合は60点となるが、4回とも4以下であれば0点となる。このゲームを多数回繰り返した場合、合計得点の平均として最も妥当なのはどれか。

1. 10点　　　2. 15点　　　3. 20点　　　4. 25点　　　5. 30点

> 期待値の問題は、最近はあまり出題されていないけど、簡単だからマスターしてね。

　サイコロを4回振ったときの得点の期待値（基本事項5）を求めます。

　1回振ったとき、15点を得られる確率は、5または6の目が出る確率で $\dfrac{2}{6} = \dfrac{1}{3}$、それ以外は0点ですから、1回で得られる得点の期待値 × 4回で、次のようになります。

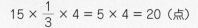

$$15 \times \dfrac{1}{3} \times 4 = 5 \times 4 = 20 \text{（点）}$$

$0 \times \dfrac{2}{3}$ は省略するよ！

　よって、正解は肢3です。

⇨ 正解 **3**

あるスーパーマーケットでは単価 1,000 円の弁当を販売しており、消費期限の 2 時間前には値引きをすることにしている。値引率と、その値引率のもとで消費期限内に売れる確率は、販売個数にかかわりなく表のようになっており、売れないまま消費期限を過ぎた場合は飼料の業者に 1 個あたり 150 円で売却される。

値引率	消費期限内に売れる確率
50％引き	100％
40％引き	90％
30％引き	80％
20％引き	70％
10％引き	60％

表のいずれかの値引率で販売する場合、弁当の売上高の期待値が最も大きくなるのは値引率がいくらのときか。
なお、飼料の業者に売却した額も売上高に含まれるものとする。

1. 50％引き
2. 40％引き
3. 30％引き
4. 20％引き
5. 10％引き

> もう 1 問、期待値の計算を練習しよう。本問は、けっこう現実
> 的な問題でしょ！

それぞれの値引き率の場合について、お弁当 1 個の売上の期待値を計算します。

ⅰ）50％引きの場合
　1000 円 × 0.5 = 500 円で 100％売れるので、期待値は 500 円です。

ⅱ）40％引きの場合
　1000 円 ×（1 − 0.4）= 600 円で売れる確率は 90％、150 円で売却する確

率は 10％なので、期待値は次のようになります。

$$600 \times 0.9 + 150 \times 0.1 = 540 + 15 = 555 \text{（円）}$$

iii）30％引きの場合

同様に、700円で売れる確率は80％、150円で売却する確率は20％で、次のようになります。

$$700 \times 0.8 + 150 \times 0.2 = 560 + 30 = 590 \text{（円）}$$

iv）20％引きの場合

同様に、800円で売れる確率は70％、150円で売却する確率は30％で、次のようになります。

$$800 \times 0.7 + 150 \times 0.3 = 560 + 45 = 605 \text{（円）}$$

ｖ）10％引きの場合

同様に、900円で売れる確率は60％、150円で売却する確率は40％で、次のようになります。

$$900 \times 0.6 + 150 \times 0.4 = 540 + 60 = 600 \text{（円）}$$

以上より、期待値が最も大きいのは20％引きのときで、正解は肢4です。

⇨ 正解 3

#12 n 進法

頻出度 ★★★☆☆   重要度 ★★★☆☆   コスパ ★★★★★

コンピューターを勉強した人には、2進法はおなじみでしょう。0と1だけですべての数を表すんですね。私たちが普段使っているのは10進法。まず、その仕組みと変換方法を覚えましょう。それだけで解ける問題がほとんどです。

基本事項

>>> 1. n 進法のしくみ

私たちが普段使っている数の表し方は、「10進法」といい、10で繰り上がるシステムです。

これに対し、たとえば、5で繰り上がるシステムは「5進法」、3で繰り上がるシステムは「3進法」というように、n で繰り上がるシステムを「n 進法」といいます。

たとえば、次のようになり、色の付いたところで繰り上がっているのがわかりますね。

```
10 進法 → 0 1 2 3 4 5 6 7 8 9 10 11 … 99 100 101 …
 5 進法 → 0 1 2 3 4 10 11 12 13 14 20 21 … 44 100 …
 3 進法 → 0 1 2 10 11 12 20 21 22 100 101 102 110 …
 2 進法 → 0 1 10 11 100 101 110 111 1000 1001 1010 …
```

こうして見ると、10進法が0〜9の10個の数字を使って数を表すのに対し、5進法では0〜4の5個の数字を使って表し、同様に、3進法では0, 1, 2の3個、2進法では0と1の2個の数字だけで数を表しているのがわかります。

n 進法は、n で繰り上がるから、n 以上の数字を使わないんだね。

>>> 2. n 進法 → 10 進法の変換

n 進法の計算は、10 進法に変換して行いますので、その変換方法を覚えましょう。

まず、初めに、10 進法の数字のしくみについて確認します。

たとえば、10 進法の「5623」は、1000 を 5 個、100 を 6 個、10 を 2 個、1 を 3 個、を合わせた数ですね。$100 = 10^2$、$1000 = 10^3$ ですから、次のように表せます。

$$5623 = 10^3 \times 5 + 10^2 \times 6 + 10 \times 2 + 1 \times 3$$

つまり、10 進法は 10 で繰り上がるので、「一の位」→ 1 が 10 個集まって「十の位」→ 10 が 10 個集まって「百の位」…と桁が上がっていくわけです。

同じように考えると、たとえば、5 進法の場合は 5 で繰り上がるので、「一の位」→ 1 が 5 個集まって「5 の位」→ 5 が 5 個集まって「$5^2 = 25$ の位」→ 25 が 5 個集まって「$5^3 = 125$ の位」と桁が上がっていきます。

ですから、たとえば、5 進法の「2413」は、次のように表せます。

$$
\begin{aligned}
2413_{(5)} &= 5^3 \times 2 + 5^2 \times 4 + 5 \times 1 + 1 \times 3 \\
&= 125 \times 2 + 25 \times 4 + 5 \times 1 + 1 \times 3 \\
&= 250 + 100 + 5 + 3 \\
&= 358
\end{aligned}
$$

小さく書かれた（5）は、5 進法の数字って意味ね！

「5」や「25」というのは 10 進法の数字です。つまり、それぞれの桁の「1」が 10 進法でどれだけの値かを表したものですから、この「358」が、5 進法の「2413」が 10 進法でどれだけの値かを表すことになります。

すなわち、次のような計算で、n 進法の数を 10 進法に変換することができるわけです。

$$ABCD_{(n)} = n^3 \times A + n^2 \times B + n \times C + 1 \times D$$

次に、10 進法の数を n 進法に変換します。一応、しくみから説明しますが、計算方法を覚えるだけでも構いません。

たとえば、先ほどの「358」を 5 進法に戻してみましょう。

5 進法は 5 で繰り上がりますので、まず、358 を 5 で割ると、$358 \div 5 = 71$ 余り 3、となり、「5 のかたまり」71 個が上の位へ繰り上がり、「一の位」には余りの「3」が残ります。

さらに、71 を 5 で割ると、$71 \div 5 = 14$ 余り 1、となり、「$5 \times 5 = 25$ のかたまり」14 個がさらに上の位へ繰り上がり、「5 の位」には余りの「1」が残ります。

同様に、$14 \div 5 = 2$ 余り 4 で、「$25 \times 5 = 125$ のかたまり」2 個が繰り上がり、「25 の位」には余りの「4」が残りますので、各桁の数を並べて「2413」と表せます。

これを一度に計算するには、次図のように順に 5 で割って余りを出し、それを下から図のように並べれば求められます。

$$
\begin{array}{r}
5 \,)\, \underline{358} \\
5 \,)\, \underline{71} \quad \cdots 3 \\
5 \,)\, \underline{14} \quad \cdots 1 \\
2 \quad \cdots 4 \qquad \rightarrow 2413_{(5)}
\end{array}
$$

このように、10 進法の数を n 進法に変換するときは、順に n で割って余りを出し、<u>最後の商</u>から余りを遡るように並べればいいわけです。

上記の例でいうと、最後に 5 で割った商の「2」のことね！

5 進数 444 と 2 進数 111 がある。次のア〜ウの内容を順番に行ったときの数として、正しいのはどれか。

ア　2 つの数を 10 進数に変換する。
イ　アで変換した 2 つの数の積の値を求める。
ウ　イの値を 7 進数に変換する。

1. 2340　　　2. 2350　　　3. 2360　　　4. 2400　　　5. 2410

まずは、変換方法の確認問題から！

ア〜ウにしたがって、次のように作業します。

ア　$444_{(5)} = 5^2 \times 4 + 5 \times 4 + 1 \times 4 = 100 + 20 + 4 = 124$
　　$111_{(2)} = 2^2 \times 1 + 2 + 1 \times 1 = 4 + 2 + 1 = 7$

イ　$124 \times 7 = 868$

ウ　$7\,)\,\underline{868}$
　　$7\,)\,\underline{124} \cdots 0$
　　$7\,)\,\underline{17} \cdots 5$
　　　　　$2 \cdots 3$　　→ $2350_{(7)}$

よって、2350 となり、正解は肢 2 です。

➡ 正解 2

　7 進法で表された 345 を、2 進法で表された 101 で割ったときの商を、4 進法で表したものとして、最も妥当なのはどれか。

1.　121　　　2.　210　　　3.　212　　　4.　230　　　5.　232

このレベルの問題もけっこよく出題されているよ。もちろん、絶対に落とせない問題！

　7 進法の 345 と 2 進法の 101 を、それぞれ 10 進法に変換すると次のようになります。

$$345_{(7)} = 7^2 \times 3 + 7 \times 4 + 1 \times 5 = 147 + 28 + 5 = 180 \quad \cdots ①$$
$$101_{(2)} = 2^2 \times 1 + 1 \times 1 = 4 + 1 = 5 \quad \cdots ②$$

ここで、①÷②を次のように計算します。

$$180 \div 5 = 36$$

これを、4 進法に変換すると、次のようになります。

```
4 ) 36
4 )  9 …0
     2 …1    →210(4)
```

よって、210 となり、正解は肢 2 です。

　正解 2

　ある正の整数を 9 進法で表すと ab, 11 進法で表すと ba であった。この整数を 5 進法で表したときの一の位の数字はどれか。

1. 0 　　　 2. 1 　　　 3. 2 　　　 4. 3 　　　 5. 4

> n 進法の仕組みに従って、この整数を a, b を使った式に表してみよう！

　9 進法の ab と 11 進法の ba を、10 進法に変換した式は、次のようになります。

$$ab_{(9)} = 9 \times a + b$$
$$ba_{(11)} = 11 \times b + a$$

> a, b も数字と同様に考えて！

　これらは同じ整数ですから、イコールで結んで、次のように方程式を立てます。

$$9a + b = 11b + a$$
$$8a = 10b$$
$$\therefore a : b = 10 : 8 = 5 : 4$$

#3 基本事項2

　a, b は 9 進法で使われている数なので 0 〜 8 のいずれかですから、$a : b$ $= 5 : 4$ を満たすのは、$a = 5$、$b = 4$ のみです。
　すなわち、この整数は、9 進法で 54、11 進法で 45 と表される数で、それぞれあらためて 10 進法に変換して確認すると、次のようになります。

$$54_{(9)} = 9 \times 5 + 4 = 45 + 4 = 49$$
$$45_{(11)} = 11 \times 4 + 5 = 44 + 5 = 49$$

　これより、10 進法の 49 を 5 進法に変換すると、次のようになります。

$$
\begin{array}{r}
5\,)\,\underline{49} \\
5\,)\,\underline{9} \cdots 4 \\
1 \cdots 4 \quad \rightarrow 144_{(5)}
\end{array}
$$

よって、144 となり、一の位は 4 で、正解は肢 5 です。

⇒ 正解5

　3×3のマス目を使い、ある規則に従って模様を作ると、上の数字を表すという。

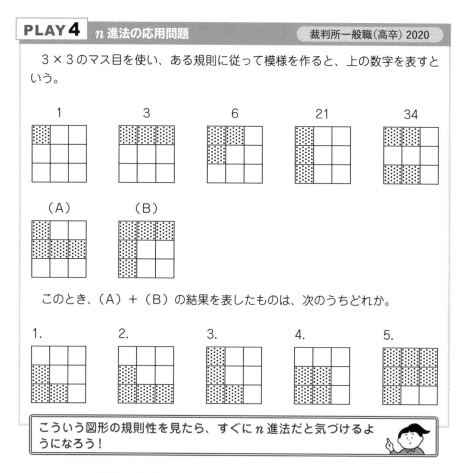

　このとき、（A）＋（B）の結果を表したものは、次のうちどれか。

　こういう図形の規則性を見たら、すぐに *n* 進法だと気づけるようになろう！

　与えられた模様の規則性を考えます。
　まず、「1」～「3」については、1 段目の網掛け部分が 1 つずつ増えていくと推測できます。しかし、「6」のとき、網掛け部分は 3 か所しかなく、さらに一部が 2 段目に移っていることから、桁が繰り上がる法則であり、各段にマスは 3 つなので、4 つ集まると次の桁へ移る 4 進法と推測できます。

すなわち、各段は次のように考えられますね。

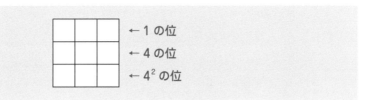

ここから、「6」「21」「34」を、次のように確認します。

$$6 = 1 \times 2 + 4 \times 1$$
$$21 = 1 \times 1 + 4 \times 1 + 16 \times 1$$
$$34 = 1 \times 2 + 16 \times 2$$

　これより、推測が正しいと確認でき、AとBが表す数を調べると、次のようになります。

$$A = 1 \times 1 + 4 \times 3 = 13$$
$$B = 1 \times 3 + 4 \times 1 + 16 \times 1 = 23$$

　A + B = 13 + 23 = 36 ですから、これを4進法に変換すると次のようになります。

```
4 ) 36
4 )  9  …0
     2  …1    → 210(4)
```

逆にしないよう、
気をつけてね。

　よって、A + Bの結果を表した図の網掛けの数は、<u>1段目が0、2段目が1、3段目は2</u>となり、これと合致する肢1が正解です。

⇨ 正解 1

「0」と 1 桁の奇数「1」,「3」,「5」,「7」,「9」, の 6 つの数字をいくつか用いて自然数をつくり、次のように小さい順に並べる。

1, 3, 5, 7, 9, 10, 11, 13, 15, 17, 19, 30, 31, 33, 35, 37, 39・・・

例えば、5 番目の自然数は 9 であり、14 番目の自然数は 33 である。
2011 番目の自然数はいくらか。

1. 3011　　　　2. 13151　　　　3. 15191　　　　4. 17131　　　　5. 31053

まずは、*n* 進法の仕組みだと気づくことが大事！

6 つの数字しか使われていませんが、使える数字を組み合わせて小さいほうから順に並べた様子は、一般的な *n* 進法のシステムと同じです。

すなわち、6 つの数字だけを使う「6 進法」と考えられますが、通常の 6 進法は（0, 1, 2, 3, 4, 5）の 6 つを使うのに対して、ここでは（0, 1, 3, 5, 7. 9）の 6 つを使って表すことにしていますので、通常の 6 進法の数（①）と、本問の並べ方（②）を対応させると次のようになります。

本問では、「3」「5」「7」「9」が、6 進法の 2, 3, 4, 5 の代わりなんだ！

①	0	1	2	3	4	5	10	11	12	13	14	15	20	21	22 ・・・
	↓	↓	↓	↓	↓	↓	↓	↓	↓	↓	↓	↓	↓	↓	↓
②	0	1	3	5	7	9	10	11	13	15	17	19	30	31	33 ・・・

ここで、「1」から順に並べた時の 2011 番目の数は、10 進法では「2011」ですが、6 進法ではいくらになるかを確認するため、2011 を 6 進法に変換します。

$$
\begin{array}{r}
6\,)\ \underline{2011} \\
6\,)\ \underline{\ 335}\ \cdots 1 \\
6\,)\ \underline{\ \ 55}\ \cdots 5 \\
6\,)\ \underline{\ \ \ 9}\ \cdots 1 \\
1\ \cdots 3 \quad \rightarrow 13151_{(6)}
\end{array}
$$

これより、6進法の数（①）では「13151」ですが、これを②で表すと、「3」は「5」に、「5」は「9」に置き換えられますので「15191」という数になります。

　よって、正解は肢3です。

⇨ 正解 3

頻出度 ★★★☆☆　重要度 ★★★☆☆　コスパ ★★★☆☆

一定の規則性を持って並ぶ数字の列の問題です。中にはクイズみたいなものもありますが、ほとんどの問題は、最も基本的な等差数列と、これを応用した階差数列の問題です。等差数列の和を求める公式はとても重要ですので、これはしっかり覚えましょう！

基本事項

>>> 1. 等差数列の公式

一定の規則性にしたがって並ぶ数字の列を「数列」といい、それぞれの数字を「項」、最初の項を「初項」、最後の項を「末項」、項の個数を「項数」といいます。

たとえば、次の数列では、初項は「1」、末項は「22」、項数は「8」となります。

そして、この数列の規則性に着目すると、数字が3ずつ増えていく、つまり、3間隔で数字が並ぶ数列とわかります。

このように、等間隔で数字が並ぶ数列を「等差数列」といい、その間隔を「公差」といいます。

すなわち、この数列は、公差3の等差数列となります。

| 1 | 4 | 7 | 10 | 13 | 16 | 19 | 22 |

ここで、等差数列について、公式を2つ覚えて頂きます。特に重要なのはⅱ）のほうです。

ⅰ）等差数列の一般項（第 n 項）を求める公式

上記の数列では、初項の「1」に、3を足して「4」、さらに3を足して「7」と数字が並びますので、第8項の「22」は、初項の「1」に3を7回足して、1＋3×7＝22と求められます。

第8項は、初項からみて7個先の項だからね！

これより、等差数列の第 n 項を求める公式は、次のようになります。

等差数列の第 n 項　・　初項＋公差×$(n-1)$

ii）等差数列の第 n 項までの和を求める公式

　たとえば、前述の数列の場合、初項の 1 と末項の 22 の和は 23、第 2 項の 4 と、第 7 項（後ろから 2 項目）の 19 の和も 23 というように、両端どうし、2 番目どうし、3 番目どうし、いずれも和は同じ 23 になります。

左は 3 増えて、右は 3 減るから、和は同じってこと！

　そうすると、全部で 8 項ですから、次のように和が 23 になる組合せが 8 ÷ 2 = 4（組）でき、全体の和は、23 × 4 = 92 と求めることができます。

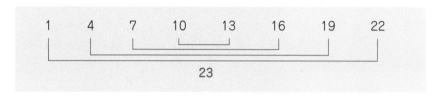

| 1 | 4 | 7 | 10 | 13 | 16 | 19 | 22 |

23

　これより、等差数列の和を求める公式は次のようになります。

等差数列の第 n 項までの和　→　（初項＋末項）× 項数 ÷ 2

「初項＋末項」になる組合せが、n ÷ 2（組）できるってことね！n は奇数でも OK！

>>> 2. 階差数列の仕組み

　たとえば、次のような数列の場合、隣どうしの間隔は等しくありませんが、規則的に間隔が増えているのがわかります。

| 1 | 3 | 7 | 13 | 21 | 31 | 43 … |

　数列の隣り合う項の差を「階差」といい、階差を並べて作った数列を「階差数列」といいます。

　たとえば、この数列の階差数列は、次のようになります。

$$1 \diagdown 3 \diagdown 7 \diagdown 13 \diagdown 21 \diagdown 31 \diagdown 43 \cdots$$

階差数列 → 　2　　4　　6　　8　　10　　12 …

こうすると、階差数列は公差 2 の等差数列になっているのがわかりますね。

ここで、もとの数列（上段の数列）について確認すると、初項の「1」に 2 を足して「3」、さらに 4 を足して「7」、さらに 6 を足して「13」と続きます。

そうすると、たとえば、第 7 項の「43」は、初項の「1」に、「2 + 4 + 6 + 8 + 10 + 12」を足したものとなりますね。

すなわち、初項に階差数列の第 6 項までの和を加えることで求められるわけです。

階差数列の第 6 項までの和は、前述の公式を使って求めると、(2 + 12) × 6 ÷ 2 = 42 となり、1 + 42 = 43 となりますね。

このように、数列の第 n 項は、階差数列の第 (n − 1) 項までの和を初項に加えることで求めることができるわけです。

> 階差数列は、1 項少ないからね。

PLAY 1 等差数列の問題 　　　　　　　　　　　　　　　　　刑務官 2020

1 ～ 20 の互いに異なる整数が一つずつ書かれたカードが 20 枚ある。この中から、2 枚の連続した数字のカードを取り除いたところ、残ったカードの数字を全て足し合わせると 183 となった。取り除いた 2 枚のカードの数字として妥当なのはどれか。

1. 9 と 10
2. 11 と 12
3. 13 と 14
4. 15 と 16
5. 17 と 18

> 等差数列の和の公式を使う練習だよ。

まず、1 ～ 20 のカードの数字の総和を求めます。

カードの数を並べると、1, 2, 3, …, 19, 20 となり、これは、初項 1、末項 20、公差 1 の等差数列で、項数は 20 ですから、公式（基本事項 1 － ii）より和を求めると、次のようになります。

$$\frac{(1 + 20) \times 20}{2} = 210$$

　これより、取り除いた 2 枚のカードの数字の和は、210 − 183 = 27 とわかります。

　連続する整数で和が 27 になる 2 数を調べると、13 と 14 とわかり、正解は肢 3 です。

⇨ 正解 3

PLAY 2　等差数列の問題　　　　　　　　　　海上保安学校など 2013

1 ～ 100 の整数のうち、3 でも 7 でも割り切れない数の総和はいくらか。

1. 2422　　　　2. 2632　　　　3. 2842　　　　4. 3052　　　　5. 4840

---

3 や 7 で割り切れる数のほうから考えよう。公倍数に注意して
ね。

---

　3 でも 7 でも割り切れない数を直接探すのは大変ですから、3 または 7 で割り切れる数の総和を数えて、1 ～ 100 の総和から引くことにします。

　すなわち、次の図の④の部分の和を求めます。

①3 で割り切れる数（3 の倍数）
②7 で割り切れる数（7 の倍数）
③3 と 7 の公倍数
④3 でも 7 でも割り切れない数

　手順としては、まず、①と②それぞれの和を求めて合計します。

　しかし、それでは③の部分を 2 回足してしまいますので、1 回分を引きます。

　これを、1 ～ 100 の和から引けば、④の和が求められますね。すなわち、次のようになります。

$$④ = (1 \sim 100 \text{ の和}) - (① + ② - ③)$$

では、まず、①3の倍数の和を求めます。

100を3で割ると、商は33余り1ですから、1〜100の100個の整数の中に3の倍数は33個あります。

最小は3、最大は3×33＝99ですから、これらを並べると次のようになり、公差3の等差数列となりますね。

$$3 \quad 6 \quad 9 \quad 12 \quad \cdots\cdots \quad 96 \quad 99$$

これより、初項3、末項99、項数33の等差数列の和を、公式（基本事項1－ⅱ）より求めると次のようになります。

$$\frac{(3 + 99) \times 33}{2} = 1683 \quad \cdots①$$

同様に、②7の倍数の和を求めます。

100を7で割ると、商は14余り2ですから、1〜100に7の倍数は14個です。

最小は7、最大は7×14＝98で、並べると次のように、公差7の等差数列となります。

$$7 \quad 14 \quad 21 \quad 28 \quad \cdots\cdots \quad 91 \quad 98$$

これより、初項7、末項98、項数14の等差数列の和を、同様に求めます。

$$\frac{(7 + 98) \times 14}{2} = 735 \quad \cdots②$$

次に、③3と7の公倍数の和を求めます。

3と7の最小公倍数は21ですから、次の4個ですね。

$$21 \quad 42 \quad 63 \quad 84$$

この 4 個の数も、<u>公差 21 の等差数列ですから、</u>
<u>次のように公式で和を求めます。</u>

この程度なら、普通に
足しても OK！

$$\frac{(21 + 84) \times 4}{2} = 210 \quad \cdots ③$$

最後に、1 〜 100 の和を求めます。
初項 1、末項 100、項数 100 の等差数列の和ですから、次のようになります。

$$\frac{(1 + 100) \times 100}{2} = 5050$$

以上より、求める総和は次のようになります。

$$5050 - (1683 + 735 - 210) = 2842$$

よって、正解は肢 3 です。

⇨ 正解 3

PLAY 3 等差数列の問題　　　　　　　　　　　海上保安大学校など 2013

　ある自転車専用道路において、ある日数にわたり通行台数を調査したところ、合計の通行台数は 95 台であった。また、1 日の通行台数は調査開始日から毎日一定台数ずつ増え、調査最終日の通行台数は 25 台であった。調査 3 日目の通行台数は次のうちどれか。

1. 16 台　　　2. 17 台　　　3. 18 台　　　4. 19 台　　　5. 20 台

等差数列の和が 95 になるわけだね。公式をもとに方程式を立ててみよう！

　通行台数は毎日一定台数ずつ増えていますので、等差数列になります。
　まず、日数がわかりませんので、これを n 日とし、1 日目の通行台数を a 台とします。

また、最終日の通行台数は 25 台、合計の通行台数は 95 台ですから、初項 a、末項 25、項数 n の等差数列の和が 95 になり、等差数列の和の公式から次のような式が立ちます。

$$\frac{(a + 25) \times n}{2} = 95$$

両辺に 2 をかけて

$$(a + 25) \times n = 190$$

ここで、<u>190 を素因数分解</u>すると、次のようになります。

#1 基本事項 1

$$190 = 2 \times 5 \times 19$$

これより、190 を 2 数の積にする方法は、次の 4 通りですね。

$$190 = 1 \times 190 \quad \cdots① \qquad 190 = 2 \times 95 \quad \cdots②$$
$$190 = 5 \times 38 \quad \cdots③ \qquad 190 = 10 \times 19 \quad \cdots④$$

そうすると、$(a + 25)$ と n の積がこのいずれかの組合せとなるわけですが、$(a + 25)$ も n も 1 ではありませんので①ではなく、<u>$(a + 25)$ は 25 より大きい</u>ので、④ではありません。

25 より小さいと、a がマイナスになるよね!

また、②の場合、$a + 25 = 95$ となり、$a = 70$ ですが、a は 1 日目の台数ですから、最終日の台数より多いわけはないので、これも当てはまりません。

よって、③に決まり、$a + 25 = 38$ となり、$a = 13$、$n = 5$ とわかります。

したがって、日数は 5 日、1 日目は 13 台、最終日(5 日目)は 25 台で、1 日目→5 日目の 4 日間で 25 − 13 = 12(台)増えましたから、1 日で 3 台ずつ増えたことがわかり、次のようになります。

1 日目	2 日目	3 日目	4 日目	5 日目
13 台	16 台	19 台	22 台	25 台

よって、3 日目は 19 台で、正解は肢 4 です。

⇨ 正解 4

次のような一定の規則に従った数列がある。この数列の 20 番目の値として、正しいのはどれか。

1, 7, 19, 37, 61, ・・・・・

1. 961　　　2. 1021　　　3. 1081　　　4. 1141　　　5. 1201

階差数列が等差数列になっているというタイプ。解き方を覚えてね。

各項の隣どうしの間隔を見ると等差数列でないことはわかりますので、階差を取って並べてみると、次のようになります。

①元の数列　→　1 　7 　19 　37 　61 …

②階差数列　→　　6　　12　　18　　24　　…

②は公差 6 の等差数列とわかりますので、②の第 19 項までの和を①の初項に足して、①の第 20 項を求めます（基本事項 2）。

まず、②の第 19 項は、等差数列の第 n 項の公式（基本事項 1 − i ）より、次のようになります。

6 の倍数が並んでいるだけだから、6 × 19 でも OK！

$$6 + 6 \times 18 = 114$$

これより、初項 6、末項 114、項数 19 の等差数列の和を、①の初項 1 に足して、次のようになります。

$$1 + \frac{(6 + 114) \times 19}{2} = 1 + 1140 = 1141$$

よって、正解は肢 4 です。

⇨ 正解 4

下図のように、ある規則に従って番号がつけられている靴箱がある。下から1段目，左から1列目の番号は1であるが、下から12段目、左から6列目の番号は何か。

17	18	19	20	21
10	11	12	13	22
5	6	7	14	23
2	3	8	15	24
1	4	9	16	25

1. 127   2. 128   3. 129   4. 138   5. 139

どの部分の数列に着目するかな？

　番号は次図の矢印のような順で付けられていますので、下から12段目の1番左（図のA）の番号がわかれば、そこから右へ5進めば6列目（図のB）の番号がわかります。

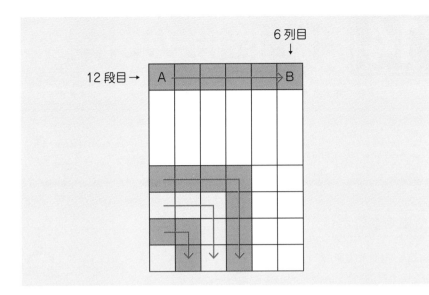

これより、まず、Aを調べるため、1番左の列の番号を下から順に並べると、次の①のようになり、階差を取ると②のようになります。

① 1番左の列 → 1 ⌄ 2 ⌄ 5 ⌄ 10 ⌄ 17 …

② 階差数列 → 1 ⌄ 3 ⌄ 5 ⌄ 7 …

Aは①の第12項だよ！

②は公差2の等差数列とわかりますので、第11項までの和を①の初項に足して、①の第12項を求めます。

②の第11項は、等差数列の第 n 項の公式より、次のようになります。

$$1 + 2 \times 10 = 21$$

これより、初項1、末項21、項数11の等差数列の和を、①の初項1に足して、Aは次のようになります。

$$1 + \frac{(1 + 21) \times 11}{2} = 1 + 121 = 122$$

よって、求めるBの番号は、122 + 5 = 127 となり、正解は肢1です。

⇨ 正解 1

平面図形の計量

(頻出度 ★★★★★) (重要度 ★★★★★) (コスパ ★★★☆☆)

数的推理で出題される図形の問題は、やや数学的ではありますが、たいていは中学校の教科書レベルでそれほど難しくはありません。出題の多くは平面図形で、相似や三平方の定理を使った問題が中心です。ここは重点的に練習しておきましょう。

基本事項

>>> 1. 相似な図形

同じ形で大きさの異なる図形を相似な図形といいます。片方を拡大、または縮小すると合同になる図形ですね。

記号は「∽」で表すよ!

相似な図形は、対応する線分の長さの比はいずれも等しく、その比を相似比といいます。

たとえば、図において、△ＡＢＣ∽△ＤＥＦであるとき、対応するＡＢとＤＥの比は3：6＝1：2ですから、これらの図形の相似比は1：2となります。

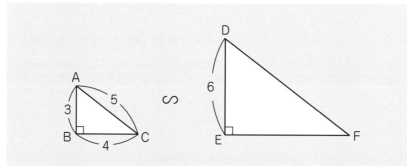

そうすると、その他の対応する線分である、ＢＣ：ＥＦ、ＡＣ：ＤＦもまた1：2となり、ＥＦ＝8、ＤＦ＝10が求められます。

相似を利用して、線分の長さを求めることができるわけだ!

>>> 2. 平行線と線分比

図のような、平行線を含む図においては、△ＡＢＣ∽△ＡＤＥが成り立ちます。

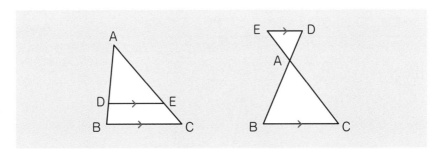

相似ですから、対応する線分の長さの比は等しく、次のようなことがいえます。

$$ＡＢ：ＡＤ＝ＢＣ：ＤＥ＝ＣＡ：ＥＡ \qquad ＡＤ：ＤＢ＝ＡＥ：ＥＣ$$

>>> 3. 三角形の性質

ⅰ）底辺分割の定理

図１のように、三角形ＡＢＣを線分ＡＰで分割します。

このとき、三角形ＡＢＰと三角形ＡＣＰは、それぞれＢＰ，ＣＰを底辺とすると、高さはともに図の h になります。

図１

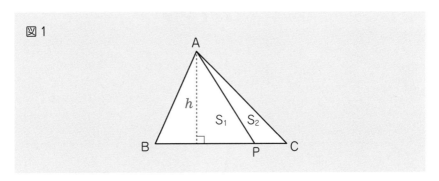

三角形の面積は「底辺×高さ÷２」ですから、高さが同じであれば、底辺の比がそのまま面積の比になります。

すなわち、それぞれの面積をS_1，S_2とすると、$S_1：S_2＝ＢＰ：ＣＰ$となるわけです。

ii）重心の定理

図2のように、三角形ＡＢＣの各辺の中点をＰ～Ｒとします。

このとき、ＡＰ，ＢＱ，ＣＲのように、1つの頂点から向かいの辺（対辺）の中点に引いた線分を「中線」といいます。

中線は、図のように3本引くことができ、これらは1点（Ｇ）で交わり、Ｇがこの三角形の<u>重心</u>になります。

大ざっぱにいうと、中心のことね！

図2

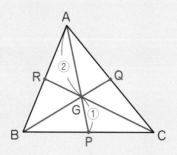

三角形の重心は、中線を2：1に分けるという性質があります。

すなわち、図において、次のようなことが成り立ちます。

$$ＡＧ：ＧＰ＝ＢＧ：ＧＱ＝ＣＧ：ＧＲ＝2：1$$

iii）角の二等分線の定理

図3のように、三角形ＡＢＣを<u>∠Ａの2等分線ＡＰ</u>で分割します。

たとえば、60°なら、30°ずつに分ける線のことね！

図3

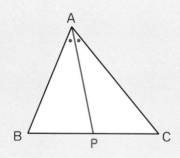

このとき、次のようなことが成り立ちます。

ＡＢ：ＡＣ＝ＢＰ：ＣＰ

>>> 4. 三平方の定理

ｉ）三平方の定理

　図１のような、直角三角形において、次のような関係が成り立ち、これを三平方の定理（ピタゴラスの定理）といいます。

図１

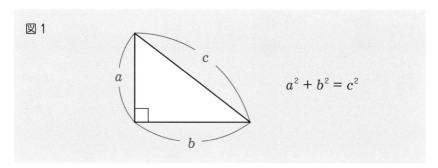

$$a^2 + b^2 = c^2$$

　この定理を使うと、直角三角形の２辺の長さがわかれば、残る１辺の長さも求めることができます。

ｉｉ）特別な角度を持つ直角三角形

　図２のような直角三角形の３辺の比は、次のようになります。

　左の図は、正方形の半分の形で、直角二等辺三角形といいますね。右の図は正三角形の半分の形です。

よく出る図形だよ。角度と三辺比は必ず覚えよう！

図２

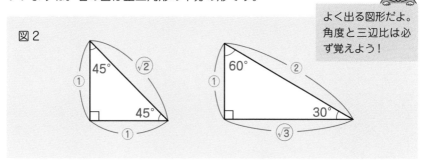

iii）3辺比が整数比になる直角三角形

　ほとんどの直角三角形は、いずれかの辺の長さに$\sqrt{}$がつくことになりますが、中には全く$\sqrt{}$がつかない直角三角形もあり、代表的な形の3辺比は図3のようになります。

図3

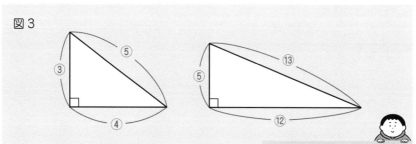

この形もよく使われるんだ。
ホントはもっとたくさんある
んだけど、よく出る形を覚え
ておこう！

正方形ＡＢＣＤの各辺の中点を次のように点Ｅ，Ｆ，Ｇ，Ｈとする。また、①〜④の図の曲線は円周又は円周の一部である。このとき、網掛けの部分の面積が図Ｉと同じもののみを全て挙げているのはどれか。

図Ｉ

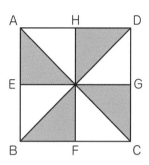

① 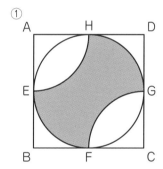　　②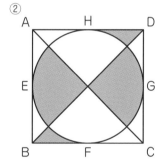

③ 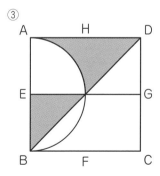　　④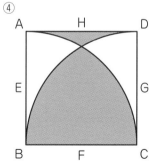

1. ①　　2. ①, ③　　3. ②　　4. ②, ④　　5. ③, ④

網掛け部分を分割したり、移動させたりして、求めやすい形に変形しよう！

図Ⅰは、正方形を合同な直角三角形8個に分けた図で、網掛けはそのうち4個ですから、面積は正方形のちょうど半分です。

　したがって、①～④のうち、網掛け部分が正方形の半分になるものを選べばいいことになります。

①図1のようにEとG、FとHを結びます。

　網掛け部分のうち、図の色の付いたア，イは、白い部分のウ，エと合同な図形ですから、ア，イをそれぞれウ，エに移動すると、網掛け部分は正方形のちょうど半分になります。

図1

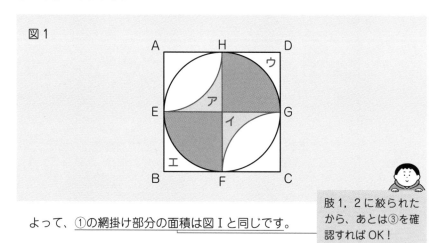

　よって、①の網掛け部分の面積は図Ⅰと同じです。

肢1，2に絞られたから、あとは③を確認すればOK！

②同様に、図2のア，イは、白い部分ウ～カと合同ですから、これを移動してウ～カをすべて埋めれば正方形の半分になりますが、ア，イは2個しかありませんので、ウ～カの4個を埋めることはできず、正方形の半分に満たないことがわかります。

図2

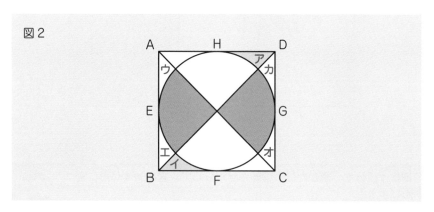

③図３のように、ＦとＨを結びます。

網掛け部分のうち、図のアとイで正方形の $\frac{1}{4}$ ですが、残るウは $\frac{1}{4}$ に満たないので、合わせても正方形の半分に満たないことがわかります。

図３

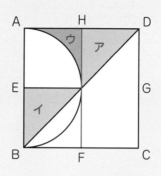

④図４のようにＦとＨを結んで、さらに補助線ＭＮを引いて４つの長方形に分けて考えます。

ＭＮは円弧の交点を通る線だよ！見た目の通りね。

右半分の長方形において、図５のアとイの面積が等しければ、アをイに移動することで、それぞれの長方形の半分の面積になりますから、全体で正方形の半分になります。

それぞれ対角線から半分に分けた部分になるでしょ！

しかし、アとイでは明らかにアの方が面積は大きいので、網掛け部分は正方形の半分を超えることがわかります。

図４

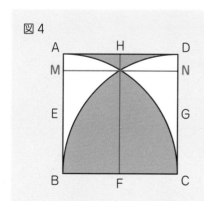

図５

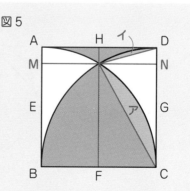

よって、図Ⅰと網掛け部分の面積が同じなのは①のみで、正解は肢１です。

⇨ 正解 1

次の図のように、点Oを中心とする直径 12 cm の半円の内部に、OA，OB を直径とする２つの半円と、直径ABと垂直な半径OCを直径とする円があるとき、斜線部分の面積はどれか。ただし、円周率は π とする。

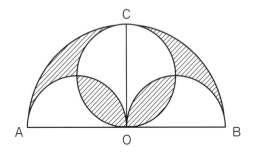

1. 6π cm^2
2. $18\pi - 18$ cm^2
3. $18\pi - 36$ cm^2
4. $72\pi - 18$ cm^2
5. $72\pi - 36$ cm^2

本問も、斜線部分を移動するよ。けっこう気持ちいい形になるかも。

図１のように補助線を引くと、①〜④及び $a \sim d$ はすべて合同な弓形になります。

円弧と直線で囲まれた図形ね！

図1

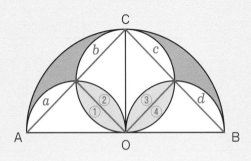

そうすると、色の付いた①〜④を、白い部分の $a \sim d$ に移動することで、斜線部分は図２のグレーの部分のような大きな弓形２個になり、この面積は、半円Oから三角形ABCを引いて求められます。

図2

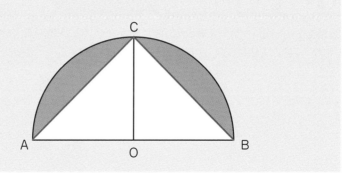

円Oの直径は12cmですから、半径は6cmです。

また、三角形ABCは、ABを底辺とすると、高さはOCとなり、AB＝12cm、OC＝6cmですから、求める面積は次のようになります。

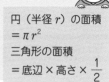

$$\begin{array}{cc} (半円O) & (\triangle ABC) \\ 6^2\pi \times \dfrac{1}{2} & -\ 12 \times 6 \times \dfrac{1}{2} \end{array}$$
$$= 18\pi - 36 \ (cm^2)$$

円（半径 r）の面積
$= \pi r^2$
三角形の面積
$=$ 底辺 × 高さ × $\dfrac{1}{2}$

よって、正解は肢3です。

⇨ 正解3

図のように、縦6cm，横8cmの長方形ＡＢＣＤと直角三角形ＣＤＥが接しており、線分ＡＥと線分ＣＤの交点をＦとする。線分ＣＦの長さが2cmであるとき、三角形ＤＥＦの面積はいくらか。

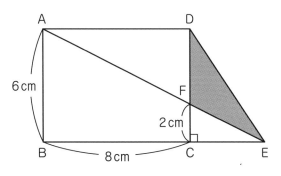

1. 6cm²　　　2. 8cm²　　　3. 10cm²　　　4. 12cm²　　　5. 16cm²

平行線と線分比の形を探してみよう！

　まず、ＣＤ＝6cmですから、ＤＦ＝6－2＝4（cm）がわかります。
　そうすると、求める△ＤＥＦについて、ＤＦを底辺とすると、高さはＣＥの長さになりますので、これがわかれば面積が求められますね。
　ここで、図のように、△ＡＦＤと△ＥＦＣに着目すると、これらは平行線と線分比の形（基本事項2）で相似とわかり、相似比はＤＦ：ＣＦ＝4:2＝2:1とわかります。
　これより、ＡＤ：ＥＣ＝2:1となり、ＡＤ＝8cmですから、ＥＣ＝4cmとなりますね。

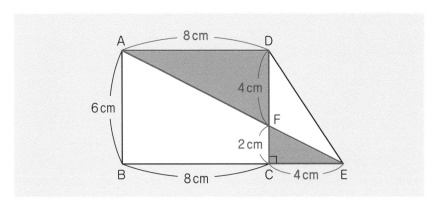

よって、△ＤＥＦの面積は、$4 \times 4 \times \dfrac{1}{2} = 8$（cm²）となり、正解は肢2
です。

PLAY4 平行線と線分比の問題　　　　　東京消防庁 II 類 2009

次の図において、ＢＣ＝ＣＤ、ＣＧ∥ＤＦ、ＡＥ：ＥＣ＝3：2、ＣＥ＝
ＥＦ＝3cm であるときのＥＤの長さとして、正しいのはどれか。

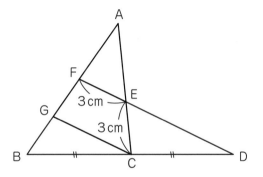

1.　5cm　　　2.　6cm　　　3.　7cm　　　4.　8cm　　　5.　9cm

平行線と線分比の形が2つあるよね。

平行線がありますので、これを含む平行線と線分比の形を探します。
　まず、図1のように、三角形ＡＧＣに着目すると、△ＡＦＥ∽△ＡＧＣとな
り、ＡＥ：ＥＣ＝3：2より、ＡＥ：ＡＣ＝3：（3＋2）＝3：5となり、相
似比は3：5です。
　そうすると、ＦＥ：ＧＣ＝3：5ですから、ＧＣ＝5cm がわかりますね。

図1

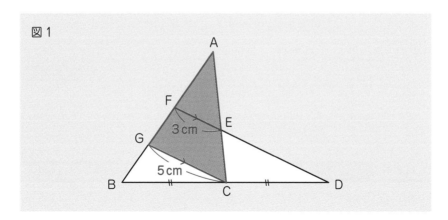

　次に、図2のように、三角形BFDに着目すると、△BGC∽△BFDとなり、BC＝CDより、BC：BD＝1：2となり、相似比は1：2です。

　そうすると、GC：FD＝1：2ですから、GC＝5cmより、FD＝10cmがわかります。

図2

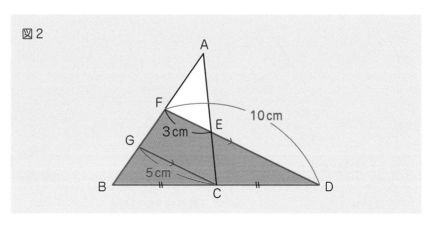

　これより、ED＝FD－FE＝10－3＝7（cm）となり、正解は肢3です。

下の図のように、長方形ＡＢＣＤを平行線で8等分し、ＡＣ間を直線で結んだとき、着色部分アとイの面積比として、正しいのはどれか。

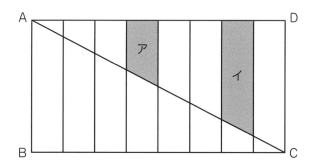

　　ア ： イ
1. 8 ： 15
2. 7 ： 13
3. 6 ： 11
4. 4 ： 7
5. 9 ： 14

平行線と線分比の形はすぐにわかるね。相似比と面積比の関係は覚えているかな？

　たての線はいずれも平行ですから、次のように、図の各点をＥ～Ｌとすると、△ＡＥＦ∽△ＡＧＨ∽△ＡＩＪ∽△ＡＫＬとなります。

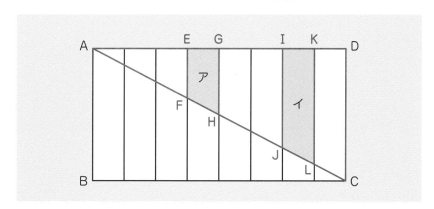

また、それぞれの三角形の<u>相似比</u>と<u>面積比</u>は次のようになりますね。

相似比は、ＡＥ：ＡＧ：ＡＩ：ＡＫだよ。面積比は相似比の２乗、体積比は相似比の３乗だからね。

	△ＡＥＦ	:	△ＡＧＨ	:	△ＡＩＪ	:	△ＡＫＬ
相似比 →	3	:	4	:	6	:	7
面積比 →	9	:	16	:	36	:	49

これより、アとイの面積比は、次のように求められます。

$$ア：イ = (△ＡＧＨ - △ＡＥＦ) : (△ＡＫＬ - △ＡＩＪ)$$
$$= (16 - 9) : (49 - 36)$$
$$= 7 : 13$$

よって、正解は肢２です。

⇨ 正解２

次の図で、Ｄ，Ｅ，Ｆはそれぞれ辺ＢＣ，ＣＡ，ＡＤの3等分点である。△ＡＢＤと△ＡＦＥの面積の比として、最も妥当なのはどれか。

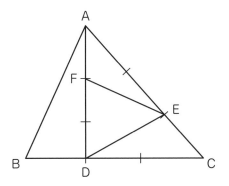

1. 3：1　　2. 5：2　　3. 7：3　　4. 9：4　　5. 2：1

底辺分割の定理を使うよ。面積比がわかるところから考えてみよう！

　まず、ＡＦ：ＦＤ＝1:2ですから、底辺分割の定理（基本事項3－i）より、△ＡＦＥ：△ＦＤＥ＝1:2となりますので、△ＡＦＥ＝1とすると、△ＦＤＥ＝2，△ＡＤＥ＝3となります。

　さらに、ＡＥ：ＥＣ＝2:1ですから、△ＡＤＥ：△ＥＤＣ＝2:1となり、△ＡＤＥ＝3であれば、△ＥＤＣ＝1.5となり、ここから、△ＡＦＥ：△ＦＤＥ：△ＥＤＣ＝1:2:1.5＝2:4:3で、図のような面積比になります。

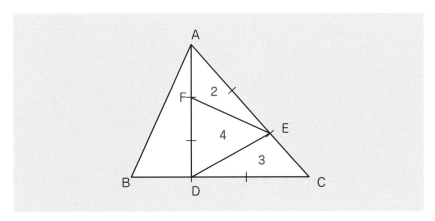

また、ＢＤ：ＤＣ＝１：２ですから、△ＡＢＤ：△ＡＤＣ＝１：２となります。図の面積比では、△ＡＤＣ＝２＋４＋３＝９ですから、△ＡＢＤの面積はその半分の4.5となり、△ＡＢＤ：△ＡＦＥ＝4.5：２＝９：４とわかり、正解は肢4です。

 正解 4

　△ＡＢＣにおいて、辺ＡＢの中点をＤとし、辺ＢＣを２：３に分ける点をＥとする。線分ＡＥとＣＤの交点をＦとし、点Ｄを通り辺ＢＣに平行な直線と線分ＡＥとの交点をＧとする。△ＤＦＧの面積を１とするとき、△ＡＢＣの面積はいくらか。

1. 16　　　2. 36　　　3. 40　　　4. 48　　　5. 52

相似な図形と底辺分割の定理から面積比を求める問題だよ。

　初めに、問題の通りに図を描くと、図１のようになります。

　Ｄを通ってＢＣに平行な直線とＡＣとの交点をＨとすると、<u>ＨはＡＣの中点になりますね。</u>

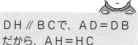

ＤＨ∥ＢＣで、ＡＤ＝ＤＢだから、ＡＨ＝ＨＣ

図１

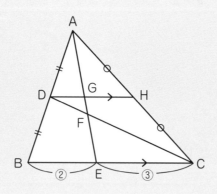

まず、ＤＧ∥ＢＥより、△ＡＤＧ∽△ＡＢＥで、相似比はＡＤ：ＡＢ＝１：２ですから、ＤＧ：ＢＥ＝１：２です。さらに、条件より、ＢＥ：ＣＥ＝２：３なので、ＤＧ：ＣＥ＝１：３となります。

そうすると、△ＤＧＦ∽△ＣＥＦで、相似比は１：３ですから、ＧＦ：ＥＦ＝１：３となり、図２のように、ＤとＥを結ぶと、底辺分割の定理（基本事項３－ⅰ）より、△ＤＧＦ：△ＤＥＦ＝１：３とわかります。

これより、△ＤＦＧ＝１とすると、△ＤＥＦ＝３で、△ＤＧＥ＝４となりますので、ＡＧ＝ＧＥより、△ＤＡＧ＝△ＤＧＥですから、△ＤＡＧ＝４、△ＤＡＥ＝８と表せます。

図２

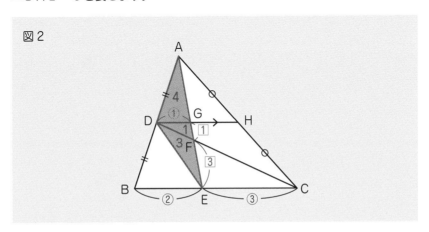

同様に、ＡＤ＝ＤＢより、△ＥＡＤ＝△ＥＤＢですから、図３のように、△ＥＤＢ＝８、△ＥＡＢ＝１６と表せ、さらに、ＢＥ：ＣＥ＝２：３より、△ＡＢＥ：△ＡＥＣ＝２：３となり、△ＡＥＣ＝１６×$\frac{3}{2}$＝２４と表せます。

図３

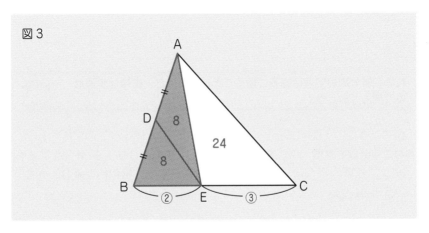

以上より、三角形ＤＦＧの面積を１としたとき、三角形ＡＢＣの面積は 16 ＋ 24 = 40 となり、正解は肢３です。

⇒ 正解 3

PLAY 8　角の二等分線の定理の問題　　　　　　　　　東京消防庁Ⅲ類 2008

　次の図のような、ＡＢ＝５cm、ＢＣ＝４cm の三角形ＡＢＣがある。角ＡＢＣの二等分線と辺ＡＣの交点をＤ、点Ｄを通り辺ＢＣに平行な直線と辺ＡＢの交点をＥとするとき、三角形ＡＢＣの面積と三角形ＡＥＤの面積比として正しいのはどれか。

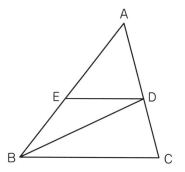

1. 25：16
2. 50：27
3. 80：37
4. 81：25
5. 90：49

> 角の二等分線の定理は滅多に使うことはないけど、簡単な定理なので覚えておこう！　

　図のように、ＡＢ＝５cm、ＢＣ＝４cm で、∠ＡＢＤ＝∠ＣＢＤですから、角の二等分線の定理（基本事項３－ⅲ）より、ＡＤ：ＣＤ＝５：４となります。
　また、ＥＤ∥ＢＣより、△ＡＥＤ∽△ＡＢＣで、相似比はＡＤ：ＡＣ＝５：（５＋４）＝５：９とわかります。

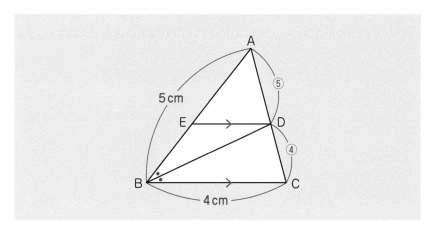

　相似な図形の面積比は相似比の2乗ですから、三角形ABCと三角形AED
の面積比は、$9^2 : 5^2 = 81 : 25$ となり、正解は肢4です。

　下の図のような三角形ＡＢＣがある。この三角形を、頂点Ａを中心として時計回りに360°回転させるとき、辺ＢＣが通過する領域の面積はいくらか。ただし、円周率はπとする。

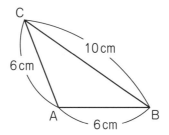

1. 16π cm²
2. 25π cm²
3. 36π cm²
4. 64π cm²
5. 100π cm²

> まず、ＢＣが通過する領域がどんな形になるか考えよう。そうすると、どこの長さが必要になるかな？

　辺ＢＣの中で、中心となる頂点Ａから最も距離が遠い点と最も距離が近い点を考えます。

　最も距離が遠い点はＢとＣで、Ａからの距離は6 cm です。

　そうすると、図１のように、Ｂ，ＣはＡを中心に半径6 cm の円を描き、これが辺ＢＣの通る領域の外枠になります。

　また、最も距離が近い点は、図のように<u>Ａから辺ＢＣに下ろした垂線の足</u>ですから、これをＨとし、ＡＨ＝rとすると、ＨはＡを中心に半径rの円を描き、これが領域の内枠になります。

垂直に下ろした線が最も短いよね！　斜めにするともっと長くなるでしょ!?

図1

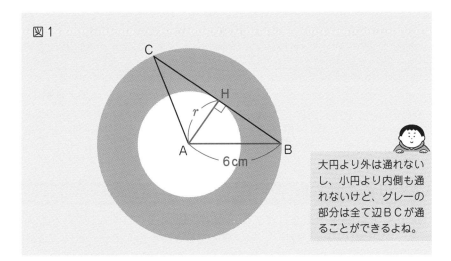

大円より外は通れない
し、小円より内側も通
れないけど、グレーの
部分は全て辺ＢＣが通
ることができるよね。

　求める領域は、図１のグレーの部分で、半径の６ｃｍ円の面積から半径 r の
円の面積を引いて求められますので、r の長さを調べます。
　三角形ＡＢＣは、二等辺三角形で左右対称ですから、図２のように、ＡＨで
２つの合同な直角三角形に分けられます。

図2

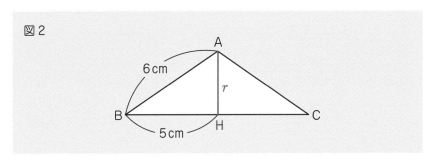

　ここで、三角形ＡＢＨについて、ＢＨ＝10 ÷ 2 ＝ 5（ｃｍ）ですから、三平
方の定理（基本事項４ − ⅰ）より、r は次のように求められます。

$$r^2 + 5^2 = 6^2$$
$$r^2 = 6^2 - 5^2$$
$$r = \sqrt{6^2 - 5^2} = \sqrt{36 - 25} = \sqrt{11}$$

　これより、求める面積は次のようになります。

$$6^2\pi - (\sqrt{11})^2\pi = 36\pi - 11\pi = 25\pi \text{ (cm}^2)$$

よって、正解は肢2です。

➡ 正解2

PLAY 10 　特別な角度を持つ直角三角形の問題　　海上保安学校（特別）2020

　図のような四角形ＡＢＣＤがある。∠ＤＡＢと∠ＢＣＤが共に直角であり、辺ＢＣと辺ＣＤの長さが等しく、辺ＡＢと辺ＤＡの長さの比が $\sqrt{3}:1$ であるとする。このとき、三角形ＡＢＤの面積は、三角形ＢＣＤの面積の何倍か。

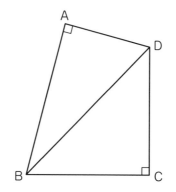

1. $\dfrac{\sqrt{3}}{3}$ 倍　　2. $\dfrac{2}{3}$ 倍　　3. $\dfrac{\sqrt{2}}{2}$ 倍　　4. $\dfrac{\sqrt{6}}{3}$ 倍　　5. $\dfrac{\sqrt{3}}{2}$ 倍

> ２つの三角形に分けて考えよう！ それぞれの辺の長さの比に着目して！

　まず、△ＡＢＤについて、ＡＢ：ＤＡ $= \sqrt{3}:1$ ですから、30°，60°，90°の角度を持つ直角三角形（基本事項４−ⅱ）とわかります。また、△ＢＣＤについて、ＢＣ：ＣＤ $= 1:1$ ですから、45°，45°，90°の角度を持つ直角三角形とわかります。

　△ＡＢＤの３辺比は $1:2:\sqrt{3}$、△ＢＣＤの３辺比は $1:1:\sqrt{2}$ ですから、ＡＢ $= \sqrt{3}$、ＤＡ $= 1$ とすると、ＢＤ $= 2$ となり、ＢＣ：ＢＤ $= 1:\sqrt{2}$ より、ＢＣの長さは次のようになります。

$$BC : 2 = 1 : \sqrt{2}$$
外項の積＝内項の積より
$$\sqrt{2}\,BC = 2$$
$$BC = 2 \div \sqrt{2} = \sqrt{2}$$

よって、BC＝CD＝$\sqrt{2}$ と表せ、それぞれの三角形の面積は次のようになります。

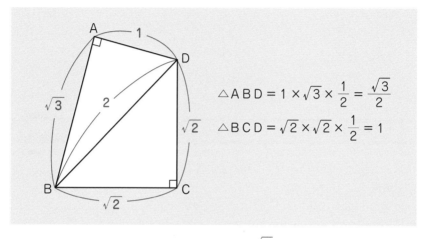

$$\triangle ABD = 1 \times \sqrt{3} \times \frac{1}{2} = \frac{\sqrt{3}}{2}$$

$$\triangle BCD = \sqrt{2} \times \sqrt{2} \times \frac{1}{2} = 1$$

これより、△ABDと△BCDの面積比は $\dfrac{\sqrt{3}}{2}$ ：1 となり、△ABDの面積は△BCDの面積の $\dfrac{\sqrt{3}}{2}$ 倍とわかり、正解は肢5です。

⇨ 正解 5

図のような一辺の長さ a の正六角形
と、これに外接する円で囲まれた斜線
部の面積として、正しいのはどれか。

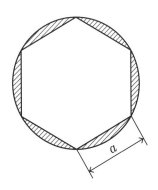

1. $(\pi - \sqrt{3})\, a^2$

2. $(\pi - 2\sqrt{2})\, a^2$

3. $\dfrac{\pi - \sqrt{3}}{2}\, a^2$

4. $\dfrac{2\pi - 3\sqrt{2}}{2}\, a^2$

5. $\dfrac{2\pi - 3\sqrt{3}}{2}\, a^2$

正六角形は正三角形に分割して面積を求めるよ。

正六角形は、図1のように、対角線によって6個の
正三角形に分けられます。

対角線の交点（図のO）は正六角形の中心（重心）
で、外接円の中心でもありますので、これにより、外
接円の半径も、正三角形の1辺と同じ a とわかります。

正六角形が出てきた
ら、ほとんどの場合、
この作業が必要にな
るからね！

図1

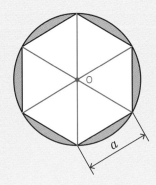

これより、斜線部の面積は、半径 a の円の面積から1辺 a の正三角形6個
の面積を引いて求められますので、ここで、正三角形の面積を計算します。

図2のように、正三角形を2つの直角三角形に分けると、それぞれは30°,

$60°$，$90°$ の形（基本事項 4 － ii）となり、高さは $\dfrac{a}{2} \times \sqrt{3} = \dfrac{\sqrt{3}}{2} a$ と表せます。

図 2

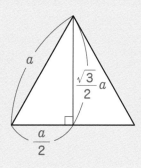

そうすると、1 つの正三角形の面積は、次のようになります。

$$a \times \dfrac{\sqrt{3}}{2} a \times \dfrac{1}{2} = \dfrac{\sqrt{3}}{4} a^2$$

1 辺 a の正三角形の面積の公式として覚えている人も多いかな。

これより、斜線部の面積は次のようになります。

$$\pi a^2 - \dfrac{\sqrt{3}}{4} a^2 \times 6 = \pi a^2 - \dfrac{3\sqrt{3}}{2} a^2 = \dfrac{2\pi - 3\sqrt{3}}{2} a^2$$

よって、正解は肢 5 です。

⇨ 正解 5

次の図のような、底辺が 18cm、斜辺が 15cm の二等辺三角形の内側に、すべての頂点が接し底辺の一部を辺として持つ正方形の面積の値として、正しいのはどれか。

1.　23.04 cm^2
2.　29.16 cm^2
3.　36 cm^2
4.　43.56 cm^2
5.　51.84 cm^2

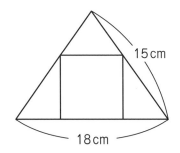

15cm

18cm

---

3 辺が整数比になる直角三角形で、最も頻繁に登場するのは「3：4：5」よだ。

二等辺三角形を図 1 のように 2 つの直角三角形に分けて、左半分を三角形 A B C とします。

A B = 15cm、B C = 18 ÷ 2 = 9（cm）で、15：9 = 5：3 ですから、この直角三角形は 3：4：5 の形（基本事項 4 − ⅲ）とわかり、A C = 15 × $\frac{4}{5}$ = 12（cm）となります。

図 1

斜辺：1辺が5：3または5：4なら、この形！

A

15cm

12cm

B　　9cm　　C

ここで、三角形 A B C の内部にある長方形の頂点を、図 2 のように D〜F とします。

長方形 D E C F は、正方形の半分ですから、D E：E C = 2：1 より、E C を x、D E を $2x$ とおくと、B E = 9 − x と表せます。

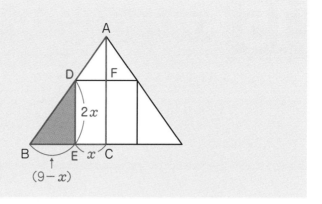

図2

また、ＤＥ／／ＡＣより、△ＡＢＣ∽△ＤＢＥとなり、三角形ＤＢＥもまた、3：4：5の形であることがわかりますので、ＤＥ：ＢＥについて次のように方程式が立ちます。

$$2x : (9-x) = 4 : 3$$
内項の積＝外項の積より
$$4(9-x) = 2x \times 3$$
$$36 - 4x = 6x$$
$$-10x = -36$$
$$\therefore x = 3.6$$

よって、正方形の1辺の長さ$2x$は、$3.6 \times 2 = 7.2$（cm）で、正方形の面積は、$7.2 \times 7.2 = 51.84$（cm^2）となり、正解は肢5です。

⇨ 正解5

#15 立体図形の計量

頻出度 ★★★★☆ 重要度 ★★★★☆ コスパ ★★★☆☆

計量問題は、平面図形のほうが多いですが、立体図形もよく出題されています。色々なパターンの問題がありますが、ここでは頻出度の高い、体積や表面積、表面上の最短距離を求める問題をご紹介いたします。

基本事項

>>> 体積の公式

ⅰ）直方体・立方体

図１のように、直方体の体積は、たて×よこ×高さで求められます。立方体は、たて、よこ、高さが同じ長さですので、１辺の長さの３乗で求められます。

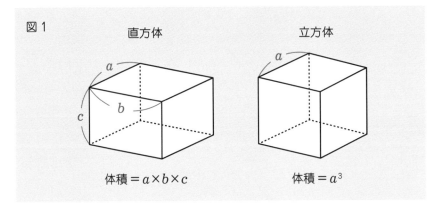

図１

直方体

立方体

体積 $= a \times b \times c$

体積 $= a^3$

ⅱ）角柱・円柱

図２のような、柱状の立体で、<u>底面が多角形のものを角柱</u>、<u>底面が円のものを円柱</u>といいます。

いずれにおいても、体積は、底面積×高さで求められます。

底面が三角形なら三角柱、四角形なら四角柱！

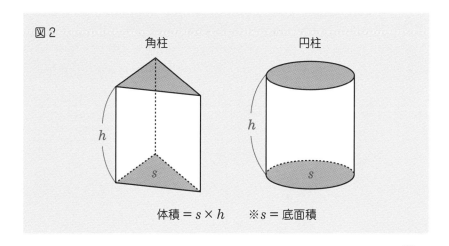

図2

角柱

円柱

体積 $= s \times h$ 　　※$s =$ 底面積

iii）角すい・円すい

　図3のような、先がとがった立体で、<u>底面が多角形の
ものを角すい</u>、底面が円のものを円すいといいます。

底面が三角形なら
三角すい、四角形
なら四角すいね！

　体積は、底面積×高さ× $\dfrac{1}{3}$ で求められます。

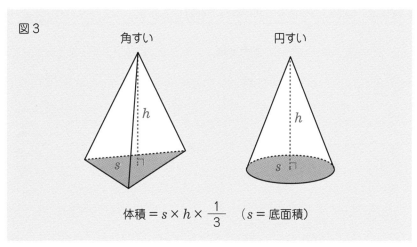

図3

角すい

円すい

体積 $= s \times h \times \dfrac{1}{3}$ 　（$s =$ 底面積）

iv）球

　半径 r の球の体積は、次のようになります。

$$体積 = \dfrac{4}{3}\pi r^3$$

めったに使わないけど、
一応覚えておこう！

底面の円の半径 3 cm、高さ 10 cm の円すいの形をした容器にいっぱいの水が入っている。この水を、半径 5 cm、高さ 10 cm の円柱の形をした容器にすべて移し替えたときの水面の高さとして、正しいものはどれか。

ただし、容器の厚さは無視できるものとする。

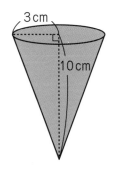 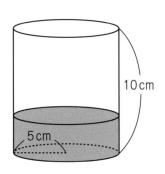

1. 1.00 cm　　2. 1.20 cm　　3. 1.25 cm　　4. 2.20 cm　　5. 2.25 cm

> まずは、円すいの体積を公式に従って計算してみて。

円すいの容器に入っている水の体積は、次のようになります（基本事項 iii）。

$$3^2 \pi \times 10 \times \frac{1}{3} = 30\pi \ (\text{cm}^3)$$

また、円柱の容器に移し替えた時の水面の高さを h とすると、水の体積について次のような方程式が立ちます。

円すいと同じ $30\pi\,\text{cm}^3$ だよ！

$$5^2 \pi \times h = 30\pi$$
$$25\pi h = 30\pi$$
$$\therefore h = 1.2$$

よって、水面の高さは 1.2 cm となり、正解は肢 2 です。

⇨ 正解 2

　下図のような底面の半径が 6 cm、母線の長さが 10 cm の直円すいに球が内接している。この球の体積として、最も妥当なのはどれか。ただし、円周率を π とする。

1.　12 π cm³
2.　24 π cm³
3.　36 π cm³
4.　48 π cm³
5.　60 π cm³

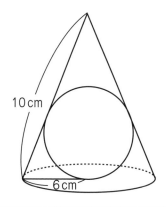

球の半径を求めるために、断面図を描いてみよう！

　図 1 のように、直円すいの頂点 A と底面の中心 H を通る平面で切断した図を描くと、図の△ A B H は直角三角形となり、A B = 10 cm、B H = 6 cm より、A H = 8 cm とわかります。

まっすぐな、普通の円すいのことね。

3 : 4 : 5 の直角三角形だね！

図 1

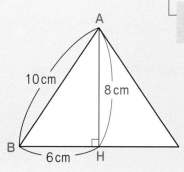

　A H は、直円すいに内接する球の中心を通り、内接球の断面は、図 2 のように、三角形の内接円となりますね。

もちろん、球と同じ半径の円になるね。

ここで、内接円の中心をO、ABとの接点をPとすると、OP⊥AB（#16基本事項4）より、△AOPも直角三角形となります。

さらに、∠PAO＝∠HABですから、△AOP∽△ABHとなり、△AOPの三辺比も3：4：5とわかります。

2組の角が等しければ、三角形は相似になるよ。

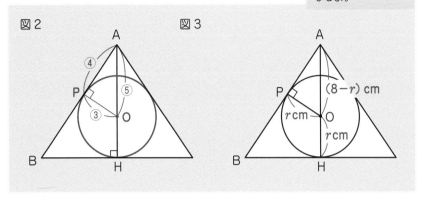

図2　　　　　　　　　　図3

ここで、図3のように、内接円の半径を$r$cmとすると、AO＝8－r（cm）と表せますので、AO：OP＝5：3より、次のようになります。

$$(8-r):r=5:3$$

外項の積＝内項の積より

$$3(8-r)=5r$$

かっこをはずして

$$24-3r=5r$$

$$-8r=-24 \quad \therefore r=3$$

これより、内接円の半径＝内接球の半径＝3cmとわかりましたので、球の体積の公式に代入して、次のようになります。

$$\frac{4}{3}\pi\times3^3=36\pi\ (cm^3)$$

よって、正解は肢3です。

⇨ 正解3

232

　下の図のような立方体ＡＢＣＤ－ＥＦＧＨの各面の対角線を辺とする立体Ｂ
ＤＥＧがある。

　辺ＢＤの長さが６cm のとき、立体ＢＤＥＧの体積はいくらか。

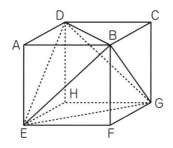

1. $45\sqrt{2}$ cm³

2. $36\sqrt{2}$ cm³

3. $27\sqrt{2}$ cm³

4. $18\sqrt{2}$ cm³

5. $9\sqrt{2}$ cm³

求める立体は、立方体から余分な図形を除いて考えよう！

　まず、立方体の１辺の長さを確認します。

　図１のように、上面ＡＢＣＤについて、ＡＢ：ＢＤ
＝１：$\sqrt{2}$（＃14 基本事項４－ⅱ）ですから、ＡＢ：６
＝１：$\sqrt{2}$ より、ＡＢ＝$3\sqrt{2}$ となります。

$\sqrt{2}\,AB = 6$

$AB = \dfrac{6}{\sqrt{2}}$

有理化して

$AB = \dfrac{6\sqrt{2}}{2} = 3\sqrt{2}$

図１

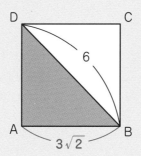

これより、立方体の1辺は$3\sqrt{2}$cmとわかりました。

そして、求める立体について考えると、立方体から図2のグレーの三角すいと同じものを4個取り除いた図とわかります。

頂点Aの周りに1個、頂点C，F，Hの周りにも同じものが1個ずつだね。

図2

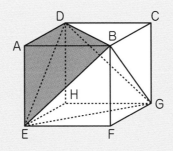

ここで、立方体を四角柱として考えて、立方体の体積と三角すい1個の体積を比較します。

たとえば、三角すいB－EFGについてみると、底面（三角形BFG）は立方体の底面（四角形EFGH）の半分で、高さは同じですから、三角すいの体積は、立方体の$\dfrac{1}{2} \times \dfrac{1}{3} = \dfrac{1}{6}$とわかります。

底面積で半分、三角すいだから、さらに$\dfrac{1}{3}$

そうすると、立方体から三角すい4個を取り除いた残りは、もとの立方体の、$1 - \dfrac{1}{6} \times 4 = \dfrac{2}{6} = \dfrac{1}{3}$（倍）となり、次のように計算します。

$$(3\sqrt{2})^3 \times \dfrac{1}{3} = 54\sqrt{2} \times \dfrac{1}{3} = 18\sqrt{2} \text{ (cm}^3\text{)}$$

$(3\sqrt{2})^3$の計算
$3^3 = 27$
$(\sqrt{2})^3 = 2\sqrt{2}$
これをかけて
$27 \times 2\sqrt{2} = 54\sqrt{2}$

よって、正解は肢4です。

正解4

底面の半径 3cm、高さ 4cm の直円すいの表面積として、正しいのはどれか。ただし、円周率は π とする。

1. $24\pi\,cm^2$
2. $25\pi\,cm^2$
3. $27\pi\,cm^2$
4. $30\pi\,cm^2$
5. $32\pi\,cm^2$

表面積は、展開図を描いて考えよう！

与えられた直円すいの図は、図 1 のようになります。

図の三角形 A B O について、A O：B O ＝ 4：3 ですから、3：4：5 の直角三角形（#14 基本事項 4 − ⅲ）となり、A B ＝ 5cm がわかります。

図 1

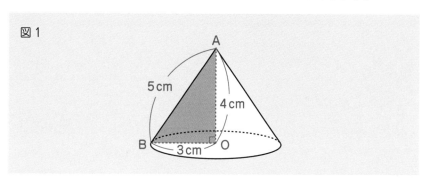

ここで、図 2 のように、直円すいの展開図を描きます。側面は図 1 の A B から切り開くと、半径 5cm のおうぎ形（図の①）に、底面は半径 3cm の円（図の②）になりますね。

図2

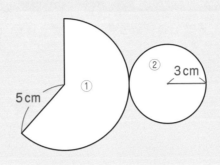

①の弧の長さは、②の円周と同じですから、3 ×
2π = 6π となります。おうぎ形の面積は、「半径 ×

弧の長さ × $\frac{1}{2}$」（下の「アドバイス」参照）で求め

られますので、表面積は次のようになります。

これを重ねて立体にな
るんだからね。

$$5 \times 6\pi \times \frac{1}{2} + 3^2\pi = 15\pi + 9\pi = 24\pi \ (\text{cm}^2)$$

①　　　②

よって、正解は肢1です。

➡ 正解1

アドバイス

半径 r のおうぎ形の面積の求め方は次のようなものがあるよ。

i) $\pi r^2 \times \dfrac{中心角}{360°}$

ii) $\pi r^2 \times \dfrac{弧の長さ}{円周}$

iii) 半径 × 弧の長さ × $\dfrac{1}{2}$

おうぎ形は円の一部なので、 i , ii のように、円全体の面積から求めるのが
一般的だけど、本問のように、iii が便利な問題もあるから覚えておこう！
ちなみに、iii は三角形の面積の求め方と、ちょっと雰囲気が似てるでしょ!?

PLAY 5 断面図の面積を求める問題   裁判所事務官Ⅲ種 2011

　　下の図のような１辺の長さが２の立方体ＡＢＣＤ－ＥＦＧＨがある。辺Ａ
Ｂの中点をＩ、辺ＢＣの中点をＪとするとき、台形ＩＥＧＪの面積はいくらか。

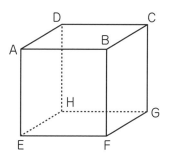

1. $2\sqrt{2}$　　　2. $2\sqrt{3}$　　　3. $3\sqrt{2}$　　　4. $\dfrac{9}{2}$　　　5. $\dfrac{3}{2}\sqrt{10}$

> 台形の面積は、（上底＋下底）×高さ÷２で求められるからね。

　台形ＩＥＧＪは、図１のように、左右対称な等脚台形になります。

図１

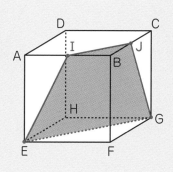

　ここで、台形ＩＥＧＪの各辺の長さを求めます。
　まず、ＩＥの長さですが、図２の三角形ＡＥＩについて三平方の定理より、
ＩＥ $= \sqrt{1^2 + 2^2} = \sqrt{5}$ となります。ＪＧの長さも同じですね。
　また、ＩＪについては、図３の三角形ＪＩＢは $1:1:\sqrt{2}$ の形ですから、
ＩＪ $= \sqrt{2}$、同様に図４より、ＥＧ $= 2\sqrt{2}$ となります。

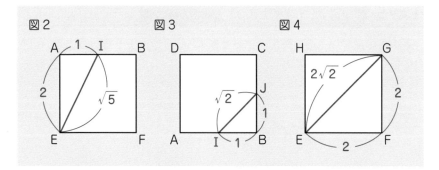

図2　図3　図4

これより、台形ＩＥＧＪは図５のようになり、垂線ＩＫ，ＪＬを引くと、四角形ＩＫＬＪは長方形ですから、ＫＬ＝ＩＪ＝$\sqrt{2}$となります。

台形ＩＥＧＪは左右対称ですから、ＥＫ＝ＧＬであり、その和は、ＥＧ－ＫＬ＝$2\sqrt{2}-\sqrt{2}=\sqrt{2}$ですから、ＥＫ＝ＧＬ＝$\dfrac{\sqrt{2}}{2}$となります。

図5

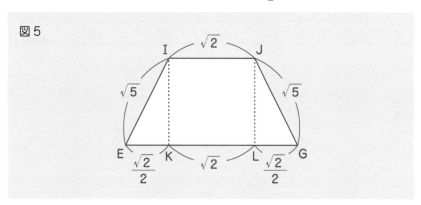

そうすると、三角形ＩＥＫについて三平方の定理より、ＩＫの長さは次のようになります。

$$ＩＫ^2 = (\sqrt{5})^2 - \left(\dfrac{\sqrt{2}}{2}\right)^2$$

$$= 5 - \dfrac{1}{2}$$

$$= \dfrac{9}{2}$$

$$\therefore ＩＫ = \sqrt{\dfrac{9}{2}} = \dfrac{\sqrt{9}}{\sqrt{2}} = \dfrac{3}{\sqrt{2}}$$

このあとの計算もあるので、有理化せずにおこう！

これより、台形ＩＥＧＪの高さは $\dfrac{3}{\sqrt{2}}$ とわかり、面積は次のように求められます。

$$(\sqrt{2}+2\sqrt{2})\times\frac{3}{\sqrt{2}}\times\frac{1}{2}=3\sqrt{2}\times\frac{3}{\sqrt{2}}\times\frac{1}{2}=\frac{9}{2}$$

よって、正解は肢４です。

⇨ 正解 4

PLAY 6 立体の表面の長さを求める問題　　東京消防庁Ⅱ類 2012

　下の図のように、1辺の長さが1の立方体の辺ＡＢ上の中点に点Ｐをとり、そこから出発して、辺ＢＣ、辺ＣＧ、辺ＧＨ、辺ＥＨ、辺ＡＥを横切り、再び点Ｐに戻ってくるように線を描くとき、その線の長さの最小値として、最も妥当なのはどれか。

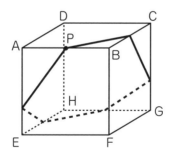

1. 3　　2. $3\sqrt{2}$　　3. $3\sqrt{3}$　　4. $4\sqrt{2}$　　5. $4\sqrt{3}$

表面上の長さを展開図に描くよ。長さが最小になるのは真っ直ぐなときだよね。

　Ｐから出発した線は、初めに上面（次ページ図1の①）を通り、辺ＢＣを経て右側面（②）へ、さらに、辺ＣＧを経て背面（③）へと進んでいきます。

これを、図1のように、まず、①を描き、辺BCに②を付け足し、辺CGに③を付け足し、というように、<u>線の行き先に面を付け足しながら立方体の展開図を描く</u>と図2のようになります。

本問では横切る辺を示してくれているけど、それは図から判断できるね。A〜Hをきちんと記入するのがポイントだよ！
線はとりあえず、図2のように適当に描いておこう！

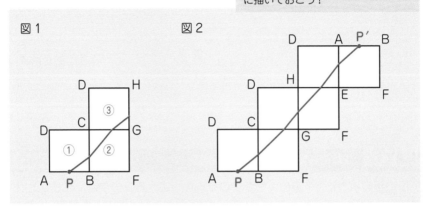

そうすると、線は図2のPP´のように描かれるわけですが、これが最小になるのは、図3のようにPP´が直線になるときです。

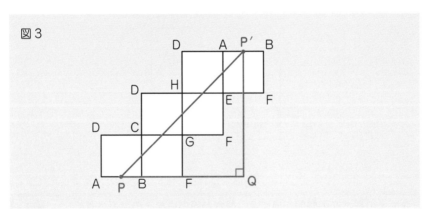

これより、図3のように、直角三角形PQP´を描きます。立方体の1辺の長さは1、PとP´はいずれも辺の中点ですから、PQ＝QP´＝3となり、この直角三角形は1：1：√2の形とわかります。

よって、PP´＝3√2となり、正解は肢2です。

⇨ 正解2

底面の半径が3cm、母線の長さが9cmの円すいがある。下の図のように底面の円周上の点Aから側面に沿って1周するように糸を巻きつける。糸が最も短くなるように巻きつけたときの糸の長さはいくらか。

1. 9cm
2. $\dfrac{9}{2}\sqrt{2}$ cm
3. $9\sqrt{2}$ cm
4. $9\sqrt{3}$ cm
5. $12\sqrt{3}$ cm

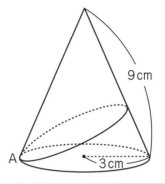

> 本問も、展開図を描こう！　このタイプの問題は、三平方の定理を使うことが多いかな。

　本問も、PLAY6と同様に、展開図を描いて、糸が直線になるときの長さを求めます。

糸が通る側面だけでOK！
底面はいらないよ。

　まず、図1のように、円すいの頂点をOとして、線分OAで側面を展開すると、図2のような半径9cmのおうぎ型になり、求める長さは図のAA′となります。

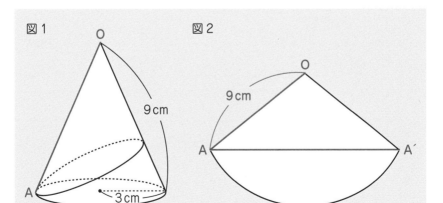

ここで、図2のおうぎ形の中心角を求めます。

おうぎ形の $\overset{\frown}{\text{A A}'}$ の長さは、底面の円の円周と同じですから、$3 \times 2\pi = 6\pi$（cm）です。

また、半径9cmの円の円周は $9 \times 2\pi = 18\pi$（cm）ですから、このおうぎ形は、円全体の $\dfrac{6\pi}{18\pi} = \dfrac{1}{3}$ となります。

そうすると、中心角も $360°$ の $\dfrac{1}{3}$ で $120°$ とわかります。

ここで、図3のように、おうぎ形を半分に分けると、図の三角形OAHは、$30°$，$60°$，$90°$ の直角三角形となりますね。

図3

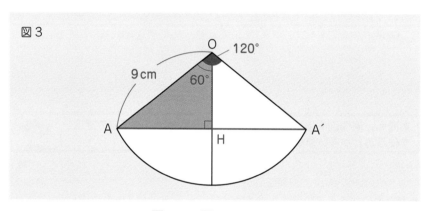

これより、AH $= 9 \times \dfrac{\sqrt{3}}{2} = \dfrac{9\sqrt{3}}{2}$（cm）となり、AH＝A′Hですから、

AA′ $= \dfrac{9\sqrt{3}}{2} \times 2 = 9\sqrt{3}$（cm）と求められます。

よって、正解は肢4です。

⇨ 正解4

頻出度 ★★★☆☆　　重要度 ★★★☆☆　　コスパ ★★★★☆

角度を求める問題には、多角形に関する問題と円に関する問題があり、いずれも大卒試験では余り出題されていませんが、高卒試験ではわりとコンスタントに出題があります。円に関する問題は、定理をしっかり確認しておきましょう。

基本事項

>>> 1. n 角形の内角と外角

三角形の内角の和は $180°$ です。四角形の内角の和は $360°$ ですが、これは、図1のように、三角形2個に分割できるので、$180° \times 2 = 360°$ となるわけです。

同様に、五角形は、図2のように、三角形3個に分割できるので、内角の和は $180° \times 3 = 540°$ となります。

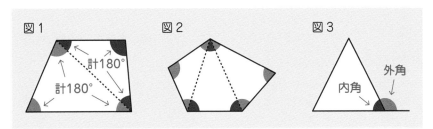

図1　計180°　計180°
図2
図3　外角　内角

すなわち、n 角形は、$n - 2$（個）の三角形に分割できるので、内角の和は次のような公式で求められます。

$$n \text{ 角形の内角の和 } \rightarrow 180° \times (n - 2)$$

また、内角に対して、図3のような角を外角といいます。
n 角形の外角の和は、常に $360°$ になります。

図のような、三角形の内角と外角について、$a + b + c = 180°$、$c + c' = 180°$ ですから、$a + b = c'$ が成り立ちます。

すなわち、三角形の2つの内角の和は、残る1つの外角と等しくなるわけです。

>>> 3. 円の定理

ⅰ）円周角の定理

図1の2点A，Bの間の円周部分を弧ABといい、$\overset{\frown}{AB}$と表します。

図の∠AOBを、$\overset{\frown}{AB}$に対する中心角、∠APBや∠AQBを、$\overset{\frown}{AB}$に対する円周角といいます。1つの弧に対して中心角は1個しかありませんが、円周角は、図のP，Qのように、弧以外の円周上の点であればどこにでもできますので、無数にあることになります。

そして、同じ弧に対する円周角はどこにあっても同じ大きさで、中心角の半分になります。

図1

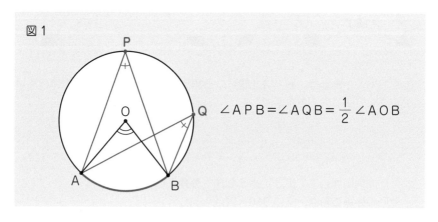

$$\angle APB = \angle AQB = \frac{1}{2} \angle AOB$$

ⅱ）内接四角形の定理

図2の四角形ＡＢＣＤのように、円に内接する四角形は、向かい合う内角の和が180°になります。

そうすると、図において、$a + c = 180°$、$c + c' = 180°$ ですから、$a = c'$ も成り立ちます。

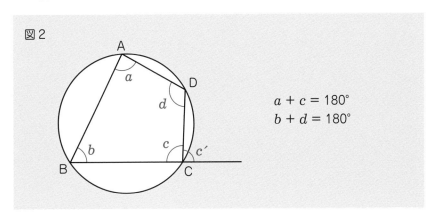

図2

$a + c = 180°$
$b + d = 180°$

>>> 4. 接線の性質

ⅰ）接線の性質

図1において、Ａ，Ｂを接点とすると、ＰＡとＰＢは等しくなります。

また、ＯＡ，ＯＢのような、中心と接点を結ぶ半径は、接線と垂直になります。

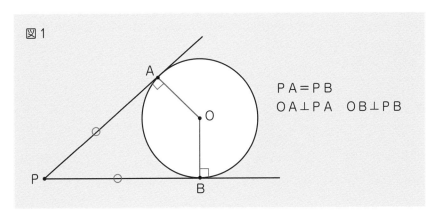

図1

ＰＡ＝ＰＢ
ＯＡ⊥ＰＡ　ＯＢ⊥ＰＢ

ⅱ）接弦定理

図2のＡＢのように、円周上の２点を結ぶ線分を弦といい、接線と弦によって作られる角は、その内部にある弧に対する円周角と等しくなります。

たとえば、図において、Ａを接点とする接線Ｌと弦ＡＢによってできる角（a）は、その内部にある弧（$\overset{\frown}{AB}$）に対する円周角（p）と等しくなります。

図2

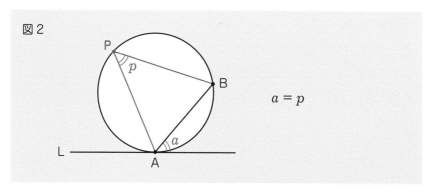

$$a = p$$

n 角形の内角の和の問題　　　　　　海上保安学校など2013

図のように、８個の同一の円をそれぞれが接するように並べ、各円の中心を線分で結んだ。このとき、色の付いた部分の面積は１個の円の面積の何倍か。

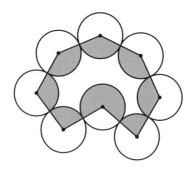

1. 2倍　　　2. 2.5倍　　　3. 3倍　　　4. 3.5倍　　　5. 4倍

円の中心を結んだ図形は、凹部分もあるけど、八角形だからね。

色の付いた部分は、いずれも同じ半径のおうぎ形ですから、中心角の合計が
360°で1個の円になります。

それぞれのおうぎ形の中心角は、次の図の$a \sim h$で、
いずれも八角形の内角に当たりますから、その和は次の
ようになります（基本事項1）。

> 円の中心を結んだ
> 八角形だよ。

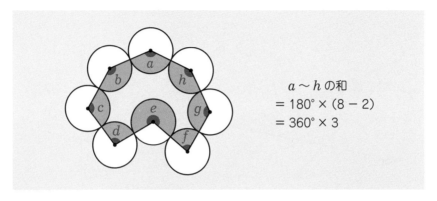

$a \sim h$ の和
$= 180° \times (8 - 2)$
$= 360° \times 3$

よって、すべてのおうぎ形を合わせると3個の円になり、正解は肢3です。

正解3

PLAY 2　n 角形の内角の和の問題　　　　　　　特別区III類 2013

次の図において、角度A〜Fの和はどれか。

F　　　　　A
E
B
D　　　C

1. 300°　　2. 360°　　3. 420°　　4. 480°　　5. 540°

補助線を引いて工夫してみよう！　三角形の外角の和の定理も使
うかな。

図１のようにＣとＤを結んで、グレーの２つの三角形に着目します。

三角形の外角の定理（基本事項２）より、ＢとＦの和は図のＧと等しく、また、図の色の付いた２つの角の和もこれと等しくなります。

そうすると、Ａ〜Ｆの和は、図２のグレーの四角形の内角の和に等しくなることがわかります。

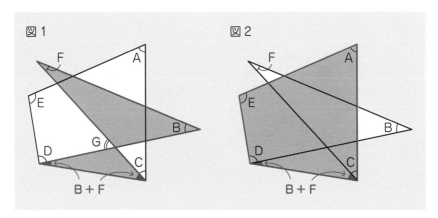

図１　　　　　　　　　　　図２

四角形の内角の和は360°ですから、正解は肢２です。

➡ 正解２

アドバイス

PLAY1，2ともに、条件として、具体的な角度（ここが何度とか）が示されているわけではないので、図形の性質から求めることになるよね。

そうすると、多角形の性質から180°の倍数とか、直角三角形がらみで、45°や30°，60°という角度と関連のある大きさとかしか考えられないんだ！

PLAY2も、肢２か肢５くらいしか、答えにならないってことさ！

次の図のように、三角形ＡＢＣの辺ＡＢ上に点Ｄ、辺ＢＣ上に点Ｅ及び点Ｆがあり、ＡＣ＝ＡＦ＝ＤＦ＝ＤＥ＝ＢＥである。今、∠ＢＡＣ＝100°であるとき、∠ＡＢＣの大きさはどれか。

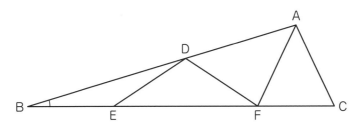

1.　16°　　　2.　17°　　　3.　18°　　　4.　19°　　　5.　20°

二等辺三角形がたくさんあるね。三角形の外角の定理も使えるかな！

条件より、図１の印を付けた辺の長さが等しいので、△ＥＢＤ，△ＤＥＦ，△ＦＤＡ，△ＡＦＣはいずれも二等辺三角形になり、底角はそれぞれ等しく、ここで、これらの底角を図のように①～⑧とします。

二等辺三角形は左右対称だから、底角が等しくなるんだ！

頂角

底角

図１

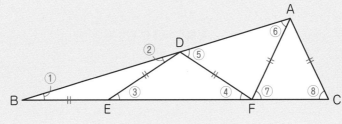

まず、△ＥＢＤにおいて、図２のように、①＝②＝xとすると、三角形の外角の定理（基本事項２）より、③＝$2x$となります。これより、△ＤＥＦにおいて、④＝③＝$2x$とわかります。

図2

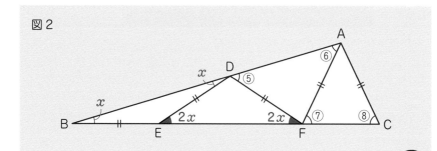

次に、⑤の大きさを考えると、②＋⑤＝180°－∠EDF＝③＋④＝4x より、⑤＝4x－x＝3x となり、△FDAにおいて、⑥＝⑤＝3x とわかります。

三角形の外角の定理と同じことだよね。

同様に、④＋⑦＝⑤＋⑥＝6x より、⑦＝6x－2x＝4x となり、△AFCにおいて、⑧＝⑦＝4x とわかります。

ここで、図3のように、BAの延長上にGを取り、∠CAGの大きさを同様に求めると、∠CAG＝8x－3x＝5x とわかりますね。

図3

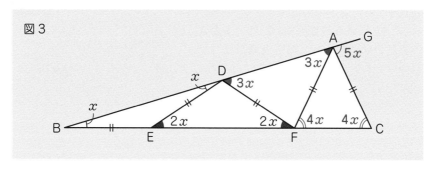

そうすると、条件より、∠CAG＝180°－100°＝80° ですから、5x＝80° より、x＝16° とわかり、∠ABC＝16° となります。

よって、正解は肢1です。

➡ 正解1

PLAY 4　円周角の定理の問題

図において∠ＡＯＢ＝110°のとき、∠ＣＡＤはいくらか。
ただし、Ｏは円の中心であり、線分ＡＤと線分ＢＣは平行である。

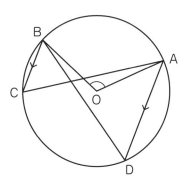

1. 50°　　2. 55°　　3. 60°　　4. 65°　　5. 70°

円周角の定理と平行線の性質を使って解くよ。

　∠ＡＯＢは⌒ＡＢの中心角ですから、円周角の定理（基本事項３－ⅰ）より、⌒ＡＢの円周角はその $\frac{1}{2}$ で、図のように、∠ＡＣＢ＝55°となります。

　また、ＡＤ∥ＢＣより、錯角は等しくなるので、∠ＣＡＤ＝∠ＡＣＢ＝55°とわかります。

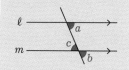

図の a と b のような角を同位角、a と c のような角を錯角といい、いずれも、$\ell \parallel m$ のとき等しくなるよ。

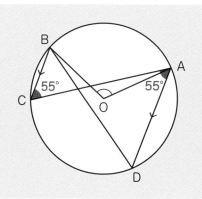

よって、正解は肢２です。

➡ 正解 2

　図のように、円周上を時計回りに等間隔に並んだ点をA_1，A_2，…，A_{11}とし、点A_1からA_5，A_9，…のように、4点目ごとに線分で結ぶことにより星型の多角形を作る。このようにしてできた星型多角形の頂点A_1〜A_{11}の内角の総和はいくらか。

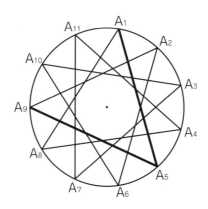

1. 360°　　　2. 450°　　　3. 540°　　　4. 630°　　　5. 720°

円周角がいっぱいあるけど、どれも同じ大きさだね。

　頂点A_1〜A_{11}の内角は、いずれも円周上にある角、つまり円周角（基本事項3－ⅰ）であることに着目し、対応する円弧の大きさを調べます。

　そうすると、たとえば、A_1についてみると、図のように$\overset{\frown}{A_8 A_5}$に対する円周角であることがわかります。

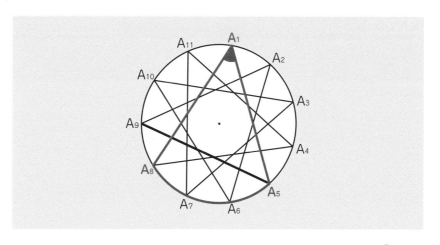

　円周は、$A_1 \sim A_{11}$ で 11 等分されていますので、$\overset{\frown}{A_8 A_5}$ は円周の $\dfrac{3}{11}$ となります。

　円周全体に対する中心角は $360°$ で、円周角は中心角の $\dfrac{1}{2}$ ですから、円周全体に対する円周角は $180°$ になりますので、$\overset{\frown}{A_8 A_5}$ に対する円周角は $180° \times \dfrac{3}{11}$ で求められます。

　そうすると、$A_1 \sim A_{11}$ の内角はいずれも同じ大きさですから、その和は次のようになります。

$$180° \times \dfrac{3}{11} \times 11 = 540°$$

　よって、正解は肢 3 です。

⇨ 正解 3

　図のように、三角形ＡＢＣの外接円の外部の点Ｐからこの円に接線ＰＡ，Ｐ
Ｂを引く。このとき、∠ＡＰＢの大きさとして、正しいのはどれか。なお、図
は必ずしも正確ではない。

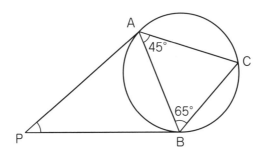

1.　40°　　　　2.　45°　　　　3.　50°　　　　4.　55°　　　　5.　60°

接弦定理を使うよ。どの角が等しくなるかな？

　三角形ＡＢＣの内角の和より、∠ＡＣＢ ＝ 180° −
(45° + 65°) ＝ 70° です。

　そうすると、接弦定理（基本事項４−ⅱ）より、
図のように、∠ＡＢＰ ＝ ∠ＡＣＢ ＝ 70°、∠ＢＡＰ
＝ ∠ＡＣＢ ＝ 70° がわかります。

それぞれの接線で接弦
定理が成り立つけど、
ＰＡ＝ＰＢ（接線の性
質）より、∠ＰＡＢ＝
∠ＰＢＡを使っても
ＯＫ！

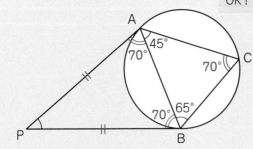

　よって、三角形ＰＡＢの内角の和より、∠ＡＰＢ ＝ 180° − (70° + 70°) ＝
40° となり、正解は肢１です。

⇨ **正解 1**

資料解釈【実数】

頻出度 ★★★★☆   重要度 ★★★★☆   コスパ ★★★☆☆

#18以降では、割合や増加率などが含まれる資料が出てきますが、ここでは、実数のみを記載した資料を扱います。表やグラフから実数を読み取って、選択肢の内容を判断しますが、ポイントは、なるべく面倒な計算を避けて判断することにあります。

PLAY 1　実数の表の問題

東京消防庁III類 2010

　次の表は、A～Fの地域別人口の推移を示したものである。この表から判断できることとして、最も妥当なのはどれか。

（単位：百万人）

	1950 年	1975 年	2000 年
A 地域	1,411	2,394	3,705
B 地域	224	416	821
C 地域	548	676	729
D 地域	226	352	490
E 地域	113	216	349
F 地域	13	21	31
合計	2,535	4,075	6,125

1. 1950 年に対する 1975 年の人口増加率が最も高いのはA地域である。
2. 表中のすべての年において、B地域の人口は合計の 10% に満たない。
3. 表中の各年のうち、E地域の人口に対するD地域の人口の比率が最も高かったのは 1950 年である。
4. 合計に占めるC地域の人口の割合は、1975 年よりも 2000 年のほうが高い。
5. E地域とF地域のうち、1950 年に対する 2000 年の人口増加率が高いのはF地域である。

> 表から数値を読み取って、選択肢の正誤を判断しよう。計算はざっくりでいいからね。

肢1 50年→75年のA地域は、1,411→2,394で、2倍には遠く及びません。

しかし、E地域は113→216で2倍近くあり、増加率はA地域＜E地域とわかります。

計算すると、次のように確認できます。

> A地域　2,394÷1,411≒1.7
> E地域　216÷113≒1.9

よって、増加率が最も高いのは、A地域ではありません。

肢2 75年のB地域は416で、合計4,075の10％を超えています。2000年も同様ですね。

肢3 50年のE地域は113、D地域は226で、DはEのちょうど2倍です。

しかし、75年、2000年については、DはEの2倍に及びませんので、比率が最も高かったのは50年です。

よって、本肢は妥当です。

肢4 75年のC地域は676で、<u>合計4,075の15％を超えます</u>。

しかし、2000年のC地域は729で、合計6,125の15％には及びません。

よって、C地域の割合は75年＞2000年となります。

肢5 50年→2000年のE地域は、113→349で3倍を超えます。

しかし、F地域のそれは、13→31で3倍に及びません。

よって、増加率はE地域＞F地域となります。

正解3

　ある旅行者が観光の際に表のような交通機関を利用した。これから確実にいえるのはどれか。

交通機関	距離（km）	運賃（円）	所要時間（分）
電車	80	900	120
バス	15	660	45
路面電車	10	500	30
フェリー	20	1,500	40
ロープウェイ	5	800	20

1．平均速度は、電車が最も速く、フェリーの 2 倍である。
2．1 時間当たりの運賃は、バスが最も安く、フェリーの 4 分の 1 以下である。
3．1 時間当たりの運賃は、ロープウェイが最も高く、路面電車の 2 倍以上である。
4．1 km 当たりの運賃は、ロープウェイが最も高く、電車の 20 倍以上である。
5．1 km 当たりの運賃は、バスと路面電車で同じである。

> 表の数値は単純なものばかりだね。こういうときは、計算しちゃったほうがラク！

肢 1　平均速度は、「距離÷所要時間」で求められます。表中の数値はわりと単純なので、素直に計算するのが早いでしょう。それぞれ計算すると次のようになります。

$$電\ 車\quad \frac{80}{120} = \frac{2}{3} \qquad バ\ ス\quad \frac{15}{45} = \frac{1}{3}$$

$$路面電車\quad \frac{10}{30} = \frac{1}{3} \qquad フェリー\quad \frac{20}{40} = \frac{1}{2}$$

$$ロープウェイ\quad \frac{5}{20} = \frac{1}{4}$$

　これより、最も速いのは電車ですが、フェリーの 2 倍ではありません。

肢 2　「1 時間当たりの運賃」の比較は、「1 分当たりの運賃」でも同様にできますので、「運賃÷所要時間（分）」を計算すると、次のようになります。

電　車	$\dfrac{900}{120} = \dfrac{15}{2}$	バ　ス	$\dfrac{660}{45} = \dfrac{44}{3}$
路面電車	$\dfrac{500}{30} = \dfrac{50}{3}$	フェリー	$\dfrac{1500}{40} = \dfrac{75}{2}$
ロープウェイ	$\dfrac{800}{20} = 40$		

電車は $\dfrac{15}{2} = 7.5$ だけど、他はすべて 10 を超えているよね。

これより、最も安いのは電車であり、バスではありません。

肢 3 肢 2 の計算より、最も高いのはロープウェイの 40 で、路面電車は $\dfrac{50}{3}$ ≒ 17 ですから、ロープウェイは路面電車の 2 倍以上となり、本肢は確実にいえます。

肢 4 それぞれの「運賃 ÷ 距離」を計算すると次のようになります。

電　車	$\dfrac{900}{80} = \dfrac{45}{4}$	バ　ス	$\dfrac{660}{15} = 44$
路面電車	$\dfrac{500}{10} = 50$	フェリー	$\dfrac{1500}{20} = 75$
ロープウェイ	$\dfrac{800}{5} = 160$		

これより、最も高いのはロープウェイですが、電車の 20 倍には足りません。

肢 5 肢 4 の計算より、バスと路面電車は同じではありません。

⇨ 正解 3

下の表は、国内 10 地域の地域別広葉樹林面積を表したものであるが、この表から言えることとして最も適当なものはどれか。

（単位：1,000 ha）

地域	1960 年		1970 年		1980 年		1990 年		2000 年	
	人工林	天然林	人工林	天然林	人工林	天然林	人工林	天然林	人工林	天然林
北海道	27	3,499	27	3,240	30	3,155	43	3,052	47	2,767
福島県	14	673	7	615	6	543	11	516	9	511
新潟県	1	624	2	574	3	549	4	533	3	547
長野県	3	417	2	406	1	373	1	362	2	354
静岡県	14	188	3	160	4	146	4	142	5	147
大阪府	3	14	4	13	2	12	2	13	2	13
島根県	2	340	1	340	1	293	1	265	2	265
高知県	1	288	1	238	4	168	7	176	7	180
福岡県	8	62	4	52	4	49	4	51	4	51
鹿児島県	13	275	10	242	8	225	13	219	15	230

（農林水産省『世界農林業センサス』より作成）

1. 1960 年の北海道の人工林と天然林の面積の合計は、352,600 km^2 である。また、福島県の同様の面積の合計は、68,700 km^2 である。
2. 1960 年の調査では、どの地域においても人工林の面積は天然林の面積の 20％を超えていない。
3. 1970 年から 1980 年にかけて、人工林と天然林の面積の合計の減少割合が最も低かった地域は、新潟県である。
4. 1980 年から 1990 年にかけて、2 つの地域において人工林と天然林の面積の合計が増加している。
5. 2000 年の調査では、北海道を除いた 9 つの地域全体における人工林と天然林の面積の合計は、1990 年よりも増加している。

肢 1 は単位の知識が必要だけど、こういうのは滅多にないからね。

肢 1　1 ha は、1 辺が 100 m の正方形の面積で、1 km² は 1 辺が 1,000 m の正方形の面積ですから、その関係は次のようになります。

$$1\,ha = 100 \times 100 = 10,000\,m^2$$
$$1\,km^2 = 1,000 \times 1,000 = 1,000,000\,m^2$$
$$\Rightarrow$$
$$100\,ha = 1\,km^2$$
$$1,000\,ha = 10\,km^2$$

　これより、60 年の北海道は、27 + 3,499 = 3,526（1,000 ha）= 35,260 km² となります。

　福島県についても同様で、1 桁ちがいますね。

肢 2　大阪府については、天然林 14 の 20％は 2.8 ですから、人工林 3 はこれを超えています。

肢 3　新潟県の 70 年は 2 + 574 = 576、80 年は 3 + 549 = 552 で、減少数は 576 − 552 = 24 で、これは 576 の 4％を超えます。

　しかし、北海道の 70 年は 27 + 3,240 = 3,267、80 年は 30 + 3,155 = 3,185 で、減少数は 3,267 − 3,185 = 82 で、これは 3,267 の 3％に足りません。

600 の 4％で 24、3,000 の 3％で 90 だからね。

　よって、減少割合は北海道＜新潟県となり、最も低いのは新潟県ではありません。

肢 4　80 年→90 年で増加している地域は、次の 3 つです。

大阪府　　2 + 12 = 14　→　2 + 13 = 15
高知県　　4 + 168 = 172　→　7 + 176 = 183
福岡県　　4 + 49 = 53　→　4 + 51 = 55

肢 5　90 年→2000 年で、北海道以外で減少している地域は、次の 2 つです。

福島県　　11 + 516 = 527　→　9 + 511 = 520　　7 減少
長野県　　1 + 362 = 363　→　2 + 354 = 356　　7 減少

　一方、増加している地域は、次の 5 つです。

人工林で 2 減少、天然林で 5 減少、と見ていけば OK！もちろん、多少アバウトで大丈夫！

新潟県　　4 + 533 = 537　→　3 + 547 = 550　　13 増加
静岡県　　4 + 142 = 146　→　5 + 147 = 152　　6 増加
島根県　　1 + 265 = 266　→　2 + 265 = 267　　1 増加
高知県　　7 + 176 = 183　→　7 + 180 = 187　　4 増加
鹿児島県　13 + 219 = 232　→　15 + 230 = 245　13 増加

減少分を上回ると分かった
ところでやめよう!

　　以上より、明らかに減少数＜増加数とわ
かり、合計は増加しています。
　　よって、本肢は適当です。

⇨ 正解 5

肢1は、「ha」の知識が必要だよね?
みんな知ってるかな!?
でも、これが正解ならカンタンすぎ
でしょ!?　何かある! と思ったほう
がいいね。

表は、ある地域における絶滅のおそれのある野生動物種のリストに掲載された種数等を分類群別に示したものである。これから確実にいえるのはどれか。

分類群	評価対象種	掲載種							
		絶滅	野生絶滅	絶滅危惧種			準絶滅危惧	情報不足	掲載種計
				絶滅危惧I類	絶滅危惧II類				
				IA類 ／ IB類					
哺乳類	160	7	0	33／24（12／12）	9		18	5	63
鳥類	700	15	1	97／54（23／31）	43		21	17	151
爬虫類	100	0	0	37／14（5／9）	23		17	4	58
両生類	76	0	0	29／17（4／13）	12		22	1	52
汽水・淡水魚類	400	3	1	169／125（71／54）	44		35	37	245
昆虫類	32,000	4	0	363／177（71／106）	186		350	153	870

1. 六つの分類群のいずれにおいても、掲載種に占める絶滅危惧種の割合は、それぞれ5割を超えている。

2. 六つの分類群のうち、絶滅危惧種に占める絶滅危惧IA類の割合が最も高いのは、哺乳類である。

3. 六つの分類群の合計でみると、絶滅危惧II類の数は、絶滅危惧I類の数より多い。

4. 六つの分類群の合計でみると、評価対象種に占める掲載種の割合は1割未満である。

5. 六つの分類群のうち、準絶滅危惧と情報不足の合計の評価対象種に占める割合が最も低いのは、鳥類である。

ちょっと複雑な表の問題だね。見るところを間違えないように！

肢1 昆虫類については、掲載種計は 870 で、絶滅危惧種は 363 ですから、5割を超えていません。

肢2 哺乳類の絶滅危惧種は 33 で、このうちⅠA類は 12 ですから、その割合は <u>4 割に及びません。</u>

30 の 4 割で 12 だから、33 の 4 割はもっと大きいよね。

　しかし、汽水・淡水魚類の絶滅危惧種は 169 で、このうちⅠA類は 71 ですから、その割合は <u>4 割を超えます</u>。

170 の 4 割で 68 だからね。

　よって、ⅠA類の割合は、哺乳類＜汽水・淡水魚類となり、最も高いのは哺乳類ではありあません。

肢3 Ⅰ類＜Ⅱ類なのは、爬虫類と昆虫類の 2 つで、次のように、いずれも 9 多いだけです。

　しかし、汽水・淡水魚類については、Ⅰ類がⅡ類を 81 上回りますので、6 つの分類群の合計では、Ⅰ類＞Ⅱ類となるとわかります。

> 爬虫類　　　　　Ⅱ類－Ⅰ類 = 23 － 14 = 9
> 昆虫類　　　　　Ⅱ類－Ⅰ類 = 186 － 177 = 9
> 汽水・淡水魚類　Ⅰ類－Ⅱ類 = 125 － 44 = 81

肢4 評価対象種は、昆虫だけで 32,000 あり、6 つの分類群の合計はそれ以上ですから、その 1 割は 3,200 以上になります。

　しかし、<u>掲載種の合計は次の通りで、3,200 に及びません。</u>

ざっくり見てもわかるよね。

> 63 ＋ 151 ＋ 58 ＋ 52 ＋ 245 ＋ 870 = 1439

　よって、本肢は確実にいえます。

肢5 鳥類の、準絶滅危惧と情報不足の合計は、21 ＋ 17 = 38 で、これは、評価対象種 700 の 5%以上になります。

　しかし、昆虫類のそれは、350 ＋ 153 = 503 で、これは、評価対象種 32,000 の 2%に及びません。

　よって、割合は鳥類＞昆虫類となり、最も低いのは鳥類ではありません。

⇨ **正解 4**

　次のグラフは、ある携帯電話販売店におけるA〜Cの3機種の毎月の販売台数を示したものである。このグラフから判断できることとして、最も妥当なのはどれか。

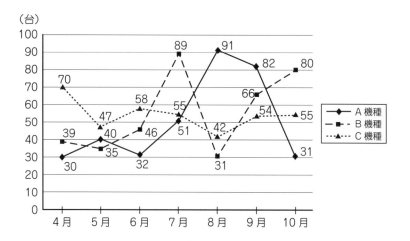

1. 4月から10月までの間で、3機種の販売台数の合計を月ごとに見てみると、7月が最も多く、5月が最も少ない。

2. 5月から10月までの間で、3機種の販売台数の合計を月ごとに見てみると、前の月よりも下がった月が1回だけある。

3. 6月から8月までの間で、販売台数の合計が最も多いのはB機種である。

4. 5月から10月までの間で、対前月増加率が最も大きいのは7月のB機種である。

5. 4月以降、累積販売台数が最も早く250台に達したのはC機種である。

ここからは、グラフの問題！　数字は小さいので、素直に計算したほうがラクかもね。

肢 1　各月の 3 機種の合計を求めると、次のようになります。

4 月　30 ＋ 39 ＋ 70 ＝ 139
5 月　40 ＋ 35 ＋ 47 ＝ 122　←最少
6 月　32 ＋ 46 ＋ 58 ＝ 136
7 月　51 ＋ 89 ＋ 55 ＝ 195
8 月　91 ＋ 31 ＋ 42 ＝ 164
9 月　82 ＋ 66 ＋ 54 ＝ 202　←最多
10 月　31 ＋ 80 ＋ 55 ＝ 166

大した計算ではないの
で、やっちゃおう！
これで肢 2 もわかるしね！

これより、最も少ないのは 5 月ですが、最も多いのは 7 月ではありません。

肢 2　肢 1 の計算より、5 月、8 月、10 月の 3 回です。

肢 3　3 機種の 6 〜 8 月合計を求めると、次のようになります。

A 機種　32 ＋ 51 ＋ 91 ＝ 174　←最多
B 機種　46 ＋ 89 ＋ 31 ＝ 166
C 機種　58 ＋ 55 ＋ 42 ＝ 155

これより、最も多いのは B 機種ではありません。

肢 4　B 機種の 6 月→ 7 月は、46 → 89 で 2 倍までは増えていません。
しかし、B 機種の 8 月→ 9 月は、31 → 66 で 2 倍以上です。
よって、増加率が最も大きいのは、7 月の B 機種ではありません。

肢 5　3 機種それぞれの累積を、250 に達するまで計算すると、次のようになります。

	4 月	5 月	6 月	7 月	8 月	9 月
A	30	70	102	153	244	326
B	39	74	120	209	240	306
C	70	117	175	230	272	

これより、最も早く 250 台に達したのは C 機種で、本肢は妥当です。

⇨ 正解 5

次の図から確実にいえるのはどれか。

映像情報制作・配給業の業務種類別売上高の推移

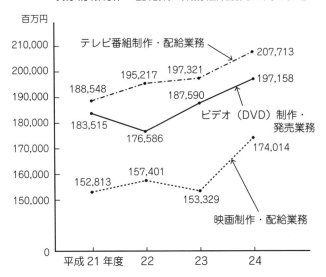

1. 平成 23 年度におけるビデオ（DVD）制作・発売業務の売上高の対前年度
   増加率は、10％より大きい。

2. 平成 21 年度のビデオ（DVD）制作・発売業務の売上高を 100 としたとき
   の平成 24 年度のそれの指数は、110 を下回っている。

3. 平成 24 年度のテレビ番組制作・配給業務の売上高の対前年度増加数は、
   平成 22 年度のそれの 2 倍を上回っている。

4. 映画制作・配給業務の売上高の平成 21 年度に対する平成 24 年度の増加率
   は、ビデオ（DVD）制作・発売業務の売上高のそれより小さい。

5. 平成 21 年度から平成 24 年度までの 4 年度の映画制作・配給業務の売上高
   の 1 年度当たりの平均は、1,600 億円を上回っている。

> 本問は数字が大きいね。ざっくりとした計算で済ませるようにし
> よう！

肢1 22年→23年のビデオ（DVD）制作・発売業務（以下「ビデオ」）は、176,586→187,590で、増加数は11,000程度ですから、増加率は10%に及びません。

肢2 21年→24年で10%以上増加していれば、指数は110以上になりますが、ビデオのそれは、183,515→197,158で、増加数は14,000に足りず、10%以上の増加はありません。

基準を100として表したのが「指数」。詳しくは#19で!

　よって、指数は110を下回り、本肢は確実にいえます。

肢3 23年→24年のテレビ番組制作・配給業務は、197,321→207,713で、増加数は11,000に及びません。

　また、21年→22年のそれは、188,548→195,217で、増加数は6,000を超えます。

ここは、増加率ではなく、増加数だからね!

　よって、前者は後者の2倍に及びません。

肢4 21年→24年の映画制作・配給業務（以下「映画」）は、152,813→174,014で、増加数は20,000を超え、増加率は10%を超えます。

　しかし、ビデオのそれは、肢2より、10%に及びません。

　よって、増加率は映画のほうが大きいです。

肢5 映画の各年について、1,600億円＝160,000（百万円）との差を考えます。

　21年は152,813で7,000以上不足、22年は157,401で2,000以上不足、23年は153,329で6,000以上不足ですから、この3年で計15,000以上不足します。

　24年については、174,014で、14,014上回りますが、21～23年の不足分に足りませんので、平均は160,000に及びません。

　計算すると、次のように確認できます。

$$(152,813 + 157,401 + 153,329 + 174,014) \div 4 ≒ 159,389$$

⇒ **正解2**

次の図から正しくいえるのはどれか。

日本の4県におけるうなぎ収穫量の推移

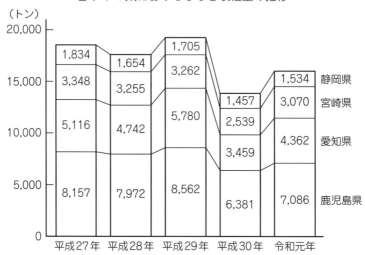

1. 平成27年から平成29年までについてみると、静岡県のうなぎ収穫量の3か年の累計は、5,000トンを下回っている。

2. 平成27年における鹿児島県と愛知県のうなぎ収穫量の計を100としたとき、令和元年における鹿児島県と愛知県のうなぎ収穫量の計の指数は90を上回っている。

3. 平成28年から令和元年までについてみると、静岡県のうなぎ収穫量の4か年における年平均は、令和元年の静岡県のうなぎ収穫量を上回っている。

4. 平成29年から令和元年までの各年についてみると、鹿児島県のうなぎ収穫量に対する宮崎県のうなぎ収穫量の比率は、いずれの年も0.4を下回っている。

5. 平成30年におけるうなぎ収穫量の対前年増加率が、最も大きいのは鹿児島県であり、最も小さいのは宮崎県である。

本問は、東京都で毎年出題されている定番のタイプだよ。

肢1 静岡県の 27 年から 29 年の累計は、1834 ＋ 1654 ＋ 1705 ＝ 5193 となり、5,000 を下回ってはいません。

肢2 27 年→元年の減少が 10％未満であれば、指数は 90 を上回ります。

鹿児島県と愛知県の計は、27 年は 13,000 以上ありますが、元年は 11,500 未満で、1,500 以上減少しており、これは 27 年の 1 割以上になります。

よって、指数は 90 を上回ることはありません。

肢3 静岡県の元年は 1,534 ですから、これに対する 28 年～ 30 年の過不足を確認すると、30 年のみ 1,534 を下回りますが、不足分は 100 にも及びません。

一方、28 年と 29 年はいずれも 1,534 を 100 以上超過していますので、超過分のほうが多く、28 年～元年の平均は 1,534 を上回ります。

よって、本肢は正しくいえます。

肢4 元年について見ると、宮崎県は 3,070 で、鹿児島県の 7,086 の 0.4 倍を上回ります。

7100 × 0.4 ＝ 2840 だからね。

肢5 29 年→ 30 年はいずれの県も減少していますから、増加率が大きい＝減少率が小さいとして考えます。

まず、鹿児島県の 29 年→ 30 年は、8,562 → 6,381 で、2,200 程度減少しており、減少率は 20％以上です。

しかし、静岡県のそれは 1,705 → 1,457 で、250 程度の減少ですから、減少率は 20％に及びません。

よって、対前年増加率は、鹿児島県＜静岡県となり、最も大きいのは鹿児島県ではありません。

同様に、宮崎県の減少率は 30％に及びませんが、愛知県の減少率は 30％を超えており、最も小さいのも宮崎県ではありません。

29 年に対する 30 年の割合を計算すると、次のように確認できます。

静岡県	1457 ÷ 1705 ≒ 0.855	←最大
宮崎県	2539 ÷ 3262 ≒ 0.778	
愛知県	3459 ÷ 5780 ≒ 0.600	←最小
鹿児島県	6381 ÷ 8562 ≒ 0.745	

⇨ **正解 3**

次の図は、新規株式上場企業数と上場廃止企業数をまとめたものである。この図から正しくいえるのはどれか。

新規株式上場企業及び上場廃止企業数

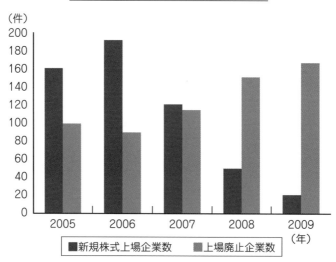

1. 2006年から2009年までの新規株式上場企業数の推移をみると、全ての年で前年より半分以下に減少している。
2. 図中の5年間で新規株式上場企業数をみると、2番目に多い年は下位2つ年の合計の2倍を超えていない。
3. 図中の5年間で上場廃止企業数をみると、最も多い年は最も少ない年の2.5倍を超えている。
4. 図中の5年間で、新規株式上場企業数と上場廃止企業数の差が最も大きい年は、最も少ない年の約10倍である。
5. 2005年から2007年までの新規株式上場企業数の合計は、2007年から2009年までの上場廃止企業数の合計よりも多い。

> グラフの数値を読まないとならないね。本番では定規は使えないから、鉛筆などを当てて読みとってみよう。

肢1 新規株式上場企業数（以下「新規」）の 2006 年は、前年より増加していますし、2007 年も半分まで減少してはいません。

肢2 新規が 2 番目に多い年は 2005 年で 160 弱です。

　一方、下位 2 つ年は、最下位が 2009 年で約 20、次は 2008 年で約 50 ですから合計で約 70 です。

　よって、前者は後者の 2 倍を上回っています。

肢3 上場廃止企業（以下「廃止」）の最も多い年は 2009 年で 160 強です。

　一方、最も少ない年は 2006 年で約 90 ですから、前者は後者の 2 倍にも及びません。

肢4 新規と廃止の差が最も大きい年は 2009 年で、廃止が 160 強、新規が約 20 ですから、その差は 140 強となります。

　一方、最も少ない年は、2007 年で、新規が約 120、廃止が 115 程度で、その差は 5 程度です。

　よって、前者は後者の 10 倍とはいえません。

肢5 新規の 2005 年〜 2007 年の 3 本のグラフと、廃止の 2007 年〜 2009 年の 3 本のグラフの長さを比べると、次のようにわかります。

2006 年の新規	＞	2009 年の廃止
2005 年の新規	＞	2008 年の廃止
2007 年の新規	＞	2007 年の廃止

一番長いグラフどうし、2 番目どうし、と比べてみるんだ！

　よって、新規のグラフ 3 本の合計のほうが廃止のそれより多く、本肢は正しくいえます。

⇨ **正解 5**

図は、ある国における図書館数、利用者数及び貸出冊数の推移を示したものである。この図から確実にいえるのはどれか。

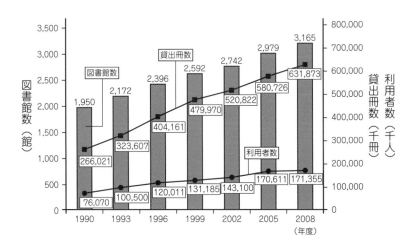

1. 2005 年度の利用者数は、1996 年度に比べて約 5 万人増加した。
2. 2002 年度に対する 2005 年度の貸出冊数の増加率は、2002 年度に対する 2005 年度の利用者数の増加率よりも高い。
3. 図書館 1 館当たりの貸出冊数は、1990 年度を 100 とすると、2008 年度は 200 を超える。
4. 図書館 1 館当たりの利用者数は、2008 年度よりも 1990 年度の方が多い。
5. 利用者 1 人当たりの貸出冊数は、1993 年度よりも 2002 年度の方が多い。

> 複数のグラフが絡む問題だね。読み違えないように注意してね！

肢 1 96 年→ 05 年の利用者数は、120,011 → 170,611 で、増加数は約 50,000（千人）であり、5 万人ではありません。

肢 2 02 年→ 05 年の貸出冊数は、520,822 → 580,726 で、60,000 近く増加していますから、増加率は 1 割強です。

しかし、利用者数のそれは、143,100 → 170,611 で、27,000 以上増加しており、増加率は 2 割弱です。

よって、貸出冊数の増加率のほうが高くはありません。

> 143,100 の 1 割で 14,310、2 割で 28,620 だからね！

肢3 90年の「貸出冊数÷図書館数」は、266,021÷
1,950 で、これは100を超えます。

一方、08年のそれは、631,873÷3,165で、こ
れは200に足りません。

よって、後者は前者の2倍に及びませんので、前
者100に対して後者が200を超えることはありません。

1,950 の 100 倍は
195,000
3,165 の 200 倍は
633,000

肢4 90年の「利用者数÷図書館数」は、76,070
÷1,950 で、これは40に足りません。

一方、08年のそれは、171,355÷3,165で、
これは50を超えます。

よって、90年より08年のほうが多いとわか
ります。

90年→08年で、図書
館数は2倍まで増えて
いないのに、利用者数
は2倍以上！ ってこと
からわかるよね！

肢5 93年の「貸出冊数÷利用者数」は、323,607÷100,500で、これは
3.2程度です。

一方、02年のそれは、520,822÷143,100で、
これは3.5を超えます。

よって、02年のほうが多く、本肢は確実に
いえます。

ここも、利用者数は1.5
倍まで増えていないけ
ど、貸出冊数は1.5倍
以上でわかるでしょ！

➡ 正解 5

　図は、我が国の魚介類及び肉類の年齢階層別摂取量について、2000 年と
2010 年との間の変化の状況を示したものである。これから確実にいえるのは
どれか。

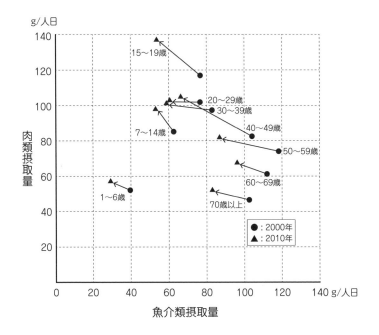

1. 2000 年と比べ 2010 年の魚介類摂取量が最も減少した年齢階層は「40 ～
   49 歳」である。
2. 2010 年で肉類摂取量と魚介類摂取量の和が最も大きい年齢階層は「40 ～
   49 歳」である。
3. 2000 年で肉類摂取量と魚介類摂取量の差が最も大きい年齢階層は「50 ～
   59 歳」である。
4. 2010 年で肉類摂取量より魚介類摂取量の方が多い年齢階層は四つある。
5. 全年齢階層でみると、2000 年と比べた 2010 年の肉類摂取量の増加分と
   魚介類摂取量の減少分はほぼ同じ量である。

2000 年 → 2010 年の変化を示したグラフだね。補助線が便利に
使えることもあるよ。

肢1 魚介類摂取量（以下「魚介」）は、よこの目盛りを読み取ります。

　「40 〜 49 歳」では、2000 年 → 2010 年（●→▲）で、約 103 → 約 67 で、約 36 減少しています。

　他にここまで減少している年齢階層はないので、最も減少したのは「40 〜 49 歳」となり、本肢は確実にいえます。

たて目盛りは肉類摂取量、こちらも、以下「肉類」で！

肢2 ▲の位置のたてとよこの和を考えると、「40 〜 49 歳」に比べて「15 〜 19 歳」は、よこ（魚介）は 15 ほど少ないものの、たて（肉類）は 30 ほど多く、和は「15 〜 19 歳」のほうが大きいと判断できます。

　また、たとえば、たてとよこの和が 140 になる点を取って線で結ぶと、次ページ図の①のような 45 度の右下がりの直線になります。

よこが増えた分だけ、たてが減ると、和が一定になるでしょ !?

　そうすると、「40 〜 49 歳」の▲を通る同様の線を引くと、図の②のようになり、この直線より右上にある「15 〜 19 歳」の▲は、「40 〜 49 歳」よりたてとよこの和が大きいと判断できます。

　よって、和が最も大きいのは「40 〜 49 歳」ではありません。

肢3 「50 〜 59 歳」の●は、魚介が 120 弱、肉類は 70 強で、その差は 50 に及びません。

　しかし、「70 歳以上」のそれは、魚介が 100 強、肉類は 50 弱で、その差は 50 を超えます。

　よって、差が最も大きいのは「50 〜 59 歳」ではありません。

肢4 たてとよこの値が同じ（魚介＝肉類）である点を取って線で結ぶと、図の③のようになり、この線より右下にある点は、魚介＞肉類となります。

どっちの範囲がどうなのかは、適当な点を取って、たてとよこの大きさを確認してみて！

　これより、この範囲にある▲の数を数えると、「50 〜 59 歳」「60 〜 69 歳」「70 歳以上」の 3 つとわかります。

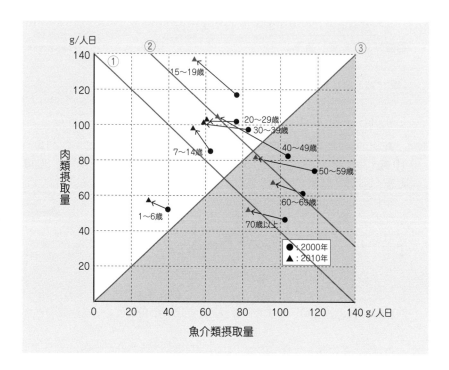

肥 5　図中の矢印（●→▲）は、どの年齢階層でも左上に向いており、魚介が減少して、肉類が増加しているのがわかります。

　　しかし、それぞれの減少量と増加量を比べると、「7～14歳」を除いては、魚介の減少量＞肉類の増加量とわかりますので、全年齢階層の合計でほぼ同じになることはありません。

⇨ 正解 1

次のグラフは、世界の国々について縦軸に国内総生産を、横軸に 1 人当たりの国内総生産の値を示したものである。このグラフから判断できることとして、最も妥当なのはどれか。

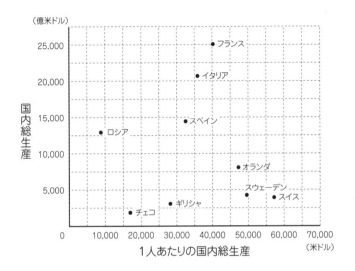

1.　表中の国において、最も人口が少ない国はチェコである。
2.　フランスとイタリアを比較すると、国内総生産 1 ドル当たりの人口はフランスのほうが多い。
3.　オランダとスウェーデンの人口を比較すると、スウェーデンのほうが多い。
4.　表中の国において、スペインよりも人口が多い国が 3 カ国ある。
5.　ギリシャとスイスの人口を比較すると、スイスのほうが多い。

原点と各点を結んだ直線の傾きは、何を意味するかな？

　肢 2 以外は人口に関することですので、まず、これについて確認します。
　人口は「国内総生産 ÷ 1 人当たりの国内総生産」で求められますから、図では「たて ÷ よこ」の値になります。
　ここで、たとえば、「たて ÷ よこ」の値が、同じ 0.5 になる点を取って線で結ぶと、次ページ図の①のようになり、これより左上は 0.5 より大きく、右下は小さいことがわかります。

（よこ, たて）＝（10,000, 5,000）、
（20,000, 10,000）など。
単位は無視するよ！

このように、原点を通る同じ直線上にある国は、人口が等しく、原点とその国を結ぶ直線の傾きが大きいほど人口が多く、小さいほど人口が少ないことがわかります。

傾きは「たて÷よこ」の値そのもの。
図では、①の傾き＞②の傾き。

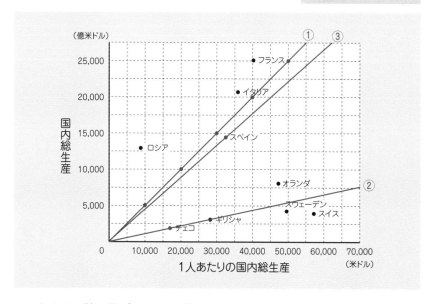

これより、肢1及び3〜5を確認します。

肢1 原点とチェコを直線で結ぶと、図の②のようになり、これより右下にある、スウェーデンやスイスのほうが人口は少ないとわかります。

よって、最も少ないのはチェコではありません。

肢3 オランダは、図の②より左上、スウェーデンは右下ですから、人口はオランダのほうが多いです。

肢4 原点とスペインを直線で結ぶと、図の③のようになり、これより左上にあるのは、ロシア、フランス、イタリアの3か国です。

よって、スペインより人口が多いのは3か国で、本肢は妥当です。

肢5 ギリシャは、ほぼ図の②の直線上にあり、スイスはこれより右下ですから、人口はギリシャのほうが多いです。

また、肢2については次のようになります。

肢2 「国内総生産1ドル当たりの人口」は、「人口÷国内総生産」で比較できます。

フランスとイタリアの比較ができればいいので、単位は無視！
「1ドル当たり何人」でも「1億ドル当たり何万人」でもどっちでもいいでしょ！

人口は、「たて÷よこ」ですから、「人口÷たて」は、次のようになります。

$$たて \div よこ \div たて = \frac{たて}{よこ} \times \frac{1}{たて} = \frac{1}{よこ}$$

すなわち、**よこの値の逆数になりますので、よこの値が大きいほど、その値は小さくなります。**
　そうすると、よこの値は、フランス＞イタリアですから、国内総生産1ドル当たりの人口は、**フランス＜イタリア**となり、イタリアのほうが多いです。

「1ドル当たり何人」が多いと、「1人当たり何ドル」が少ない、つまり、よこの値が少ないってことだよね！

⇨ 正解4

こういうグラフは補助線が大活躍だね！「たて÷よこ」みたいな値がでてきたら、原点と直線で結んでみるといいね！

#18 資料解釈【割合・構成比】

頻出度 ★★★★★　　重要度 ★★★★★　　コスパ ★★★☆☆

構成比とは、合計（100％）の中の何％を占めているという割合のことです。構成比だけでなく、合計（100％）の実数値が与えられている場合が多く、「合計×構成比」でそれぞれの項目の実数値を判断することが必要となり、けっこう面倒な問題が多いですね。

PLAY 1　割合の表の問題

刑務官 2011

表は、ある地方で実施されたA～Eの5種類の技能検定の受検状況を示したものである。この表から確実にいえるのはどれか。

技能検定	年間実施回数（回）	2008 年 受検者数（人）	2008 年 合格率（%）	2009 年 受検者数（人）	2009 年 合格率（%）	2010 年 受検者数（人）	2010 年 合格率（%）
A	2	2,522	48.9	2,985	42.3	2,574	42.1
B	5	17,947	45.3	18,148	44.4	20,820	44.3
C	2	2,770	80.6	2,430	81.5	2,068	77.6
D	4	13,012	49.2	16,241	47.3	17,617	46.0
E	1	1,894	24.4	2,949	27.7	3,795	28.9

1. 2008 年についてみると、合格者数が最も多いのはDである。
2. 2008 年から 2010 年までの間において、Bの合格者数は、一貫して減少している。
3. 2008 年に対する 2010 年の合格者数の増加率を比較すると、DよりEのほうが高い。
4. 2009 年についてみると、1 回当たりの合格者数が最も多いのはCである。
5. 2010 年にA～Eのいずれかの検定を受けた人の実数は、45,000 人を超えている。

> かけ算した値の大小を比較するテクニックを、肢 1 の解説でマスターしてね。

肢 1　合格者数は、「受検者数 × 合格率」で求められます。

　　2008 年の D は、13,012 × 49.2% で、これは <u>6,500 程度です。</u>

13,000 の半分くらいだからね。

　　しかし、同年の B は、17,947 × 45.3% で、これは <u>7,000 を超えます。</u>

18,000 の 40% で 7,200 だしね！

　　よって、合格者数が最も多いのは、D ではありません。

　　また、このようなかけ算した値の比較は、次のような判断の方法もあります。

　　次のように並べると、①は差が 5,000 近くあり、これは 13,012 の 3 〜 4 割に当たりますので、17,947 は 13,012 の 1.3 〜 1.4 倍に当たります。

　　対して、②は差が 4 にも満たず、45.3 の 1 割に足りませんので、49.2 は 45.3 の 1.1 倍に及びません。

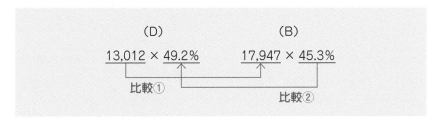

（D）　　　　　　　　　　（B）

13,012 × 49.2%　　17,947 × 45.3%

比較①　　　　　　　　比較②

　　すなわち、①と②が互いにイーブンであれば、両者の値は同じになりますが、ここでは①の割合＞②の割合となり、より大きい割合を持つ（B）のほうが大きくなります。

肢 2　2009 年→ 2010 年の B のは、受検者数が 1 割以上増加していますが、合格率はほとんど変わりません。

　　よって、合格者数は増加していると判断できます。

　　計算すると、次のように確認できます。

2008 年　17,947 × 0.453 ≒ 8,130
2009 年　18,148 × 0.444 ≒ 8,058
2010 年　20,820 × 0.443 ≒ 9,223

肢 3　2008 年→ 2010 年で、E の受検者数は約 2 倍に増加し、合格率も上がっていますので、合格者数は明らかに 2 倍以上になっています。

　　しかし、D のそれは、**受検者数は 2 倍に遠く及ばず、合格率は下がって**いますので、合格者数は 2 倍には遠く及びません。

よって、合格者数の増加率は、DよりEのほうが高く、本肢は確実にい
　　えます。

肢4　2009年のCは、2回の試験で受検者数が2,430ですから、1回当たり
　　1,200強です。合格率は81.5%ですから、合格者数はせいぜい1,000程
　　度でしょうか。
　　　一方、Dのそれは、4回の試験で16,241ですから、1回当たり4,000
　　強です。
　　　合格率は47.3%ですから、合格者数は2,000近くになります。
　　　よって、CよりDのほうが多いと判断でき、最も多いのはCではありま
　　せん。

肢5　2010年のA〜Eの受検者数を合計すると、確かに45,000を超えますが、
　　同じ人が複数の検定を受けていたり、同じ検定でも何回も受けている可能
　　性があります。
　　　よって、いずれかの検定を受けた人の実数が45,000人を超えるかは判
　　断できません。

⇨ **正解 3**

図は、各年度の国民医療費と、国民医療費の国民所得に対する比率を示したものである。

これから確実にいえるのはどれか。

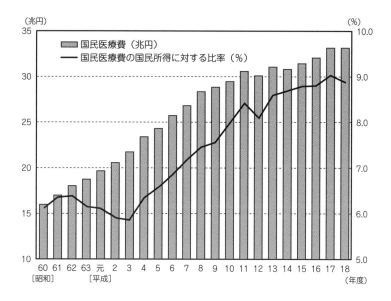

1. 昭和 62 年度から平成 3 年度にかけて、国民所得は年々増加している。
2. 平成 7 年度の国民所得はおよそ 194 兆円である。
3. 平成 12 年度の国民医療費は前年度に比べて減少しているが、平成 14 年度は前年度に比べて増加している。
4. 平成 18 年度の国民医療費は、昭和 60 年度のおよそ 2.5 倍である。
5. 昭和 60 年度から平成 18 年度の間で、国民 1 人当たりの医療費が最も高かったのは平成 17 年度である。

与えられたデータから、「国民所得」もわかるよね。

肢 1　国民所得 × 国民医療費の国民所得に対する比率（以下「比率」）＝ 国民医療費（以下「医療費」）ですから、国民所得は「医療費 ÷ 比率」で求められます。

すなわち、棒グラフの値を折れ線グラフで割った値ですね。

そうすると、63年から平成3年までいずれ
の年も、前年より棒グラフが上がり、折れ線グ
ラフが下がっていますので、国民所得は年々増
加し続けているとわかります。

62年に対する63年の
増減から調べるんだよ。

　　よって、本肢は確実にいえます。

肢2　7年の比率は7.2％程度ですから、仮に国民所得がおよそ194兆円であ
れば、これの7.2％は14兆円程度です。

　　しかし、この年の医療費は27兆円ほどあり
ますので、国民所得は194兆円程度ではありま
せん。

14兆円の2倍近くある
から、国民所得も194
兆円の2倍近くあるね。

　　国民所得は、肢1で確認したように「医療費
÷比率」で求められますので、計算して確認す
ると、次のようになります。

$$27兆円 ÷ 0.072 = 375兆円$$

肢3　14年の棒グラフは、前年より少し下がっていますので、前年度に比べ
て減少しています。

肢4　18年の医療費は33兆円程度、60年のそれは16兆円程度ですから、
前者は後者の2倍強で、およそ2.5倍とはいえません。

肢5　人口に関する情報がないので、「国民1人当たり医療費」は判断できま
せん。

⇨ **正解1**

表は、ある国の医療に関する統計である。この表から確実にいえるのはどれか。

	1970 年	1980 年	1990 年	2000 年	2010 年
医療費（億ドル）	3	25	65	120	160
国民一人当たりの医療費（十ドル）	3	24	65	102	132
医療費の国民所得に対する割合（％）	2.6	4.1	5.2	6.0	6.3
医師総数（百人）	96	119	121	156	187

1. 2010 年の人口は、1970 年と比べて約 2 倍に増加している。
2. 調査年についてみると、国民一人当たりの国民所得は一貫して増加している。
3. 2010 年の国民所得は、1970 年と比べて約 10 倍に増加している。
4. 2000 年の国民一人当たりの国民所得は、1990 年と比べて減少している。
5. 1970 年から 2010 年にかけて国民一人当たりの医療費が増加しているのは、医師総数が増加しているからである。

「人口」や「国民所得」を求める式を立てて、「国民一人当たり国民所得」を求める式を考えてみよう！

表の各項目を以下のように、P～Rとします。

		1970 年	1980 年	1990 年	2000 年	2010 年
P	医療費（億ドル）	3	25	65	120	160
Q	国民一人当たりの医療費（十ドル）	3	24	65	102	132
R	医療費の国民所得に対する割合（％）	2.6	4.1	5.2	6.0	6.3
	医師総数（百人）	96	119	121	156	187

肢1 人口は、次のように求められます。

人口＝医療費（P）÷国民一人当たりの医療費（Q）

1970年のP÷Qは3÷3＝1です。10年の
それは160÷132で、およそ1.2ですから、約
2倍とはいえません。

比較するだけだから、
単位は無視ね！

肢2 「国民一人当たりの国民所得」は、「国民所得÷人口」で求められます。
人口はP÷Qですから、次のようになります。

医療費（P）＝国民所得×医療費の国民所得に対する割合（R）
　　　　　　　↓
国民所得＝P÷R

国民所得÷人口＝（P÷R）÷（P÷Q）＝$\dfrac{P}{R} \div \dfrac{P}{Q} = \dfrac{P}{R} \times \dfrac{Q}{P} = \dfrac{Q}{R}$

　これより、各調査年のQ÷Rをみると次のようになり、かなりざっくり
計算しても一貫して増加しているのがわかります。

　　　　1970年　3÷2.6　　→　1ちょっと
　　　　1980年　24÷4.1　　→　約6
　　　　1990年　65÷5.2　　→　10〜15
　　　　2000年　102÷6.0　　→　15〜20
　　　　2010年　132÷6.3　　→　20以上

　きちんと計算すると、次のようになります。

　　　　1970年　3÷2.6 ≒ 1.15
　　　　1980年　24÷4.1 ≒ 5.9
　　　　1990年　65÷5.2 = 12.5
　　　　2000年　102÷6.0 = 17.0
　　　　2010年　132÷6.3 ≒ 21.0

よって本肢は確実にいえます。

肢3 肢2より、国民所得はP÷Rで求められます。

1970年のP÷Rは3÷2.6で、これは1.2弱です。

一方、10年のそれは160÷6.3で、20以上になります。

よって、後者は前者の約10倍とはいえません。

肢4 肢2より、増加しています。

肢5 「国民一人当たり医療費」と「医師総数」の関係は、この表からは判断できません。

⇨ **正解2**

PLAY4　計算式を変形する問題　　　　　　国家一般職（高卒）2013

表は、A国〜F国の6か国における原油の輸出額や貿易収支などを示したものである。この表から確実にいえるのはどれか。なお、貿易収支とは総輸出額から総輸入額を引いた値とする。

	原油輸出額 （百万ドル）	1人当たり原油 輸出額（ドル）	総輸出額に占め る原油輸出額の 割合（％）	貿易収支 （百万ドル）
A国	318,480	11,306	88.4	141,094
B国	114,751	1,513	87.9	51,427
C国	104,543	21,551	41.4	33,308
D国	86,204	528	79.6	17,853
E国	44,751	25,312	41.8	53,573
F国	11,823	1,825	71.8	5,063

1. 原油輸出額が大きい国ほど、貿易収支も大きい。
2. A国の総輸入額はC国の約4倍である。
3. B国とF国の1人当たりの総輸出額を比べると、B国の方が大きい。
4. C国とE国の総輸出額はほぼ等しい。
5. 人口が最も多いのはD国であり、最も少ないのはE国である。

PLAY3の類題だよ。同じように、式を変形して考えてみて！

表の各項目を以下のように、P〜Sとします。

	P	Q	R	S
	原油輸出額 （百万ドル）	1人当たり原油 輸出額（ドル）	総輸出額に占め る原油輸出額の 割合（%）	貿易収支 （百万ドル）
A国	318,480	11,306	88.4	141,094
B国	114,751	1,513	87.9	51,427
C国	104,543	21,551	41.4	33,308
D国	86,204	528	79.6	17,853
E国	44,751	25,312	41.8	53,573
F国	11,823	1,825	71.8	5,063

肢1 E国は、原油輸出額は6か国の中で下から2番目ですが、貿易収支は上から2番目です。

よって、このようなことはいえません。

肢2 表のP〜Sより、「総輸入額」の求め方を確認すると、次のようになります。

貿易収支（S）＝総輸出額－総輸入額
↓
総輸入額＝総輸出額－S　…①

原油輸出額（P）＝総輸出額×総輸出額に占める原油輸出額の割合（R）
↓
総輸出額＝P÷R　…②

①，②より、総輸入額＝P÷R－S

これより、とりあえず、大ざっぱに計算してみましょう。

まず、A国ですが、P÷Rは318,480÷0.884で、<u>350,000〜400,000位でしょう。</u>

そうすると、ここからSの141,094を引いて、総輸入額は、200,000〜250,000位と推測できます。

約9割で32万位だから、36万位かな？
って感じで考えてみて！

288

同様に、C国のP÷Rは104,543÷0.414で、250,000位ですから、ここからSの33,308を引いて、総輸入額は200,000強ですね。

4割ちょいで10万ちょいだからね。

これより、A国とC国の総輸入額はあまり変わらず、4倍にもなることはありません。

計算すると、次のように確認できます。

A国　318,480÷0.884 − 141,094 ≒ 360,271 − 141,094 = 219,177
C国　104,543÷0.414 − 33,308 ≒ 252,519 − 33,308 = 219,211

肢3　表のP〜Sより、「1人当たり総輸出額」の求め方を確認します。
　　「1人当たり総輸出額」は「総輸出額÷人口」であり、総輸出額は、肢2で確認したように、P÷Rで求められますので、次のようになります。

人口＝原油輸出額（P）÷1人当たり原油輸出額（Q）

$$総輸出額÷人口 = (P÷R)÷(P÷Q) = \frac{P}{R} ÷ \frac{P}{Q} = \frac{P}{R} × \frac{Q}{P} = \frac{Q}{R}$$

これより、B国とF国の $\frac{Q}{R}$ を比較すると次のようになり、F国の方が分子は大きく分母は小さいので、B国＜F国とわかります。

$$\begin{array}{cc} （B国） & （F国） \\ \dfrac{1,513}{87.9} & < & \dfrac{1,825}{71.8} \end{array}$$

肢4　総輸出額はP÷Rで、C国とE国のRはほぼ同じですが、PはC国の方がE国の2倍以上ありますので、総輸出額がほぼ等しくなることはありません。

肢5　人口はP÷Qで求められます。D国のP÷Qは86,204÷528で、これは100以上あります。他にそのような国はないので、最も多いのはD国です。
　　また、E国のそれは44,751÷25,312で、これは2に足りません。そのような国も他にありませんので、最も少ないのはE国です。
　　よって、本肢は確実にいえます。

⇨ **正解5**

次の表から正しくいえるのはどれか。

映画館における入場者数の種類別構成比の推移

(単位：%)

	平成 18 年	19 年	20 年	21 年	22 年
邦画	40.3	36.8	42.8	39.6	37.6
洋画	43.3	47.0	36.6	40.8	39.9
アニメーション	16.4	16.2	20.6	19.6	22.5
合計	100.0 (94,083)	100.0 (86,710)	100.0 (79,407)	100.0 (78,770)	100.0 (77,297)

（注）（　）内の数値は、入場者数の合計（単位：千人）を示す。

1. 邦画の入場者数についてみると、平成 18 年から 20 年までのうち、最も多いのは 20 年である。
2. 洋画の入場者数についてみると、平成 19 年から 21 年までの 3 か年の累計は 9,000 万人を上回っている。
3. アニメーションの入場者数についてみると、平成 18 年を 100 としたとき、22 年の指数は 120 を上回っている。
4. 邦画とアニメーションの入場者数の差についてみると、平成 19 年から 21 年までのいずれの年も 1,700 万人を下回っている。
5. 洋画の入場者数に対するアニメーションの入場者数の比率についてみると、平成 20 年から 22 年までのいずれの年も 0.52 を下回っている。

それぞれの入場者数は、「合計の入場者数 × 構成比」で求められるからね。

肢1 邦画の入場者数は、「合計の入場者数 × 構成比」で求められますので、合計の入場者数が多い18年と、20年を次のように比較します。

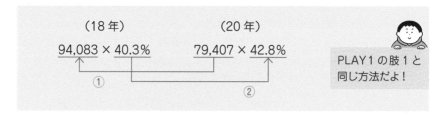

（18年）　　　　　　　　（20年）

94,083 × 40.3%　　　79,407 × 42.8%

①　　　　　　　　　　②

PLAY1の肢1と
同じ方法だよ！

①は、79,407に対して94,083は、10,000以上多く、これは79,407の1割以上ですから、1.1倍以上あります。

しかし、②は、40.3に対して42.8は、2.5しか多くないので、1.1倍には満たないです。

よって、①の割合 > ②の割合より、18年 > 20年となります。

肢2 19年〜21年の洋画をざっくりと概算してみます。

19年は、合計86,710の47.0%ですから、40,000以上ありそうです。

86,000の半分近くあるからね。

また、20年、21年はいずれも、合計80,000弱の40%程度ですから、30,000位はありそうです。

そうすると、この3か年で計100,000位ありそうですので、90,000（千人）= 9000万人を上回ると推測できます。

計算すると、次のように確認できます。

19年　86,710 × 0.47 ≒ 40,754
20年　79,407 × 0.366 ≒ 29,063
21年　78,770 × 0.408 ≒ 32,138
合計　40,754 + 29,063 + 32,138 = 101,955（千人）

よって、本肢は正しくいえます。

肢3 アニメーションの18年に対する22年の割合を、次のように検討します。

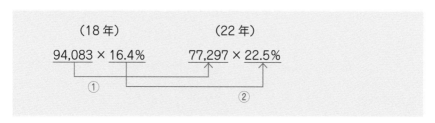

（18年）　　　　　　　　（22年）

94,083 × 16.4%　　　77,297 × 22.5%

①　　　　　　　　　　②

①では、94,083 → 77,297 で 17,000 近く減っており、これは 94,083 の 2 割弱に当たります。すなわち、22 年は 18 年の 0.8 倍強ですね。

そして、②では、16.4 → 22.5 で 6.1 増えており、これは 16.4 の 4 割弱に当たり、22 年は 18 年の 1.4 倍弱です。

そうすると、これらをかけ合わせても、0.8 × 1.4 = 1.12 ですから、1.2 倍には及ばないと判断でき、指数 120 を上回ることはありません。

計算すると、次のように確認できます。

18 年　94,083 × 0.164 ≒ 15,430
22 年　77,297 × 0.225 ≒ 17,392
22 年 ÷ 18 年　17,392 ÷ 15,430 ≒ 1.127

肢 4　19 年の邦画とアニメーションの差は、次のような計算で求められます。

$$86,710 × 36.8\% - 86,710 × 16.2\%$$
$$= 86,710 × (36.8 - 16.2)\,\%$$

すなわち、同じ年であれば、「合計 × 構成比の差」で、判断できるわけです。

36.8 - 16.2 = 20.6（%）で、<u>86,710 の 20.6% は 17,000 を超えます</u>。

85,000 × 0.2 = 17,000 だから、これより多いよね。

よって、19 年の差は、17,000（千人）= 1,700 万人を上回っています。

肢 5　洋画に対するアニメーションの比率も、構成比の比率で判断できます。

20 年についてみると、アニメーションは 20.6% で、洋画 36.6% の半数を大きく超えており、0.52 を超えると判断できます。

計算すると、次のように確認できます。

20.6 ÷ 36.6 ≒ 0.563

→ 正解 2

次の表から確実にいえるのはどれか。

世界の新造船受注量の推移

区分		平成20年	21	22	23	24
合計（万総トン）		8,800	3,360	8,240	5,680	3,843
構成比（％）	計	100.0	100.0	100.0	100.0	100.0
	日　　本	16.7	25.3	14.5	13.5	21.9
	韓　　国	39.4	25.4	33.9	44.2	31.3
	欧　　州	3.1	1.7	2.6	2.7	3.1
	中　　国	33.1	44.5	43.8	33.6	36.8
	そ の 他	7.7	3.1	5.2	6.0	6.9

（注）1　100 総トン以上の船舶を対象。
　　　2　平成 24 年は速報ベース。

1．平成 22 年から平成 24 年までの各年のうち、日本の新造船受注量と欧州の
　新造船受注量との差が最も小さいのは、平成 24 年である。

2．平成 21 年における韓国の新造船受注量の対前年減少率は、80％より大きい。

3．平成 22 年の欧州の新造船受注量を 100 としたときの平成 24 年のそれの
　指数は、40 を下回っている。

4．平成 21 年において、中国の新造船受注量の対前年減少量は、日本の新造
　船受注量のそれの 2 倍を上回っている。

5．平成 22 年から平成 24 年までの 3 年の中国の新造船受注量の 1 年当たり
　の平均は、2,000 万総トンを下回っている。

> 面倒なものは後回しにすることも作戦のひとつ！ 選択肢が 4 つ
> 切れたら、残る 1 つが正解だしね！

肢 1　日本と欧州の差は、「合計 × 構成比の差」で求められます。
　　24 年の日本と欧州の構成比の差は 21.9 － 3.1 ＝
18.8（％）ですから、<u>合計 3,843 の 18.8％で、これ
は 700 程度あります</u>。

3,800 × 19％ ＝
722 だからね。

　　しかし、23 年の構成比の差は 13.5 － 2.7 ＝ 10.8（％）で、合計 5,680
の 10.8％は 600 強にしかなりません。

　　よって、差が最も少ないのは 24 年ではありません。

計算すると、次のように確認できます。

23 年　5,680 × 0.108 ≒ 613.4
24 年　3,843 × 0.188 ≒ 722.5

肢2　韓国の 20 年に対する 21 年の割合を、次のように検討します。

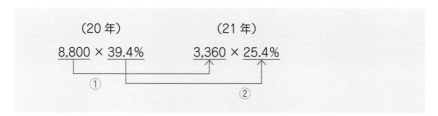

（20 年）　　　　　　　（21 年）
8,800 × 39.4%　　　3,360 × 25.4%
①
②

　①では、8,800 → 3,360 で、5,400 以上減っており、これは 8,800 の 6 割以上ですから、21 年は 20 年の 0.4 倍弱です。
　また、②では、39.4％ → 25.4％で、14.0 減っており、これは 39.4 の 3 〜 4 割に当たり、21 年は 20 年の 0.6 〜 0.7 倍です。
　そうすると、0.4 と 0.6 をかけ合わせても 0.24 ですから、21 年は 20 年の 0.2 倍を下回ってはいません。
　したがって、減少率は 80％より小さいです。
　計算すると、次のように確認できます。

20 年　8,800 × 0.394 ≒ 3,467
21 年　3,360 × 0.254 ≒ 853
21 年 ÷ 20 年　853 ÷ 3,467 ≒ 0.246
減少率　1 − 0.246 = 0.754（= 75.4％）

肢3　22 年の合計は 8,240 で、24 年は 3,843 ですから、24 年は 22 年の 4 割以上はあります。

> 9,000 の 4 割でも 3,600 だからね。

　さらに、22 年 → 24 年の欧州の構成比は、2.6％ → 3.1％で上昇していますので、24 年の「合計×構成比」が 22 年の 4 割を下回ることはありません。
　よって、指数 40 を下回りません。

肢4　中国と日本の 20 年 → 21 年の減少量を大ざっぱに計算してみます。
　中国の 20 年は、合計 8,800 の 33.1％です。「33.1％」は、ほぼ $\frac{1}{3}$ で

すから、9,000 の $\frac{1}{3}$ よりやや少なめで 2,900 程度です。

　また、21 年は、合計 3,360 の 44.5％で、「44.5％」は半数より 1 割程度少ないので、1,500 程度です。

　これより、中国の 20 年→ 21 年の減少量は、2,900 − 1,500 ＝ 1,400 程度と推測できます。

　一方、日本の 20 年は、8,800 の 16.7％で、9,000 × 0.16 ＝ 1,440 ですから、1,450 程度ですね。

　また、21 年は、3,360 の 25.3％で、「25.3％」はほぼ $\frac{1}{4}$ ですから、850 程度です。

大ざっぱな計算でも結構面倒だし、ここは、後回しが賢明かも！

　これより、日本の 20 年→ 21 年の減少量は、1,450 − 850 ＝ 600 程度で、中国は日本の 2 倍を上回ると推測できます。

　計算すると、次のように確認できます。

中国 20 年　8,800 × 0.331 ≒ 2,913
中国 21 年　3,360 × 0.445 ≒ 1,495
20 年→ 21 年の減少量　2,913 − 1,495 ＝ 1,418

日本 20 年　8,800 × 0.167 ≒ 1,470
日本 21 年　3,360 × 0.253 ≒ 850
20 年→ 21 年の減少量　1,470 − 850 ＝ 620

中国の減少量÷日本の減少量　1,418 ÷ 620 ≒ 2.29

　よって、本肢は確実にいえます。

肢5　3 年の平均が 2,000 を下回るということは、3 年の計が 6,000 を下回ることになりますので、これを確認します。

　中国の 22 年は、合計 8,240 の 43.8％で、これは 3,000 を軽く上回ります。

8,000 の 40％でも 3,200 だしね。

　また、23 年は、合計 5,680 の 33.6％で、「33.6％」は $\frac{1}{3}$ 以上ですから、1,800 以上あります。

　そして、24 年は 3,843 の 36.8％で、同様に 1,200 以上あります。

　よって、22 年〜 24 年で計 6,000 を上回りますので、平均 2,000 を下回ることはありません。

⇒ **正解 4**

図は、2014 ～ 2018 年におけるある国の造船業について、各社の新造船
竣工量の国内シェアを示したものであり、（　）内はその国の年間新造船竣工
量（単位：百総トン）を示している。これから確実にいえるのはどれか。

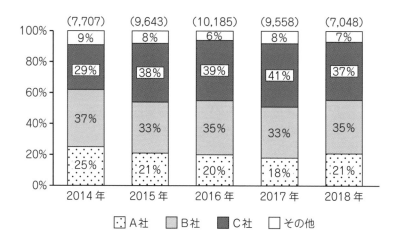

1. 2014 ～ 2018 年において、A 社の竣工量が最も多かったのは、2014 年で
   ある。
2. 2014 ～ 2018 年において、C 社の竣工量が最も少なかったのは、2018 年
   である。
3. 2014 年の受注量が最も多かったのは、C 社である。
4. 2014 年と 2016 年の B 社の竣工量を比べると、2014 年の方が少ない。
5. A，B，C 社の中で、2018 年に竣工量が前年に比べて減少したのは、C
   社だけである。

> 本問も、各社の竣工量は、「合計（年間新造船竣工量）× 構成比」
> で求められるね。ちょっと慣れてきたかな？

肢 1　各社の竣工量は、「年間新造船竣工量 × 構成比」で求められます。
　　　A 社の 2014 年と、年間新造船竣工量の大きい 2016 年を、次のように
　　比較します。

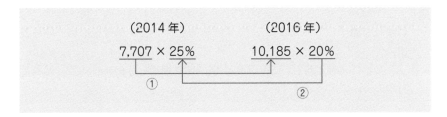

　①は、7,707 に対して 10,185 は、2,400 以上多く、これは 7,707 の 3 割以上ですから、1.3 倍以上あります。

　しかし、②は、20 に対して 25 は 1.3 倍に及びません。

　よって、**①の割合＞②の割合**より、2014 年＜ 2016 年となり、最も多いのは 2014 年ではありません。

肢2　C社の 2014 年と 2018 年を、次のように比較します。

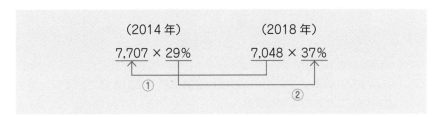

　①は、7,048 に対して 7,707 は 1.1 倍弱ですが、②は、29 に対して 37 は 8 多く、これは 29 の 2 割以上ですから、1.2 倍以上あります。

　よって、**①の割合＜②の割合**より、2014 年＜ 2018 年となり、最も少ないのは 2018 年ではありません。

肢3　「受注量」についての情報がありませんので、判断できません。

肢4　B社の 2014 年と 2016 年を、次のように比較します。

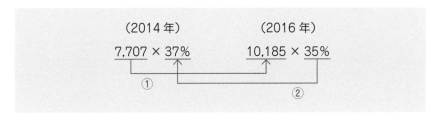

　①は、肢 1 で確認したように、1.3 倍以上あります。

　しかし、②は、35 に対して 37 は 1.1 倍にも及びません。

　よって、**①の割合＞②の割合**より、2014 年＜ 2016 年となり、本肢は確実にいえます。

肢5 2017年→2018年で、C社については、年間新造船竣工量、構成比は
いずれも減少していますから、「年間新造船竣工量×構成比」は、明らか
に減少しています。

しかし、A社とB社については、構成比は増加していますので、それぞ
れ次のように比較します。

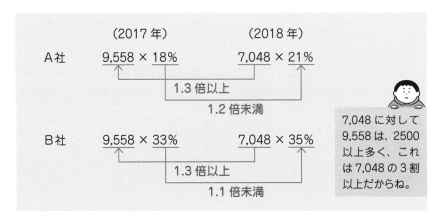

（2017年）　　　　　　　　（2018年）
A社　　9,558 × 18%　　　　　7,048 × 21%
　　　　　　　　　　1.3倍以上
　　　　　　　　1.2倍未満

B社　　9,558 × 33%　　　　　7,048 × 35%
　　　　　　　　　　1.3倍以上
　　　　　　　　1.1倍未満

7,048に対して
9,558は、2500
以上多く、これ
は7,048の3割
以上だからね。

これより、A社，B社についても、2017年＞2018年とわかり、減少
したのはC社だけではありません。

⇒ **正解4**

　図は、ある年度におけるA～Dの4市の図書館資料の貸出点数及びその内訳を示したものである。これから確実にいえるのはどれか。

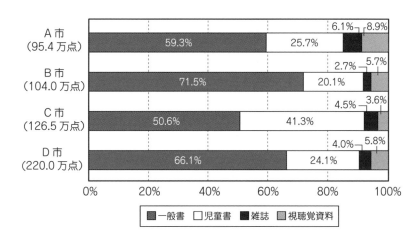

1.　A～Dのいずれの市においても、一般書の貸出点数は児童書の貸出点数の2倍以上であった。
2.　A～Dの4市を合計すると、一般書の貸出点数は300万点以上であった。
3.　児童書の貸出点数では、C市は、A，B，Dの3市の合計よりも多かった。
4.　雑誌の貸出点数では、多い順に、A市，C市，D市，B市であった。
5.　視聴覚資料の貸出点数では、D市は、B市とC市の合計よりも少なかった。

　構成比の問題って、けっこう面倒なのが多いけど、本問はそうでもないかな。

肢1　C市においては、一般書50.6%、児童書41.3%で、一般書は児童書の2倍に及びません。

肢2　一般書の貸出点数をざっくり計算すると、次のようになります。

A市	95.4 × 59.3%	→	50 以上
B市	104.0 × 71.5%	→	70 以上
C市	126.5 × 50.6%	→	60 以上
D市	220.0 × 66.1%	→	130 以上

　これより、4市の合計では 50 + 70 + 60 + 130 = 310（万点）以上

とわかり、本肢は確実にいえます。

計算すると、次のように確認できます。

A市　　95.4 × 0.593 ≒ 56.6
B市　　104.0 × 0.715 ≒ 74.4
C市　　126.5 × 0.506 ≒ 64.0
D市　　220.0 × 0.661 ≒ 145.4

肢3　C市の児童書は 126.5 の 41.3％ですが、126.5 の半数に足りないので 64 にも及びません。

　　一方、A，B，D の 3 市の貸出点数の合計は 95.4 ＋ 104.0 ＋ 220.0 で 400 を超え、児童書の構成比はいずれも 20％を超えていますから、児童書の合計は 400 × 0.2 ＝ 80 を超えます。

　　よって、C市は 3 市の合計より多くはありません。

肢4　A市の雑誌は 95.4 の 6.1％ですから、6 にも足りません。

　　しかし、D市のそれは 220.0 の 4.0％で、これは 8.8 ですね。

　　よって、<u>A市＜D市となり、順序が異なります。</u>

> 構成比は A ＞ C ＞
> D ＞ B だよね。
> 引っかからないで！

肢5　D市の視聴覚資料は 220.0 の 5.8％で、これは 12 以上になります。

　　また、B市のそれは 104.0 の 5.7％で 6 程度、C市は 126.5 の 3.6％で 5 に及びません。

　　よって、BとC市の合計よりD市のほうが多いと判断できます。

　　計算すると、次のように確認できます。

D市　　220.0 × 0.058 ≒ 12.8
B市　　104.0 × 0.057 ≒ 5.9
C市　　126.5 × 0.036 ≒ 4.6

➡ 正解 2

次の図から正しくいえるのはどれか。

二次電池の販売金額の構成比の推移

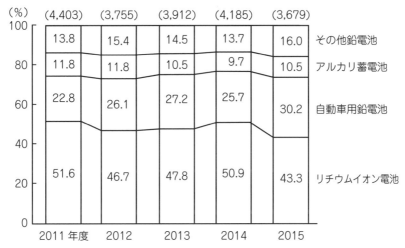

（注）（　）内の数値は、二次電池の販売金額の合計（単位：億円）を示す。

1. 2011年度から2013年度までの3か年度のリチウムイオン電池の販売金額の年度平均は、1,800億円を下回っている。

2. 2011年度から2013年度までのうち、自動車用鉛電池の販売金額が最も多いのは2011年度であり、最も少ないのは2013年度である。

3. 2012年度におけるアルカリ蓄電池の販売金額を100としたとき、2014年度におけるアルカリ蓄電池の販売金額の指数は95を下回っている。

4. 2012年度から2015年度までの各年度についてみると、アルカリ蓄電池の販売金額に対するその他鉛電池の販売金額の比率は、いずれの年度も1.5を上回っている。

5. 2015年度についてみると、自動車用鉛電池の販売金額は、その他鉛電池の販売金額を600億円以上、上回っている。

本問も、東京都の定番問題だよ！

肢1 まず、11 年度については、「合計」が 4,400 を超えており、リチウムイオン電池の構成比は 50％ を超えていますので、販売金額は 2,200 を超えます。

また、13 年度の「合計」は 4,000 弱ですが、構成比は 47.8％ありますので、1,800 を超えると思われます。

> 4,000 の 45％ で 1,800 だからね。

残る、12 年度の「合計 × 構成比」は、1,800 にやや及ばない可能性がありますが、11 年度の 1,800 を超える分で十分埋められると考えられ、3 か年度の平均は 1,800 以上と判断できます。

計算すると、次のように確認できます。

---

11 年度　4,403 × 0.516 ≒ 2,272
12 年度　3,755 × 0.467 ≒ 1,754
13 年度　3,912 × 0.478 ≒ 1,870
11 年度〜2013 年度の平均　（2,272 ＋ 1,754 ＋ 1,870）÷ 3 ≒ 1,965

肢2 12 年度と 13 年度では、「合計」と自動車用鉛電池の構成比のいずれも、12 年度 ＜ 13 年度ですから、「合計 × 構成比」は 12 年度 ＜ 13 年度となります。

よって、最も少ないのは 13 年度ではありません。

肢3 12 年度→ 14 年度で、「合計」は 3,755 → 4,185 で 1 割少々増加していますので、1.1 倍強となります。

また、アルカリ蓄電池の構成比は、11.8％→ 9.7％で 2 割近く減少していますので、0.8 倍強となります。

そうすると、「合計 × 構成比」は、1.1 × 0.8 ＝ 0.88 よりやや多いですが、0.95 には及ばないと考えられます。

計算すると、次のように確認できます。

---

12 年度　3,755 × 0.118 ≒ 443
14 年度　4,185 × 0.097 ≒ 406
14 年度 ÷ 12 年度　406 ÷ 443 ≒ 0.916

よって、指数は約 91.6 となり、本肢は正しくいえます。

肢4 同じ年度の販売金額の比率は、構成比の比率と同じになります。

12 年度、13 年度、14 年度は、いずれもその他鉛電池の構成比がアル

カリ蓄電池の構成比の 1.5 倍を下回っています。

　よって、この 3 か年度は販売金額の比率も 1.5 倍を下回ります。

肢 5 15 年度の自動車用鉛電池とその他鉛電池の構成比
の差は、30.2 − 16.0 = 14.2（%）ですから、販売
金額では、3,679 × 14.2% の差となりますが、これ
は 600 に足りません。

4,000 × 15% で
600 だからね。

　よって、600 億円以上、上回ってはいません。

⇨ **正解 3**

次の図から確実にいえるのはどれか。

地域別訪日外客数の構成比の推移

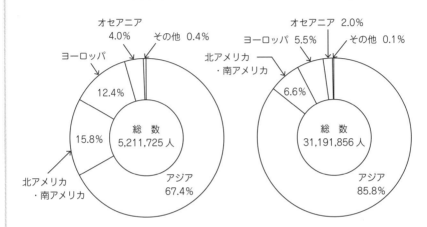

2003年　　　　　　　　　　　　2018年

オセアニア
4.0%　　その他 0.4%

ヨーロッパ

12.4%

15.8%

総　数
5,211,725人

北アメリカ
・南アメリカ

アジア
67.4%

オセアニア 2.0%
ヨーロッパ 5.5%　　その他 0.1%

北アメリカ
・南アメリカ

6.6%

総　数
31,191,856人

アジア
85.8%

1. 「アジア」の訪日外客数の2003年に対する2018年の増加数は、2018年の「北アメリカ・南アメリカ」の訪日外客数の10倍を下回っている。

2. 訪日外客数の総数の2003年に対する2018年の増加数に占める「アジア」のそれの割合は、80%を超えている。

3. 「北アメリカ・南アメリカ」の訪日外客数の2003年に対する2018年の増加率は、「オセアニア」の訪日外客数のそれより大きい。

4. 2003年及び2018年の両年とも、「ヨーロッパ」の訪日外客数は、「オセアニア」のそれの3倍を下回っている。

5. 2003年の「ヨーロッパ」の訪日外客数を100としたときの2018年のそれの指数は、300を上回っている。

特別区の定番の問題で、ほぼ毎年出題されるタイプだけど、けっこう面倒な問題が多いから、気をつけて！

肢1 「アジア」の 2003 年は、<u>5,211,725 × 67.4％</u>で、これは <u>400 万に及びません。</u>

530 万 × 70％ = 371 万だから、これより少ないよね。

また、2018 年のそれは、<u>31,191,856 × 85.8％</u>で、<u>これは 2550 万を超えます。</u>

これより、「アジア」の 2003 年→ 2018 年は、2550 万 − 400 万 = 2150 万以上増加しているとわかります。

3000 万 × 85％ = 2550 万だから、これより多いよね。

一方、2018 年の「北アメリカ・南アメリカ」は、<u>31,191,856 × 6.6％</u>で、<u>210 万に及びません。</u>

そうすると、その 10 倍は 2100 万に足りず、「アジア」の増加数に及びませんね。

よって、「アジア」の増加数は、「北アメリカ・南アメリカ」の 2018 年の 10 倍を下回ることはありません。

計算すると、次のように確認できます。

6.6％は、10％の約 $\frac{2}{3}$ だから、3120 万 × 10％ × $\frac{2}{3}$ = 208 万よりちょっと少ないくらいだね。

「アジア」2003 年　5,211,725 × 0.674 ≒ 3,512,703
「アジア」2018 年　31,191,856 × 0.858 ≒ 26,762,612
「アジア」増加数　26,762,612 − 3,512,703 = 23,249,909
「北アメリカ・南アメリカ」2018 年　31,191,856 × 0.066 ≒ 2,058,662

肢2　総数の増加数は、31,191,856 − 5,211,725 = 25,980,131 で、これの 80％は <u>2080 万に及びません。</u>

2600 万 × 80％ = 2080 万だから、これより少ないね。

一方、「アジア」の増加数は、肢 1 より 2150 万以上ですから、総数の増加数の 80％を超えます。

よって、本肢は確実にいえます。

「アジア」の増加数は、肢 1 の計算より 23,249,909 ですから、計算すると、次のように確認できますね。

23,249,909 ÷ 25,980,131 ≒ 0.895　　89.5％

肢3 増加率は、2003年に対する2018年の比率で判断できます。

それぞれの比率は、次のようになりますね。

> 「比率1.1倍」＝「10％増加」のように、比率から増加率は判断できる。つまり、比率が大きいほど、増加率も大きくなるってこと。

「北アメリカ・南アメリカ」

$$\frac{31,191,856 \times 6.6\%}{5,211,725 \times 15.8\%}$$

「オセアニア」

$$\frac{31,191,856 \times 2.0\%}{5,211,725 \times 4.0\%}$$

それぞれの分数で、$\dfrac{31,191,856}{5,211,725}$ は共通ですから、構成比の部分だけで比較すると、$\dfrac{6.6}{15.8} < \dfrac{2.0}{4.0}$ より、「オセアニア」のほうが大きいとわかります。

肢4 同じ年においては、構成比のみで比較できます。

2003年の「ヨーロッパ」の構成比は12.4％で、「オセアニア」の4.0％の3倍を上回っています。

肢5 2003年→2018年で、総数は5,211,725 → 31,191,856で、6倍にやや足りません。

また、「ヨーロッパ」の構成比は、12.4％ → 5.5％で、半数以下です。

そうすると、「総数×構成比」は3倍に足りませんので、2003年を100とした指数で、2018年は300に及びません。

⇨ 正解2

#19 資料解釈【指数・増加率】

頻出度 ★★★☆☆　重要度 ★★★★★　コスパ ★★★★☆

増加率の計算は、きちんとやるとかなり面倒なものが多いですが、基本事項でご紹介するテクニックを使えば、アバウトな計算でほとんど判断が可能です。ここはしっかり練習してコツをつかめば、差をつけることができますよ。

基本事項

>>> 1. 増加率の概算

たとえば、次の表のように、Ａ，Ｂそれぞれの対前年増加率が与えられているとき、2016 年に対する 2020 年の増加率を計算します。

まず、Ａについて、2016 年を 100 とすると、2017 年は前年の 80％、つまり 80 増加して 180 になります。そして、2018 年は、その 180 の 50％、つまり 90 増加して 270 となります。

このように、前年の値に対して増加分を上乗せするので、たとえば、80％＝0.8 の増加なら、1 ＋ 0.8 ＝ 1.8（倍）となるように、前年の値に（1 ＋ 増加率）をかけ算することになります。

対前年増加率（％）

	2017 年	2018 年	2019 年	2020 年
Ａ	80.0	50.0	100.0	25.0
Ｂ	3.5	2.8	4.1	2.2

これより、それぞれの 2016 年を 100 とおいたときの 2020 年の値は、次のようになります。

Ａ　$100 \times 1.8 \times 1.5 \times \underline{2.0} \times 1.25 = 675$
Ｂ　$100 \times 1.035 \times 1.028 \times 1.041 \times 1.022 \fallingdotseq 113.2$

Ａの 2019 年の「増加率 100％」とは、100％増し＝ 200％＝ 2 倍ってこと！

増加率は、ここから「元の100」を引いて、Aは575％、Bは13.2％ですね。
　このように、ある年からその数年後の増加率を求める場合、（1＋増加率）を順にかけ算していくわけですが、Aのような単純な数値ならまだしも、Bのような計算は大変です。
　ここで、A，Bそれぞれの増加率を足し算した値を見てください。

　　A　80.0 ＋ 50.0 ＋ 100.0 ＋ 25.0 ＝ 255.0（％）
　　B　3.5 ＋ 2.8 ＋ 4.1 ＋ 2.2 ＝ 12.6（％）

　これを、実際の増加率と比べると、Aは575％と255％では大きく異なりますが、Bの13.2％と12.6％はそれほど変わりません。
　すなわち、Aのような大きな増加率の場合、100→180→270…というように、初めの「100」が大きく変わっていきますので、きちんとかけ算しないと増加率はわかりません。

大ざっぱな概算である程度の判断はできるけどね！

　しかし、Bのような小さな増加率の場合、100→103.5→106.4…のように、初めの「100」とそれほど変わってはおりません。

103.5 × 1.028だよ。

　つまり、Aの2018年の増加数は、「180の50％」で、これは「100の50％」とはかなり違いますが、Bのそれは、「103.5の2.8％」で、これは「100の2.8％」と余り変わりません。そうすると、かけ算までしなくても、2.8を上乗せする、つまり足し算である程度の判断ができることになります。
　このように、増加率が比較的小さな数値であれば、増加率を足し算し、実際はそれより少し大きいので、「ちょっと上乗せ」位である程度の判断はできることになります。

12.6％と13.2％の誤差のことだよ！

　では、その「ちょっと上乗せ」ですが、増加率にはマイナス（減少）もありますので、これについて確認しておきます。
　次の表のような増加率の場合の、2018年に対する2020年の増加率を考えます。

対前年増加率（%）　△はマイナス

	2019 年	2020 年
C	10.0	10.0
D	△ 10.0	△ 10.0
E	10.0	△ 10.0

　まずは、2018 年を 100 としたときの 2020 年の値をきちんとかけ算します。

C　100 × 1.1 × 1.1 = 121
D　100 × (1 − 0.1) × (1 − 0.1) = 81
E　100 × 1.1 × (1 − 0.1) = 99

　Cの増加率は 121 − 100 = 21％ですね。増加率を足し算した値は、10 + 10 = 20（%）ですから、実際のほうが 1％だけ大きいのがわかります。
　また、Dの増加率は、81 − 100 = −19（%）です。足し算すると、−10 − 10 = −20（%）ですから、こちらも実際のほうが 1％大きいですね。

2 年連続で 10％ずつ減少しても 20％までは減っていないわけだ！

　このように、増加→増加の場合は、実際のほうが少し大きくなるのは最初のBの例でもわかりますが、減少→減少の場合も、実際のほうが少し大きくなります。
　そして、Eについては、増加率は、99 − 100 = −1（%）ですが、足し算すると、10 − 10 = 0（%）ですから、こちらは実際のほうが 1％小さくなります。

プラスどうし、マイナスどうしは、かけるとプラス！プラスとマイナスをかけるとマイナスってこと！

　このように、増加→減少（または減少→増加）の場合は、実際のほうが少し小さくなります。
　すなわち、増加→減少の場合は、増加の数値のほうが大きくないと、元の 100 には戻らないということですね。

たとえば、次の表①～③について、Aに対するBの比率を考えます。

①

	2019 年	2020 年
A	100	150
B	60	90

②

	2019 年	2020 年
A	100	150
B	60	120

③

	2019 年	2020 年
A	100	150
B	60	75

①について、2019年のAに対するBの比率は、100に対する60ですから0.6です。

そして、2019年→2020で、Aは100→150で50%増加、Bも60→90で50%増加しています。ここで、2020年のAに対するBの比率を見ると、150に対する90で、やはり0.6です。

すなわち、AとBの増加率が同じであれば、Aに対するBの比率は変わらないことがわかります。

しかし、②についてみると、Aの増加率は50%ですが、Bは60→120で2倍ですから、増加率は100%です。そして、2020年のAに対するBの比率は、120 ÷ 150 = 0.8です。

すなわち、AよりBの増加率が大きい場合、Aに対するBの比率は大きくなります。

そうすると、③について、やはりAの増加率は50%で、Bは60→75で、75 ÷ 60 = 1.25より、増加率は25%です。そして、2020年のAに対するBの比率は、150に対する75で、0.5となります。

すなわち、AよりBの増加率が小さい場合、Aに対するBの比率は小さくなります。

ここまで、以下のようにまとめます。

Aの増加率＝Bの増加率　→　Aに対するBの比率は変わらない
Aの増加率＜Bの増加率　→　Aに対するBの比率は大きくなる
Aの増加率＞Bの増加率　→　Aに対するBの比率は小さくなる

下の表は 2010 年平均を 100 としたときの、企業向けサービス価格指数の推移を表したものである。この表からいえることとして最も妥当なものはどれか。

企業向けサービス価格指数（2010 年平均 = 100）（抜粋）

	2015 年	2016 年	2017 年	2018 年
ソフトウェア開発	102.0	103.6	104.7	106.0
情報処理等	100.1	99.7	99.7	99.9
リース・レンタル	97.5	95.3	95.0	95.0
広告	105.7	107.0	107.3	107.6
テレビ広告	113.1	116.3	115.9	113.7
諸サービス	105.3	106.2	107.4	108.7
労働者派遣	105.4	106.2	107.9	110.3

（公益財団法人矢野恒太記念会『日本国勢図会 2019/20 年版』より作成）

1. リース・レンタルの 2015 年の企業向けサービス価格を 100 としたとき、2017 年のそれの指数は 90 を下回っている。
2. 2018 年の企業向けサービス価格が前年比で 2％以上上昇したのは、労働者派遣だけである。
3. 2016 年から 2018 年までの各年のうち、諸サービスの価格上昇率が最も大きいのは 2016 年である。
4. ソフトウェア開発の 2015 年の企業向けサービス価格を 100 としたとき、2017 年のそれの指数は 103.0 を上回っている。
5. テレビ広告の企業向けサービス価格は、2017 年には、前年と比べて 0.5％以上低下した。

基準となるところを 100 とした指数で価格を比較する問題だよ。

指数とは、基準になるものを 100 として、それと比べた値を示したものです。たとえば、10%増えたら 110、半分になったら 50 のように表すわけですね。

本問の表は、それぞれのサービスの 2010 年平均を 100 として、2015 年〜2018 年の価格を表したものであり、同じサービスについては、指数どうしで価格を比較することができます。しかし、実際の価格はわかりませんし、異なるサービスと価格の比較をすることもできませんので、注意してください。

肢1　リース・レンタルの 2015 年 → 2017 年の指数は、97.5 → 95.0 で、2.5 減少していますが、これは 97.5 の 10%に及びません。

　　　よって、2015 年を 100 としたとき、2017 年は 90 を下回ることはありません。

肢2　労働者派遣の 2017 年 → 2018 年の指数は、107.9 → 110.3 で、2.4 増加しており、これは 107.9 の 2%以上ですから、価格は 2%以上増加していると言えます。

ソフトウエア開発と諸サービスの指数は 1.3 増加しているけど、2017 年の 2%には及ばないね。その他は論外でしょ！

　　　しかし、その他のサービスで、いずれも指数の増加は 1.3 以下で、価格が 2%以上増加しているものはありません。

　　　よって、本肢は妥当です。

肢3　諸サービスの 2015 年 → 2016 年の指数は、105.3 → 106.2 で、0.9 増加しており、これは 105.3 の 1%未満です。

　　　しかし、2016 年 → 2017 年のそれは、106.2 → 107.4 で、1.2 増加しており、これは 106.2 の 1%以上です。

　　　よって、前年からの価格上昇率は、2016 年 < 2017 年で、最も大きいのは 2016 年ではありません。

肢4　ソフトウエア開発の 2015 年 → 2017 年の指数は、102.0 → 104.7 で、2.7 増加しており、これは 102.0 の 3%には及びません。

　　　よって、2015 年を 100 としたとき、2017 年は 103.0 を上回ることはありません。

肢5　テレビ広告の 2016 年 → 2017 年の指数は、116.3 → 115.9 で、0.4 減少しており、これは 116.3 の 0.5%には及びません。

　　　よって、2017 年の価格は前年と比べて 0.5%以上減少してはいません。

 正解 2

次の図から正しくいえるのはどれか。

農産物A～Fの輸入量指数及び国内生産量指数の推移

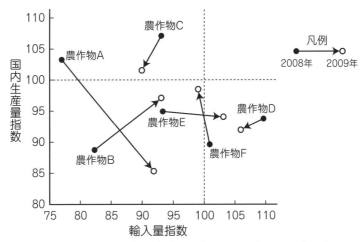

（注）　輸入量指数及び国内生産量指数は、それぞれ 2000 年における
　　　　輸入量及び国内生産量を 100 としたものである。

1. 2000 年に対する 2008 年の国内生産量の増加率を農作物別にみると、最
　も大きいのは農作物Aであり、最も小さいのは農作物Bである。
2. 2009 年における農作物Eの輸入量は、2000 年における農作物Eの輸入量
　に比べて減少している。
3. 2009 年における農作物Fの輸入量に対する農作物Bの輸入量の比率は、
　2000年における農作物Fの輸入量に対する農作物Bの輸入量の比率を上回っ
　ている。
4. 2009 年における農作物Aの国内生産量は、2008 年における農作物Aの国
　内生産量の 0.8 倍を下回っている。
5. 2009 年についてみると、2008 年に比べて輸入量と国内生産量がともに減
　少している農作物は、農作物Cと農作物Dである。

#17 PLAY 10 の図と同じタイプだね。

肢1　グラフは、2000 年を 100 とした指数ですから、2000 年に対する 08 年の増加率は、08 年の指数の大小で判断できます。

　　国内生産量はたての目盛りですから、08 年（●の位置）が最も大きいのはC、最も小さいのはBです。

　　よって、最も大きいのはAではありません。

肢2　09 年のEの輸入量（よこの目盛り）の指数（○の位置）は約 103 で、100 を上回っていますので、2000 年より増加しています。

肢3　09 年の輸入量の指数はB＜Fですから、2000 → 09 年の増加率もB＜Fです。

　　よって、Fに対するBの比率は減少しており（基本事項2）、09 年は 2000 年を上回っていません。

肢4　Aの 08 年→ 09 年の国内生産量の指数は、約 103 → 85 ですから、20 まで減っていませんので、103 に対して 0.8 倍を下回ってはいません。

肢5　08 年→ 09 年で、輸入量と国内生産量がともに減少しているということは、よこ、たてともに減っているので、●→○が左下を向いていることになります。

　　そのような農産物は、CとDだけですから、本肢は正しくいえます。

⇨ **正解5**

　下の資料は、P県における住宅地と工業地の地価変動率の推移（対前年増加率）をまとめたものである。この資料から判断できることとして、最も妥当なのはどれか。

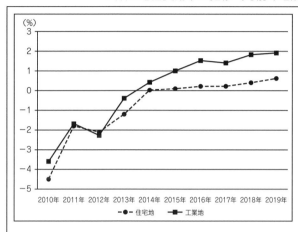

P県の地価変動率の推移（対前年増加率）

	住宅地	工業地
2010年	−4.5	−3.6
2011年	−1.8	−1.7
2012年	−2.1	−2.3
2013年	−1.2	−0.4
2014年	0	0.4
2015年	0.1	1.0
2016年	0.2	1.5
2017年	0.2	1.4
2018年	0.4	1.8
2019年	0.6	1.9

（単位：%）

1. 2011年においては、住宅地の地価と工業地の地価はほぼ等しかった。
2. 2014年の住宅地の地価は、前年の住宅地の地価より 1.2% 上昇した。
3. 工業地の地価が前年よりも下がったのは 10 年間で 2 回ある。
4. 近年、工業地の地価が上昇傾向にあるが、これは商業地の地価が下降しているためと推察できる。
5. 2019年における工業地の地価は、2009年の水準に近づいたといえる。

　増加率のグラフだってことがわかっていればカンタンな問題。
　ひっかけの選択肢にだまされないで！

肢1　グラフは、それぞれの地価の対前年増加率を示したもので、ここから住宅地と工業地の地価の比較はできません。

2011年の増加率は同じくらいだけどね。
こんな選択肢にだまされないで！

肢2　2014年の住宅地の対前年増加率は 0 ですから、地価は前年と同じです。

肢3　工業地の対前年増加率がマイナスだったのは、2010 年，2011 年，2012 年，2013 年の 4 回です。

肢4　工業地の地価が上昇している理由は、このグラフからは判断できません。

肢5　工業地は、2009 年 → 2013 年で減少し、2013 年 → 2019 年で増加しており、それぞれの間の対前年増加率を足し合わせると次のようになります（基本事項 1）。

2009 年 → 2013 年　−3.6 − 1.7 − 2.3 − 0.4 = −8.0
2013 年 → 2019 年　0.4 + 1.0 + 1.5 + 1.4 + 1.8 + 1.9 = 8.0

　いずれも、実際はこれよりやや大きいですが、2013 年までの減少分とそれ以降の増加分はほぼ同じ位と判断できます。

　これより、2019 年は 2009 年の水準に近づいたと判断でき、本肢は妥当です。

➡ 正解 5

次の図から確実にいえるのはどれか。

輸送機関別国内旅客輸送量の対前年増加率の推移

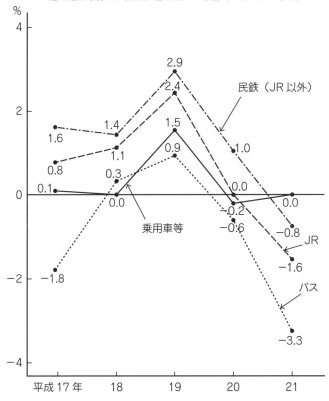

1. 民鉄（JR 以外）の旅客輸送量の平成 16 年に対する平成 20 年の増加率は、8％より小さい。
2. バスの旅客輸送量の平成 20 年に対する平成 21 年の減少率は、JR の旅客輸送量のそれの 2 倍より小さい。
3. 平成 21 年のバスの旅客輸送量は、平成 19 年のそれの 90％を下回っている。
4. 平成 18 年の民鉄（JR 以外）の旅客輸送量を 100 としたときの平成 21 年のそれの指数は、105 を上回っている。
5. 図中の各年のうち、乗用車等の旅客輸送量が最も多いのは、平成 21 年である。

本問も、基本事項 1 の概算のテクニックを使うよ。少しずつ慣れていこう！

肢1 民鉄の 17 年〜20 年の増加率を足し算すると、1.6 + 1.4 + 2.9 + 1.0 = 6.9（％）となります。

実際は、これよりやや大きいですが、8％には及ばないと判断できます（基本事項 1）。

16 年を 100 として計算すると、次のように確認できます。

$$100 \times 1.016 \times 1.014 \times 1.029 \times 1.01 ≒ 107.1$$

よって、16 年→20 年の増加率は約 7.1％で、本肢は確実にいえます。

肢2 20 年→21 年の減少率は、バスが 3.3％、JR が 1.6％で、前者は後者の 2 倍を上回ります。

肢3 バスの 20 年と 21 年の減少率は、0.6％と 3.3％ですから、19 年→21 年で 10％も減少していないのは明らかです。

よって、90％を下回ってはいません。

肢4 民鉄の 19 年〜21 年の増加率を足し算すると、2.9 + 1.0 − 0.8 = 3.1（％）となり、18 年→21 年で 5％も増えてはいないと判断できます。

18 年を 100 として計算すると、次のように確認できます。

$$100 \times 1.029 \times 1.01 \times (1 - 0.008) ≒ 103.1$$

よって、指数 105 を上回ってはいません。

肢5 乗用車等の 20 年の増加率はマイナスです。さらに、21 年は 0.0％ですから前年と変わりませんので、19 年 > 20 年 = 21 年となり、最も多いのは 21 年ではありません。

⇨ **正解 1**

次の図から正しくいえるのはどれか。

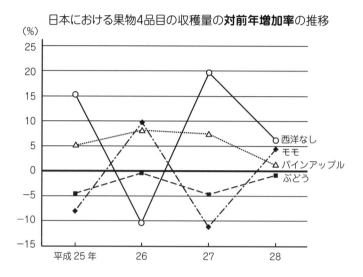

日本における果物4品目の収穫量の**対前年増加率**の推移

1. 平成24年における西洋なしの収穫量を100としたとき、27年の西洋なしの収穫量の指数は130を上回っている。
2. 平成24年から27年までのうち、ぶどうの収穫量が最も多いのは26年であり、最も少ないのは25年である。
3. 平成25年から27年までの3か年におけるモモの収穫量の年平均は、24年におけるモモの収穫量を下回っている。
4. 平成26年から28年までの各年についてみると、パインアップルの収穫量はいずれの年も前年に比べて減少している。
5. 平成27年における果物4品目の収穫量についてみると、収穫量が26年に比べて増加したのは西洋なしだけである。

本問も東京都の定番の問題だよ。肢1は、増加率がやや大きいから、丁寧に確認してみよう。

肢1　24年の西洋なしを100とすると、25年の増加率は約15%ですから、指数は約115、さらに、26年度の増加率は約−10%ですから、ここで指数は104弱となります。
　　さらに、27年度の増加率は約20%ですから、ここで指数は124程度とわかります。

計算すると、次のように確認できます。

$$100 \times 1.15 \times 0.9 \times 1.2 = 124.2$$

肢2 ぶどうの 25 年から 27 年の増加率はいずれもマイナスですから、最も多いのは 24 年で、最も少ないのは 27 年です。

肢3 モモの 24 年を 100 とすると、25 年の増加率は約 −8 % ですから、25 年は約 92、さらに、26 年の増加率は約 10 % ですから、26 年は 101 程度、27 年の増加率は約 −11 % ですから、27 年は 90 程度となります。

　これより、25 年〜 27 年の平均は明らかに 100 を下回りますので、24 年を下回るとわかり、本肢は正しくいえます。

肢4 26 年から 28 年のパインアップルの増加率はいずれもプラスですから、いずれの年も前年に比べて増加しています。

肢5 パインアップルの 27 年の増加率もプラスなので、26 年に比べて増加しています。

⇨ 正解 3

次の表から確実にいえるのはどれか。

沿岸まぐろはえ縄による漁獲量の対前年増加率の推移

（単位：%）

区分	平成 16 年	17	18	19	20
く ろ ま ぐ ろ	48.5	16.0	△28.4	63.8	△23.4
び ん な が	△24.4	△21.8	7.6	25.7	△32.5
め ば ち	△10.6	△20.1	50.6	35.5	△35.6
き は だ	△ 1.7	△12.5	△29.5	15.5	2.5
さ め 類	2.4	49.0	△ 5.9	0.4	△13.0

（注）　△は、マイナスを示す。

1. 「びんなが」の漁獲量の平成 15 年に対する平成 18 年の減少率は、40%より大きい。
2. 「くろまぐろ」の漁獲量の平成 15 年に対する平成 19 年の増加率は、「めばち」の漁獲量のそれの 1.5 倍より大きい。
3. 平成 16 年の「きはだ」の漁獲量を 100 としたときの平成 20 年のそれの指数は、70 を下回っている。
4. 平成 17 年において、「くろまぐろ」の漁獲量の対前年増加数は、「さめ類」のそれを上回っている。
5. 平成 18 年において、「びんなが」の漁獲量及び「めばち」の漁獲量は、いずれも平成 15 年のそれを下回っている。

全体的に増加率が大きいので、ここはたし算だけでは危ないかな？

肢 1　「びんなが」の 16 年と 17 年の減少率を足すと、
24.4 + 21.8 = 46.2 ですが、実際はこれより少ないです（基本事項 1）。
　　そうすると、これに 18 年の増加率 7.6% を加えると、減少率は 40% を下回ると判断できます。
　　15 年を 100 として計算すると、次のように確認できます。

本問は、けっこう数値が大きいから、足し算した値との誤差に気を付けてね！

100 × (1 − 0.244) × (1 − 0.218) × 1.076 ≒ 63.6
減少率 = 100 − 63.6 = 36.4（%）

肢2 「くろまぐろ」の16年〜19年の増加率をざっくりと足し算すると100%位になるのがわかります。

　一方、「めばち」のほうは、50〜60%程度ですから、「くろまぐろ」の増加率が「めばち」の1.5倍を上回っている可能性は高いです。

　しかし、表中の数値は結構大きいので、実際は計算しないと判断できません。

　15年を100として計算すると、次のようになります。

くろまぐろ　100 × 1.485 × 1.16 × (1 − 0.284) × 1.638 ≒ 202.0
めばち　　　100 × (1 − 0.106) × (1 − 0.201) × 1.506 × 1.355 ≒ 145.8

　これより、「くろまぐろ」の増加率は102.0%、「めばち」は45.8%で、前者は後者の1.5倍より大きく、本肢は確実にいえます。

肢3 「きはだ」の17年と18年の減少率を足すと、12.5 + 29.5 = 42.0（%）ですが、実際の減少率はもっと少ないです（基本事項1）。

　そうすると、19年と20年で、15.5 + 2.5 = 18.0（%）以上増えていますので、16年→20年で30%も減少してはいません。

ここは、足し算よりちょいプラスだよね（基本事項1）。

　16年を100として計算すると、次のように確認できます。

100 × (1 − 0.125) × (1 − 0.295) × 1.155 × 1.025 ≒ 73.0

　よって、指数70を下回ってはいません。

肢4 表は、それぞれの区分の対前年増加率で、ここから、「くろまぐろ」と「さめ類」の増加数を比較することはできません。

肢5 「びんなが」の16年〜18年の増加率を見ると、15年→18年で減少しているのは明らかです。

　しかし、「めばち」は、16年、17年での減少分を18年の増加分で補えると判断でき、15年→18年で減少してはいないと思われます。

　15年を100として計算すると、次のように確認できます。

びんなが　100 × (1 − 0.244) × (1 − 0.218) × 1.076 ≒ 63.6
めばち　　100 × (1 − 0.106) × (1 − 0.201) × 1.506 ≒ 107.6

　よって、18 年の「めばち」は 15 年を下回っていません。

⇨ 正解 2

増加率が大きいとめんどくさ〜い！
肢 2 は後回しでいいよね？

寿司くいてぇ〜

次のグラフは、A〜Eの5つの市の平成17年における15歳未満人口及び15〜64歳人口の平成12年に対する伸び率を示したものである。このグラフから判断できることとして、最も妥当なのはどれか。

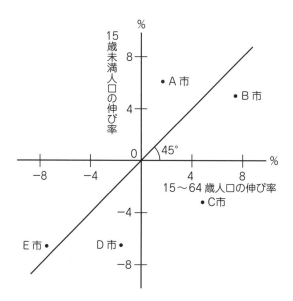

1. A市において、平成17年の15歳未満人口に対する15〜64歳人口の割合は、平成12年よりも大きくなっている。
2. B市において、15〜64歳人口の平成12年に対する平成17年の伸び率は、15歳未満人口のそれを上回っている。
3. C市における15〜64歳人口の平成12年に対する平成17年の伸び率は、A市におけるそれの6倍を上回っている。
4. D市の人口は、平成12年よりも平成17年のほうが少ない。
5. E市における、平成17年の15歳未満人口は、平成12年のそれよりも増加している。

肢1で、割合の大小を確認するよ。基本事項2でマスターしたテクニックの出番だね！

肢 1 A市の 12 年 → 17 年は、<u>15 歳未満の伸び率 > 15 〜 64 歳の伸び率</u>ですから、15 歳未満に対する 15 〜 64 歳の割合は小さくなっています（基本事項 2）。

15 歳未満は 6% くらい、15 〜 64 歳は 2% にも満たないね。

肢 2 B市の伸び率は、15 〜 64 歳が 7 〜 8% で、15 歳未満は**およそ 5%** ですから、<u>15 〜 64 歳のほうが大きく</u>、本肢は妥当です。

45 度ラインより下だと、15 〜 64 歳のほうが大きくなるよ！

肢 3 C市の 15 〜 64 歳の伸び率は**およそ 5%** で、A市のそれは **2% 弱**ですから、前者は後者の 6 倍には及びません。

肢 4 D市 12 年 → 17 年は、15 歳未満、15 〜 64 歳の伸び率が**ともにマイナス**で、人口は減少していますが、65 歳以上の人口の増減は不明ですので、全人口の増減はわかりません。

肢 5 E市の 15 歳未満の伸び率は**マイナス**ですから、12 年 → 17 年で減少しています。

⇨ **正解 2**

わが国における中国からの農産物の輸入額及び野菜の輸入量に関して、次の図から正しくいえるのはどれか。

中国からの農産物の輸入額及び野菜の輸入量の**対前年増加率**の推移

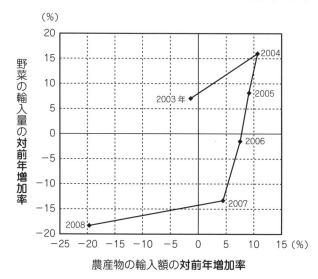

1．2003 年から 2008 年までの各年についてみると、2004 年は、農作物の輸入額、野菜の輸入量ともに最大となっている。

2．2004 年における野菜の輸入量を 100 とすると、2007 年における野菜の輸入量の指数は 90 を下回っている。

3．2005 年から 2007 年までの各年の農作物の輸入額は、いずれの年も前年を下回っている。

4．2006 年についてみると、2003 年に比べて、農作物の輸入額は増えているが、野菜の輸入量は減っている。

5．2007 年に対する 2008 年の農作物の輸入額の割合及び 2007 年に対する 2008 年の野菜の輸入量の割合は、ともに 0.8 を上回っている。

プラスとマイナスの範囲をよく見極めて！

肢1 農産物、野菜のいずれも、05 年の伸び率はプラスですから、04 年 < 05 年です。

　　よって、04 年が最大ではありません。

肢2 野菜の伸び率は、05 年が約 8％、06 年が約 −2％、07 年が約 −13％で、足し合わせても −7％程度です。

　　実際との誤差を考えても、10％も減少しているとはいえませんので、指数 90 を下回ってはいません。

　　計算すると、次のように確認できます。

$$100 \times 1.08 \times (1 - 0.02) \times (1 - 0.13) \fallingdotseq 92.1$$

肢3 05 年〜07 年の農産物の伸び率はいずれもプラスですから、前年を上回っています。

肢4 04 年〜 06 年の農産物の伸び率はいずれもプラスですから、03 年 → 06 年で増えています。

　　また、野菜についても、04 年、05 年の伸び率はプラスで、06 年だけマイナスですが、ほんのわずかですから、03 年 → 06 年でこちらも増えています。

肢5 08 年の伸び率はいずれも −20％には満たないので、07 年に対する 08 年の割合は 0.8 を上回っています。

　　よって、本肢は正しくいえます。

⇨ **正解 5**

#20 資料解釈【特殊な問題】

数的推理のような計算や方程式で求める問題や、やや変わったグラフを使った問題なども、国家を中心にわずかですが出題されています。いずれもわりと易しい問題ばかりですので、軽い運動のつもりで解いてみてください。

PLAY 1　分布表から数値を求める問題　　　　　　海上保安学校（特別）2011

45 人の受験者が英語の小テストを受けた。問題数は 3 題で、配点は問 1 が 1 点、問 2 が 2 点、問 3 が 4 点である。得点の分布は表のような結果であったとき、受験者が「正答できなかった問題」の延べ数は何題であったか。

得点（点）	7	6	5	4	3	2	1	0
人数（人）	9	7	8	4	5	3	5	4

1. 46 題　　　2. 49 題　　　3. 51 題　　　4. 54 題　　　5. 56 題

数的推理みたいな問題だよ。計算ミスのないように！

　配点は、1 点、2 点、4 点が各 1 題ですから、満点で 7 点です。

　したがって、「得点 7」の 9 人は、全問正解ですね。

　そして、「得点 6」の 7 人は、1 点の問題のみ不正解で、2 点と 4 点の 2 題を正解したことがわかります。

　同様に見ていくと、それぞれの得点で、どの問題を正解したかは次のようにすべて判断できます。

得点	問1（1点）	問2（2点）	問3（4点）	人数
7	○	○	○	9
6	×	○	○	7
5	○	×	○	8
4	×	×	○	4
3	○	○	×	5
2	×	○	×	3
1	○	×	×	5
0	×	×	×	4

　これより、正答できなかった問題（表の×の数）の<u>延べ数</u>を計算すると、次のようになります。

題数×人数の合計だよ！

得点7 → 0題×9人＝0		得点3 → 1題×5人＝5
得点6 → 1題×7人＝7		得点2 → 2題×3人＝6
得点5 → 1題×8人＝8		得点1 → 2題×5人＝10
得点4 → 2題×4人＝8		得点0 → 3題×4人＝12

　よって、合計で、0＋7＋8＋8＋5＋6＋10＋12＝56（題）となり、正解は肢5です。

➡ 正解5

1，2，4って、2進法の数字だから、表を下から見ていくと、○が「1」、×が「0」で2進法の数の増え方にしたがっているね。

だから、得点によってどの問題が○かが決まるのね！

　ある町は北部地区と南部地区に分かれており、図は、北部地区、南部地区及び町全体の年齢別人口構成を示したものである。

　北部地区の 19 歳以下の人口が 3,000 人であることが分かっている。町全体の 20 歳以上の人口はいくらか。

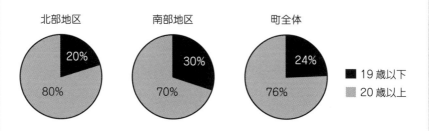

1. 13,000 人
2. 16,000 人
3. 19,000 人
4. 22,000 人
5. 25,000 人

> グラフから、北部と南部の人口比がわかるよ！

　北部地区の人口を x 人、南部地区の人口を y 人とすると、町全体では $x + y$（人）と表せます。

　ここで、19 歳以下の人口について、北部地区の 20 ％と、南部地区の 30 ％で、町全体の 24 ％になることがわかりますので、次のような方程式が立ちます。

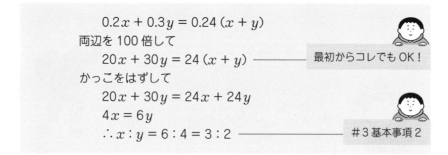

$$0.2x + 0.3y = 0.24(x + y)$$
両辺を 100 倍して
$$20x + 30y = 24(x + y)$$ ——— 最初からコレでも OK！
かっこをはずして
$$20x + 30y = 24x + 24y$$
$$4x = 6y$$
$$\therefore x : y = 6 : 4 = 3 : 2$$ ——— #3 基本事項 2

　これより、北部地区と南部地区の人口の比は 3：2 とわかり、北部地区の 20 ％が 3,000 人であることから、それぞれの人口は次のように計算できます。

北部地区の全人口 = 3,000 ÷ 0.2 = 15,000（人）

南部地区の全人口 = 15,000 × $\frac{2}{3}$ = 10,000（人）

町全体の人口 = 15,000 + 10,000 = 25,000（人）

町全体の 20 歳以上の人口 = 25,000 × 0.76 = 19,000（人）

よって、正解は肢 3 です。

⇨ **正解 3**

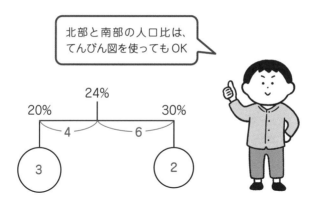

北部と南部の人口比は、
てんびん図を使っても OK

三角グラフは、合計が100%になる三つの要素の割合をひとつのグラフ上に表す方法である。図は、P国の就業人口を、第1次産業、第2次産業、第3次産業別に分けて、その構成比（%）を示したものである。この国の産業別人口の大小関係として正しいのはどれか。

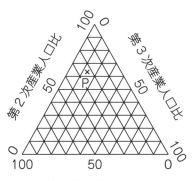

第1次産業人口比

1. 第1次産業人口＞第2次産業人口＞第3次産業人口
2. 第1次産業人口＞第3次産業人口＞第2次産業人口
3. 第2次産業人口＞第1次産業人口＞第3次産業人口
4. 第2次産業人口＞第3次産業人口＞第1次産業人口
5. 第3次産業人口＞第2次産業人口＞第1次産業人口

三角グラフの読み方を覚えよう！

　三角グラフという特殊なグラフですが、本問を通して読み方を覚えましょう。
　三角グラフは、問題文にあるように、3つの要素の構成比を表すもので、各辺の目盛りを間違えないように読み取れば、ほとんどの問題は正解できます。
　まず、第1次産業人口比（以下「第1次」他も同様）を見ると、目盛りは三角形の底辺にあることがわかり、これの目盛りだけを図に表すと、図1のようになります。

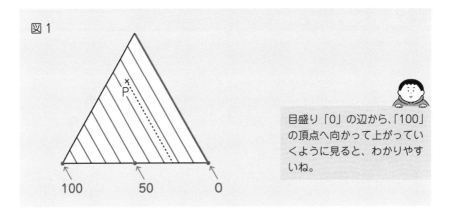

図1

100　50　0

目盛り「0」の辺から、「100」の頂点へ向かって上がっていくように見ると、わかりやすいね。

　これより、第 1 次は 23 〜 4％程度とわかりますね。

　同様に、第 2 次については、目盛りは左の辺にあり、図 2 のように、63 〜 4％程度とわかります。

　さらに、第 3 次の目盛りは右の辺で、図 3 のように、13 〜 4％程度で、正確な数値まではわかりませんが、全体で 100％になるのが確認できます。

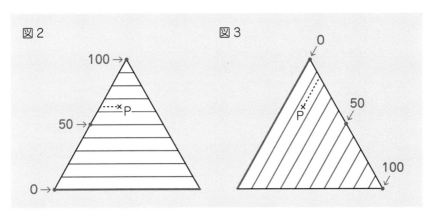

図2

100→
50→
0→

P

図3

0
50
100

P

　よって、大小関係は、第 2 次＞第 1 次＞第 3 次となり、正解は肢 3 です。

⇨ 正解 3

　図は、睡眠時間の長さが情報処理の能率に与える影響について調査した結果
である。この調査では、被験者は四つのグループに分けられる。三つのグルー
プは、それぞれ一晩の睡眠時間を毎日4時間，6時間，8時間として生活し、
残りの一つのグループは、3日間連続で睡眠をとらない（断眠）。各グループは、
毎日、一定の難易度の情報処理課題に取り組み、各日において、課題の処理に
かかる時間が調査開始前（0日目）と比べてどれくらい増加したかを調べた。
これから確実にいえるのはどれか。

　ただし、調査開始前に課題の処理にかかった時間はどの被験者も同じであっ
たものとする。

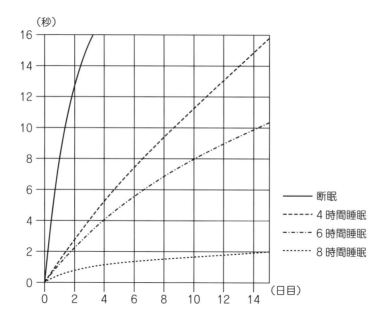

1. 一晩の睡眠時間を毎日4時間とした場合、課題の処理にかかる時間の前日
　と比べての増加率は、どの日もほぼ一定である。
2. 一晩の睡眠時間を毎日4時間とした場合、課題の処理にかかる時間の増加
　した秒数は、一晩の睡眠時間を毎日8時間とした場合のそれの6倍をどの日
　も上回る。
3. 一晩の睡眠時間を毎日6時間とした場合、4日目には、課題の処理にかか
　る時間は調査開始前の4倍になる。
4. 一晩の睡眠時間を毎日6時間とした場合、10日目に課題の処理にかかる時
　間は、睡眠をとらなかった場合に1日目にかかる時間とほぼ同じである。

5. 睡眠時間が 4 時間である日が 2 日間連続しても、3 日目に睡眠時間を 10 時間とすれば、4 日目の課題の処理にかかる時間は、一晩の睡眠時間を毎日 6 時間とした場合と同じになる。

ちょっと変わったグラフだけど、グラフの意味が理解できれば簡単な問題！

肢 1 4 時間睡眠のグラフは、緩やかなカーブを描いており、日数が進むにつれて課題の処理にかかる時間（以下「処理時間」とします）の増加分は少なくなっていますので、増加率は一定ではないと推測できますが、一応、確認します。

　　まず、調査開始前（0 日目）の処理時間を x 秒とし、たとえば、0 日目 → 1 日目を見ると、次ページ図の、原点→①で、$x → (x + 1.4)$ と、約 1.4 秒増加しています。

　　さらに、10 日目 → 11 日目を見ると、図の②→③で、$(x + 11.3) → (x + 12.2)$ と、約 0.9 秒増加しており、前日と比べての増加率は次のようになります。

（0 日目 → 1 日目）　　（10 日目 → 11 日目）

$$\frac{1.4}{x} \quad > \quad \frac{0.9}{x + 11.3}$$

左のほうが、分母が小さく分子が大きいよね。

　　これより、増加率はどの日もほぼ一定とはいえないとわかります。

肢 2 0 日目 → 1 日目を見ると、8 時間睡眠の処理時間は、図の④より、約 0.4 秒増加していますが、同じ日の 4 時間睡眠の処理時間は、肢 1 より、約 1.4 秒の増加で、6 倍には及びません。

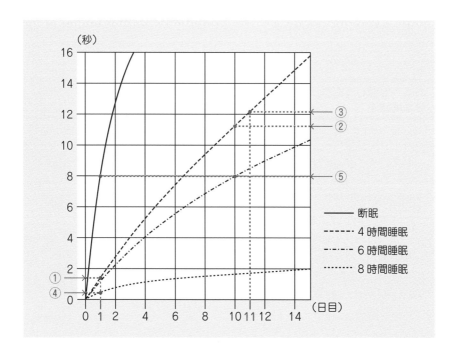

肢3 調査開始前の処理時間が不明ですので、4日目に何倍になるかはわかりません。

肢4 6時間睡眠の10日目と、断眠の1日目の処理時間は、図の⑤より、いずれも0日目より8秒増えており、ほぼ同じと判断できます。
よって、本肢は確実にいえます。

肢5 与えられたグラフから、そのようなことは判断できません。

　ある試験（100点満点）を1,000人に実施したところ、得点は図のような分布となった。これを累積度数分布で表したものとして最も妥当なのはどれか。

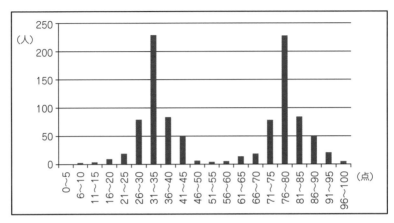

1.
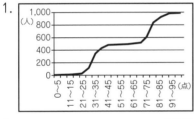

2.
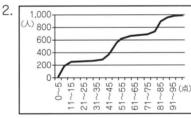

3.
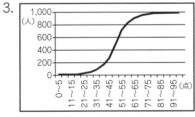

4.
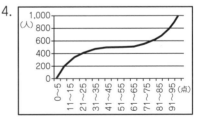

5.
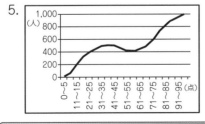

特徴的な部分を見て、合致しているかを確認してみよう！

グラフを見ると、「31〜35点」と「76〜80点」の人数が他と比べてかなり多いので、この得点のところで、累積度数は一気に増えているはずです。

これより、選択肢それぞれのグラフの、「31〜35点」と「76〜80点」の部分を調べると、次のようになります。

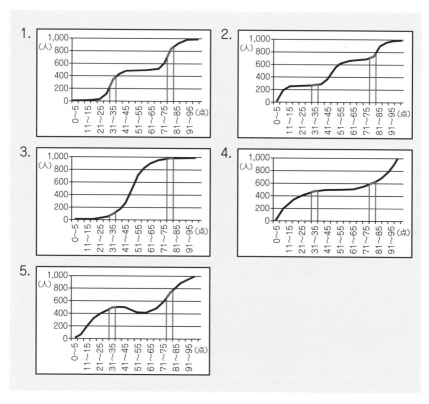

これより、「31〜35点」と「76〜80点」で人数がきちんと増えているのは肢1のみで、正解は肢1です。

⇨ 正解1

Staff

編集
堀越美紀子

ブックデザイン・カバーデザイン
越郷拓也

イラスト
くにとも ゆかり

校正
西川マキ　甲斐雅子

編集アシスト
小野寺紀子　平井美恵

エクシア出版の正誤情報は、
こちらに掲載しております。
https://exia-pub.co.jp/
未確認の誤植を発見された場合は、
下記までご一報ください。
info@exia-pub.co.jp
ご協力お願いいたします。

著者プロフィール

畑中敦子

大手受験予備校を経て、1994年より、LEC東京リーガルマインド専任講師として、公務員試験数的処理の受験指導に当たる。独自の解法講義で人気を博し、多数の書籍を執筆した後、2008年に独立。
現在、(株)エクシア出版代表取締役として、執筆、編集、出版活動を行っている。

畑中敦子の
初級ザ・ベストNEO 数的推理/資料解釈

2021年8月2日　初版第1刷発行

著　者：畑中敦子
　　　　©Atsuko Hatanaka 2021 Printed in Japan

発行者：畑中敦子

発行所：株式会社 エクシア出版
　　　　〒101-0031　東京都千代田区東神田2-10-9

印刷・製本：中央精版印刷株式会社

ISBN 978-4-908804-75-5　C1030